Razões para não se preocupar

BRIGID DELANEY

Razões para não se preocupar

Como ser estoico
em tempos caóticos

Tradução de Tiago Lyra

Título original
REASONS NOT TO WORRY
How to be Stoic in chaotic times

Copyright © Brigid Delaney, 2022

Todos os direitos reservados.
Nenhuma parte desta obra pode ser reproduzida ou transmitida
por meio eletrônico, mecânico, fotocópia ou sob
qualquer outra forma sem a prévia autorização do editor.

Edição brasileira publicada mediante acordo com Allen & Unwin
Pty Limited através da International Editors & Yañez'co.

Direitos para a língua portuguesa reservados
com exclusividade para o Brasil à
EDITORA ROCCO LTDA.
Rua Evaristo da Veiga, 65 – 11º andar
Passeio Corporate – Torre 1
20031-040 – Rio de Janeiro – RJ
Tel.: (21) 3525-2000 – Fax: (21) 3525-2001
rocco@rocco.com.b|www.rocco.com.br

Printed in Brazil/Impresso no Brasil

Preparação de originais
VANESSA RAPOSO

CIP-BRASIL. CATALOGAÇÃO NA PUBLICAÇÃO
SINDICATO NACIONAL DOS EDITORES DE LIVROS, RJ

D378r

Delaney, Brigid
    Razões para não se preocupar : como ser estoico em tempos caóticos / Brigid Delaney ; tradução Tiago Lyra. - 1. ed. - Rio de Janeiro : Rocco, 2024.

    Tradução de: Reasons not to worry how to be stoic in chaotic times
    ISBN 978-65-5532-473-0
    ISBN 978-65-5595-295-7 (recurso eletrônico)

    1. Estoicismo. 2. Desenvolvimento pessoal. 3. Conduta de vida. I. Lyra, Tiago. II. Título.

24-92717   CDD: 188
                                    CDU: 17

Gabriela Faray Ferreira Lopes - Bibliotecária - CRB-7/6643

"É preciso muita coragem para enxergar o mundo em toda a sua glória corrompida e ainda assim amá-lo."
— Oscar Wilde

"Aceite as coisas às quais o destino o vincula, e ame as pessoas com as quais o destino o aproxima, mas faça isso com todo o coração."
— Marco Aurélio

"Estes são tempos em que um gênio desejaria viver. Não é na calma tranquila da vida, ou no repouso de uma pacífica situação que os grandes caráteres são formados. Grandes necessidades invocam grandes virtudes."
— Abigail Adams, Carta a John Quincy Adams, 19 de janeiro de 1780

Sumário

Introdução	9
Quem eram os estoicos?	19

Parte 1 OS FUNDAMENTOS

Como... ser mortal	29
Como... descobrir o que é importante	48
Como... lidar com desastres	73
Como... ficar tranquilo	95
Como... ser bom	107
Como... ser imperturbável	120

Parte 2 A VIDA E SEUS ABSURDOS

Como... ficar calmo	149
Como... ser moderado	168
Como... estar nas redes sociais	183
Como... ser feliz com o que se tem	194
Como... superar o FOMO e as comparações	208
Como... superar a ansiedade	218

Parte 3 MOMENTO DECISIVO

Como... viver o luto	239
Como... morrer	252
Epílogo	258
Agradecimentos	262
Leitura adicionais	263

Introdução

Que época para estar viva! Era isso que eu dizia todos os dias, ao me inclinar sobre meu laptop, com os olhos cansados de tanto encarar a tela e ansiosa com as notícias que passavam por ela e me atingiam de todos os cantos do mundo. Era — *ainda é* — como se estivéssemos em um estado permanente de crise, na qual uma catástrofe global se desdobra em outra, sem nenhuma pausa para que possamos nos recompor e voltar para a nossa realidade cada vez mais sombria e inconstante.

Nós conseguimos listar muito bem o caos que existe lá fora — uma crise climática, uma pandemia, o racismo recorrente, o aumento da desigualdade e do custo de vida, as guerras, o agravamento dos problemas de saúde mental — e depois há o esgotamento, o aumento do vício e do uso indevido de substâncias, nossa dependência dos nossos celulares, um senso comum deturpado, abuso e ódio nas redes sociais, nosso recolhimento às nossas casas, telas, bolhas, plataformas e câmaras de eco, um mal-estar existencial causado pela falta de rituais, comunidades ou de um sentido coletivo em nossas vidas.

Ser humano neste momento é como ser atingido por uma mangueira de alta pressão: tudo é estímulo e força; parece haver intensidade demais para abrirmos os olhos.

No entanto, no entanto... Foram anos de maravilhas também. Nos primeiros dias da pandemia, havia uma sensação quase frenética de que *algo estava acontecendo*. As divisões entre as pessoas — amigos e desconhecidos — por um momento foram derrubadas, e uma sociabilidade estranha, quase vertiginosa, surgiu. Naqueles estranhos dias do outono de 2020, houve um vislumbre de uma maneira diferente de ser, se ao menos pudéssemos deixá-la fluir.

Criar significado sempre foi o meu caminho. O significado se torna um mapa — e um mapa pode ser a sua salvação. Pensei que, se eu conseguisse extrair significado desses anos de caos e maravilhas, e descobrir a melhor maneira de atravessar esses tempos, poderia me preparar para o que estava por vir. Porque o que estava por vir prometia ser intenso. Mais intenso, talvez, do que aquilo que viera antes.

 O único problema é que nossa cultura não nos municiou — e ainda não municia — com um significado ou um mapa para atravessarmos esses últimos anos. Em nossa sociedade secular, não há religião ou ferramentas sociais e morais amplamente aceitas para enfrentar os desafios cada vez mais complexos da vida. Em vez disso, somos obrigados a improvisar conforme avançamos. Mas como encontrar um significado consistente em uma época de mudanças contínuas? E como botar os pés no chão sem nos deixar levar pela sensação aflitiva de que a sociedade está desmoronando? Diante do caos, como é possível ter otimismo e agir com propósito e determinação? E o que significa ser uma boa pessoa e agir de forma ética? Eu não conseguia ver nada forte o bastante em nossa cultura atual que pudesse ser um pilar de sustentação.

 Eu precisava de uma boa dose de sabedoria para superar essa angustiante passagem do tempo. Mas onde encontrá-la?

 Em meus livros anteriores, que exploravam a internet e a globalização (*This Restless Life*) e a indústria do bem-estar (*Wellmania*), eu também estava em uma busca de respostas. Neste livro, eu estava à procura de algo também, mas não *lá fora*. Eu procurava *dentro de mim*.

 Eu estava em busca de ferramentas para desenvolver uma vida interior: uma fortaleza interior que me serviria até o fim. Essa sabedoria guiaria minha intuição, a forma como eu trataria as pessoas, como eu navegaria pelo mundo e a maneira como lidaria com tudo: decepção e perda, alegria e abundância. Mas ela também funcionaria de forma interna: criando um significado e um mapa, direcionando uma bússola moral e desenvolvendo a capacidade de ser tranquila e corajosa em tempos de caos global e durante uma vida pessoal caótica.

Por força do acaso (falaremos mais sobre isso depois), eu encontrei a sabedoria que procurava lá no passado, na antiga filosofia greco-romana do estoicismo.

Os estoicos, sempre úteis, pareciam ainda mais necessários em março de 2020.

Do passado, eles sussurravam: "Estamos aqui, estamos aqui... Sempre estivemos aqui."

E, assim, para o passado eu fui. Encontrei uma época não muito diferente da nossa: repleta de caos, guerra, pragas, pestes, deslealdade, corrupção, ansiedade, excessos e o temor de um apocalipse climático. Aqueles tempos eram povoados por pessoas que buscavam as respostas que desejamos hoje. No antigo estoicismo, encontrei pessoas que, assim como nós, desejavam encontrar significado e conexão, completude e tranquilidade, amar e ser amadas, ter uma vida familiar harmoniosa, um trabalho gratificante e significativo, amizades íntimas e enriquecedoras, a sensação de participação em sua comunidade, de pertencer a algo maior do que elas mesmas, de fascínio com o mundo natural, lampejos de profunda admiração, uma mente cheia de perguntas sobre como tudo isso surgiu e, por fim, aceitar deixar tudo para trás — em algum momento, que não será de sua escolha.

"Estamos aqui, estamos aqui... Sempre estivemos aqui." E foi assim que até os estoicos eu fui, despencando dois milênios em direção a eles, em uma busca para descobrir se as antigas práticas podem nos ajudar agora.

O que me levou a escrever este livro e por quê

Conheci a filosofia do estoicismo em 2018, comecei a pesquisá-la e a escrever a respeito para este livro em 2019 e concluí o projeto em meados de 2022.

O período entre o início e a conclusão deste livro foi tão estranho, desordenado, caótico, sem precedentes, e eu precisava tanto daquilo sobre o que escrevia que o projeto pareceu estranhamente predestinado. No auge da pandemia, conhecer o estoicismo tornou-se um presente. Era como estar em um romance de ficção científica em que a heroína é lançada em direção ao futuro com um superpoder que, se usado da forma correta, vai libertá-la.

Mas a maneira como mergulhei nesses antigos ensinamentos, que hoje existem em grande parte na forma de fragmentos e de anotações de seus alunos (com algumas exceções notáveis), foi, de início, uma questão de acaso.

Em setembro de 2018, uma editora do *Guardian Australia* — uma colega e boa amiga, Bonnie Malkin — me encaminhou um atraente comunicado à imprensa. O título dizia: "Quer ser feliz? Então viva como um estoico por uma semana." Realizado por acadêmicos da Universidade de Exeter, no Reino Unido, aquele era um experimento on-line envolvendo cerca de 7 mil pessoas tentando viver como um antigo estoico por uma semana, realizando leituras e discussões diárias. Seus níveis de felicidade foram testados no início e no final da semana, enquanto a universidade tentava determinar se o estilo de vida estoico era capaz de causar uma mudança mensurável na felicidade. Talvez eu pudesse escrever uma coluna divertida a respeito, sugeriu Bonnie.

De acordo com o comunicado à imprensa da Semana Estoica, havia cinco princípios para se viver como um estoico por uma semana. Hoje, anos depois, ainda recorro com frequência a esses princípios.

1. Reconheça que você não pode controlar muito do que acontece em sua vida.
2. Entenda que suas emoções são o resultado da maneira como você pensa sobre o mundo.
3. Aceite que coisas ruins podem acontecer com você de tempos em tempos, assim como com qualquer outra pessoa.
4. Veja a si mesmo como parte de um todo maior, não como um indivíduo isolado; parte da raça humana, parte da natureza.
5. Pense em tudo o que você tem como se não fosse seu, apenas algo emprestado e que um dia será devolvido.

Uma semana não era o bastante para aprender o estoicismo. Aquilo era uma grande empreitada. Muitos desses princípios eram complexos, com cláusulas e exceções, regras estranhas e teorias pouco conhecidas. Às vezes, a escrita era confusa; a sintaxe era intrincada, devido ao tempo ou às traduções, e era preciso ler uma frase em voz alta várias vezes para desvendar seu significado.

A coluna que escrevi para o *Guardian Australia* sobre minha semana vivendo como uma estoica foi uma metarreportagem sobre como era difícil, mas também como era estoico, cumprir a semana estoica de ressaca.

Em resumo, eu não entendi a questão.

Mas alguma coisa da experiência permaneceu. Voltei no ano seguinte, determinada a levar a Semana Estoica um pouco mais a sério. Juntei um grupo de amigos para participar comigo, e nos encontramos pessoalmente, em Sydney, e de forma virtual, pelo WhatsApp, para discutir as leituras diárias e a aplicação de vários princípios. Nesse grupo heterogêneo de pessoas com idades entre 30 e 45 anos (incluindo um corretor de imóveis de Byron Bay, um jornalista de negócios do *The Australian*, um ativista da organização política GetUp!, um estudante de Direito e um seminarista), havia um anseio pelas regras, pelo rigor e pela lógica que o estoicismo prometia. Os estoicos tinham uma inclinação a encarar a vida sem travas, enxergá-la como é de fato, amá-la com voracidade mesmo assim (apesar de tudo... por causa de tudo) e, por fim, deixar tudo para trás.

Foi a sabedoria dura e indiscutível dos estoicos, sua determinação em encarar as coisas desagradáveis — a *realidade* — que me fez admirar o estoicismo, mesmo que às vezes eu tenha tido dificuldades para *entendê-lo*.

Para entender, eu precisaria de mais do que uma semana. Meu segundo ano da Semana Estoica havia terminado. Meu grupo do WhatsApp se desfez. A mim, restara a promessa de uma nova maneira de ver o mundo, uma nova maneira de ser, que na verdade era uma Maneira Muito Antiga de Ser. Mas eu precisava de alguém com quem aprender, argumentar e testar as ideias em tempo real: um amigo e mentor estoico.

Neste livro, eu espero ser essa pessoa para você. Mas primeiro vamos voltar ao início e conhecer quem foi essa pessoa para mim.

Em julho de 2019, eu encontrei Andrew, um velho amigo, para almoçar. Andrew era do mundo corporativo, mas um encontro fortuito no lançamento de um livro nos levou a uma amizade baseada no amor pela discussão e pelo debate de ideias — muitas vezes de pontos de vista opostos. Durante o almoço, expliquei que estava praticando a Semana Estoica. Os ensinamentos eram complicados, densos e, na minha cabeça — absorta por bate-bocas no X (antigo Twitter) e guerras culturais —, possuíam certo rigor e austeridade não tão fáceis de digerir pelas mentes modernas, distraídas e dispersas.

Mas alguma coisa do estoicismo atraiu Andrew e, nas semanas antes de nos vermos novamente, ele estudou o assunto e decidiu que, ao contrário da religião e apesar do relativismo moral profundamente enraizado de nossa época, o estoicismo era para ele. Enquanto bebíamos em um pub de Surry Hills, ele contava entusiasmado sobre como o estoicismo o havia ajudado na relação com os filhos, nos negócios e no trato com os colegas. Ele era mais metódico e organizado que eu; e muito menos propenso a seguir a última moda de bem-estar.

Andrew me disse o que achava atraente no estoicismo: "Gosto do fato de ser uma estrutura de vida intelectual, fundamentada; e gosto do fato de ser bastante prático. Os ideais que o estoicismo estabelece são ideais alcançáveis, que reconhecem nossos pontos fortes e nossas fraquezas como seres humanos, em vez de nos prender a um ideal com o qual podemos ter dificuldades e de definir o sucesso como algo inatingível para a maioria das pessoas."

Mas será que o estoicismo era para mim? Meu temperamento era muito diferente. Eu era mais impetuosa, movida pela energia do caos. Seria possível que o estoicismo funcionasse para nós dois? Ou ele se adequava apenas a determinados tipos de personalidade? Eram meados de 2019, e eu estava entre compromissos de matérias sobre viagens e projetos de livros, então pensei: o que tenho a perder? Meu eu racional me disse que eu poderia muito bem tentar. Minha intuição me disse que talvez eu precisasse mesmo.

O que se seguiu foram dois anos de discussão, argumentação, leitura e aplicação da filosofia estoica à nossa vida cotidiana — incluindo trabalho, amor, relacionamentos, educação dos filhos, saúde, bem-estar, condicionamento físico, mortalidade, política, desejo, responsabilidade, relacionamento com animais de estimação, redes sociais, saúde mental, dinheiro e ambição.

Nesse estudo informal, fiz uma série de descobertas impressionantes. Por exemplo, que essa filosofia pré-cristã parecia muito mais moderna do que o cristianismo — e muito mais igualitária, inclusiva para mulheres e sem hierarquias (é possível tentar alcançar o equivalente estoico de uma santidade, que é ser um sábio estoico, mas até agora não conheci ninguém que tenha reivindicado esse manto). Em vez do conceito do estoico como uma ilha autossuficiente dada a restrições e autodisciplina, eles estavam, na verdade, profundamente envolvidos com a ideia de uma vida comunitária e em sociedade. E descobri que sua visão da natureza e do cosmos era extasiante, complexa, profunda e repleta de admiração — com fragmentos bravios de paganismo ainda incorporados em seus escritos.

Os estoicos também definiram o estado de espírito que deveríamos almejar como estado-padrão — *ataraxia* (literalmente, "sem perturbação") —, um estado de tranquilidade cuidadosamente regulado que não é felicidade, nem alegria, nem qualquer um dos estados inebriantes encontrados em experiências religiosas ou místicas, nem em baratos mais modernos como o ato de se apaixonar ou cheirar cocaína. Em vez disso, a ataraxia é um estado de contentamento ou paz em que o mundo pode estar desabando ao seu redor, mas seu equilíbrio não é perturbado.

Acima de tudo, eu admirei o estoicismo por sua visão clara da humanidade: sempre realista, nunca cínica. Não havia um Deus no céu disposto a descer para salvar você, nem vida após a morte. Só temos a nós mesmos e uns aos outros; e, por mais imperfeitos que sejamos, isso basta. Mas, devido ao fato de só termos uns aos outros e a nós mesmos, a filosofia demandava uma espécie de comprometimento com esse desafio: que você fizesse o melhor possível, fosse racional, se esforçasse para ser virtuoso (mais sobre o significado disso adiante), vivesse de acordo com sua natureza e tratasse os outros bem, da mesma forma que trataria seus irmãos e irmãs. Isso é tudo o que você pode fazer e tudo o que pode ser feito.

Os estoicos eram realistas quanto aos nossos limites. Eles preconizavam que, embora você possa tentar convencer alguém a fazer o que você gostaria que fizesse ou a agir como gostaria que agisse, essas coisas estão, em última análise, fora do seu controle. Portanto, não desperdice sua energia tentando mudar as pessoas.

Os estoicos também eram bastante esclarecidos em relação à morte. Pensavam nela todos os dias, porque sabiam que estavam morrendo todos os dias. Eles sabiam que era importante honrar os mortos, mas que também era essencial não desperdiçar muito de sua vida e de sua energia com o luto. Quando meus amigos são dominados pelo luto e desejam uma espécie de guia através do desconhecido mundo subterrâneo da experiência, são as obras dos estoicos, de cerca de 2 mil anos atrás, que apresento a eles.

Ao longo do processo de escrita deste livro, o estoicismo foi entrando em minha vida. Não de uma vez só, e sim aos poucos. Eu comecei a aplicar a filosofia em situações complicadas e descobri que ela não apenas fornecia uma estrutura para minhas próprias ações, mas era também uma forma de entender o mundo como um todo. Passei a ver o estoicismo como uma filosofia completa que eu poderia usar durante toda a minha vida. Poderia usá-la até mesmo na morte.

Na metade desse processo, uma pandemia surgiu: algo que deu ao estudo que Andrew e eu vínhamos fazendo (com suas pragas, pestes e preparação para a morte) uma ressonância assustadora. Eu estava no Camboja quando a covid-19 começou a atacar: o enorme estacionamento de Angkor Wat ficou deserto, exceto por alguns motoristas de riquixá ansiosos e ociosos; as ruínas antigas tinham um brilho dourado ao amanhecer; uma freira budista solitária pedia esmolas; corvos faziam ninhos entre as ruínas; o local estava sem turistas. Voltei de avião para Sydney e, uma semana depois, as fronteiras se fecharam. Durante algum tempo — nos primeiros dias da pandemia, quando todos estavam confusos e sem rumo, e empregos foram perdidos, e havia incertezas em relação a maçanetas e à lavagem de compras de supermercado —, meus amigos me procuravam como uma espécie de interlocutora da Antiguidade. Eles me perguntavam: o que um estoico faria? Injete esse estoicismo direto em minhas veias, diziam.

Por um tempo, levei essa tarefa mediúnica a sério: criei uma conta no Instagram que dava conselhos estoicos na forma de koans zen de fácil assimilação. Mas, por trás das frases com um quê de autoajuda de Marco Aurélio, Epiteto ou Sêneca, havia uma teoria densa e importante, um mapa para se viver nesse território de tempos difíceis.

No fim das contas, descobri que o estoicismo é incrivelmente útil e surpreendentemente prático. Ele não só me ajudou a manter a calma durante a pandemia, mas também me deu uma razão para passar meus dias fazendo alguma coisa além de assar pães. Mais do que isso, o estoicismo acabou sendo transformador de uma forma pessoal. Foi como o filósofo francês Jean-Paul Sartre garantiu: uma "filosofia voltada para uma transformação existencial total do indivíduo; uma filosofia que pode ensiná-lo a viver". O que é outra maneira de dizer que o estoicismo pode mudar sua vida, assim como mudou a minha.

Devo muito aos ensinamentos. E me sinto próxima de meus professores, embora eles já tenham morrido há muito tempo.

Os filósofos estoicos que você conhecerá nestas páginas — Epiteto, Sêneca e Marco Aurélio — viveram há centenas de anos, mas são tão parecidos conosco sob tantos aspectos, suas preocupações e angústias são tão modernas, que os sinto a apenas um sopro de distância. Eu me viro e consigo vê-los.

Eu não havia comprado totalmente a ideia. Eu me irritava com alguns dos ensinamentos estoicos — e as discordâncias surgiam de tempos em tempos, quando eu me encontrava com Andrew. Era possível ser feliz ou o máximo que podíamos almejar era o contentamento? E quanto às emoções? E o desejo? Como controlar essas coisas? Não era só uma questão de mente sobre a matéria: hormônios existem! E quanto às vias neurais? E o inconsciente?

E ambos compartilhávamos uma preocupação: a de que a forma como o estoicismo enfatiza que somos responsáveis por nosso próprio caráter e reconhece a pequenez de nossas esferas de influência significava que a justiça social e a luta por mudanças na sociedade não tinham espaço na vida de um estoico praticante.

Andrew e eu caminhávamos, conversávamos, discutíamos, líamos — e tentávamos dar sentido a tudo isso. No segundo semestre de 2020, éramos vizinhos em Tamarama, um pequeno subúrbio à beira-mar em Sydney, e fazíamos caminhadas regulares ao longo dos penhascos de Bondi e Bronte. Depois de trocar algumas amenidades, costumávamos entrar no assunto da filosofia. O que significa ter um bom caráter? O que é coragem? Para onde vamos quando morremos? Como controlar a raiva? O que você acha de dar sem receber algo em troca? Foi somente depois de alguns meses dessas caminhadas que percebi o que estava tentando fazer: eu tentava descobrir a melhor maneira de viver.

Grande parte deste livro é um produto dessas discussões.

Como o estoicismo funcionou para mim

Não sou filósofa nem acadêmica. Sou uma jornalista que, por duas décadas, trabalhou em uma editoria de notícias gerais, o que com frequência envolve pegar conceitos complexos e tentar explicá-los aos leitores.

Não me considero uma especialista. Muitas outras pessoas escreveram guias mais rigorosos, acadêmicos e complexos sobre estoicismo. Você encontrará referências a essas obras nestas páginas.

Em vez disso, este livro é o resultado de um experimento: aplicar alguns dos mais importantes princípios estoicos à vida do século XXI — e ver se alguns deles se sustentam.

Tenho o prazer de informar que sim.

Quem eram os estoicos?

São três os principais filósofos estoicos que você irá conhecer neste livro. Eles são Sêneca (4 a.C. a 65 d.C.), Epiteto (50 a 135 d.C.) e Marco Aurélio (121 a 180 d.C.). Os três estoicos pertencem a um período conhecido como Estoicismo Imperial Romano, ou a última fase do Estoicismo.

Eles são importantes porque seus escritos sobreviveram mais ou menos intactos, enquanto os ensinamentos do período grego anterior (por volta do início do século III a.C.) só foram encontrados em fragmentos.

Cada um dos três estoicos mencionados neste livro tem algo diferente a oferecer. Epiteto teve uma vida de adversidades. Nascido escravizado, conta-se que seu antigo senhor o deixou mutilado, e, uma vez libertado, passou a ensinar filosofia. Suas palestras foram registradas por um aluno chamado Arriano e compiladas no *Enchirídion* (que significa "manual" em grego), um documento poderoso e de linguagem simples, fundamental para a prática do estoicismo.

Já Sêneca tornou-se rico, poderoso e influente, um negociador que sabia jogar. Foi tutor do imperador Nero, dramaturgo, conselheiro político e um dos homens mais ricos do Império Romano. Seu trabalho foi amplamente publicado, e grande parte continua disponível até hoje. Os estudiosos discutem se ele era um hipócrita, pois levava um estilo de vida luxuoso e trabalhava para um ditador — mas deixarei esses debates para os historiadores. Sêneca era um excelente escritor, e seus livros de conselhos estoicos parecem tão atuais hoje quanto eram no período romano. *Cartas de um estoico*, sua obra mais conhecida, é uma coleção de 124 cartas que Sêneca escreveu para seu amigo mais jovem, Lucílio, após se aposentar de seu trabalho para Nero. Com seus conselhos morais, a coleção voltou a ganhar destaque durante a pandemia.

E, por fim, Marco Aurélio, outrora o homem mais poderoso do mundo. O imperador filósofo, que havia estudado o estoicismo desde jovem sob a tutela de alguns dos melhores professores do mundo, teve ampla oportunidade de colocar a filosofia em prática. Embora nada lhe faltasse, ele viveu em uma época de guerra e pestilência, perdeu nove de seus catorze filhos e passou longos períodos com a saúde debilitada.

Seu livro *Meditações* com frequência figura nas posições mais altas das listas de melhores livros de todos os tempos. O site Daily Stoic aponta que americanos proeminentes, de presidentes a jogadores de futebol americano, encontravam inspiração em Marco Aurélio, bem como CEOs, a socialista inglesa Beatrice Webb e o ex-primeiro-ministro da China comunista, Wen Jiabao. *Meditações*, porém, não foi concebido para ser publicado; era o diário particular de Marco Aurélio.

Mas, primeiro, vamos voltar ao início do século III a.C. e ao surgimento do estoicismo em Atenas. Essa foi uma época empolgante para as reflexões, a inovação e os avanços na metafísica (ciência), ética, medicina e lógica. A racionalidade e a razão dominavam, mas as grandes pragas, a escravidão, doenças e mortes violentas eram desafios constantes para uma vida tranquila. As pessoas buscavam instrução e orientações sobre como viver e como lidar com o infortúnio severo e repentino. Havia uma variedade de deuses e divindades — não apenas os doze deuses do Olimpo, como também os titãs e outros —, mas as pessoas começaram a buscar o estudo da filosofia para o ensino de habilidades de enfrentamento, liderança e como se comportar de maneira ética em relação ao próximo.

Muitas das antigas escolas filosóficas tiveram início em Atenas, onde um próspero cenário para a filosofia se originou a partir de Platão e seu aluno, e depois colega, Aristóteles. Na Grécia Antiga, era possível escolher a escola que parecesse mais interessante e assistir a palestras e conversas dos líderes dessas escolas.

Não só havia a escola estoica, fundada por Zenão de Cítio por volta de 300 a.C., como o Liceu de Aristóteles estava se fortalecendo. Epicuro também estabelecia sua própria escola no interior, que se concentrava no prazer e na vida em comunidade, e os cínicos, mais rígidos e disciplinados, prosperaram mais ou menos na mesma época.

O estoicismo começou quando Zenão de Cítio, um mercador nativo do atual Chipre, transportava uma preciosa carga de um corante púrpura muito raro e valioso (a matéria-prima usada para tingir as vestes de púrpura tíria). Zenão naufragou e seu infortúnio foi total: estava encalhado, sem dinheiro e com todos os seus bens arruinados. Sem saber o que fazer, ele se dirigiu para Atenas e sentou-se em uma loja de livros. Ele perguntou ao proprietário onde poderia encontrar um bom filósofo, enquanto um homem chamado Crates passava por ali. Crates era um conhecido filósofo da escola cínica. O livreiro disse: "Siga aquele homem", e assim Zenão fez, literal e figurativamente. Ele se tornou aluno de Crates. Após alguns anos de estudo, Zenão fundou uma escola e adaptou alguns dos ensinamentos dos cínicos à sua própria filosofia. Seus seguidores se reuniam sob o Pórtico Pintado, ou "stoa", um local público em um dos lados da ágora, ou mercado, no centro da cidade. Lá eles ficaram conhecidos como os estoicos. Qualquer pessoa podia aparecer para ouvir as palestras de Zenão sobre tópicos que iam da natureza humana à justiça, passando por lei, educação, poesia, retórica e ética.

As populares palestras públicas de Zenão — que seus alunos Cleantes e Crisipo deram continuidade depois de sua morte — lançaram as primeiras bases do estoicismo como o conhecemos hoje. Os mesmos ensinamentos viajaram para Roma centenas de anos depois e influenciaram muitos dos textos sobreviventes de Sêneca, Epiteto, Musônio Rufo, Cícero e Marco Aurélio, entre outros.

O estoicismo inicial com certeza não era essa representação *red pill* hipermasculinizada de um homem branco já falecido que se faz hoje em dia.

Os primeiros estoicos gregos tinham uma abordagem bastante radical em relação à igualdade. Bem, radical para a Antiguidade. Eles consideravam que todos tinham igual capacidade de raciocínio — homens livres, mulheres, escravos — e todos eram incentivados a estudar filosofia. Os estoicos gregos eram da opinião de que, em uma cidade ideal, haveria igual cidadania para todos os seres humanos virtuosos, e até defendiam a eliminação das distinções de gênero, como as estabelecidas por diferenças de vestuário. De acordo com o autor estoico moderno Massimo Pigliucci, "os estoicos estavam entre os primeiros cosmopolitas. Eles imaginaram uma sociedade ideal na *República de Zenão*... algo similar a uma utopia anárquica, na qual homens e mulheres sábios viviam em harmonia porque finalmente entenderam como usar a razão em benefício da humanidade." Esses primeiros estoicos gregos acreditavam na igualdade para todos: não apenas entre homens e mulheres, mas também para pessoas de diferentes nacionalidades. Veja o caso de Epiteto, que nasceu escravizado na Ásia Menor e foi acorrentado em uma caravana de escravizados para Roma quando tinha quinze anos. Sua jornada foi um horror, e ele foi a leilão como um aleijado, com um joelho esmagado que não recebeu tratamento. Uma vez libertado, anos depois, ele veio a se tornar um dos filósofos mais influentes do período romano. A classe e a capacidade física não significavam nada sem o bom caráter e a capacidade de raciocínio.

Infelizmente, pouquíssimo da obra dos primeiros estoicos gregos sobreviveu, com a exceção de pequenos fragmentos. Muito do que aprendemos sobre a teoria e a prática do estoicismo hoje em dia vem dos estoicos romanos.

O estoicismo viajou de Atenas para Roma por volta de 155 a.C. e tornou-se popular entre a jovem elite romana.

Em Roma, o estudo do estoicismo era limitado aos homens, devido à rigidez dos costumes e da hierarquia. Mas o estoico romano Musônio Rufo defendia que o estoicismo fosse ensinado às mulheres, afirmando que qualquer pessoa que tivesse cinco sentidos, além de capacidade de raciocínio e responsividade moral, deveria estudar filosofia.

A popularidade do estoicismo entrou em declínio após a morte de Marco Aurélio, em 180 d.C., e a ascensão do cristianismo.

Em épocas mais recentes, a palavra "estoico" foi diminuída e deturpada, usada para descrever pessoas que reprimem suas emoções, suprimem seus sentimentos e nunca choram. Os estoicos originais não eram nada disso. Eles aproveitavam a vida, amavam o próximo e participavam de suas comunidades. Queriam potencializar a alegria e minimizar o pensamento negativo. Eles sabiam que não era possível impedir que a vida lhes pregasse peças ou lhes oferecesse perdas e sofrimentos, mas tentavam reagir de forma positiva ou neutra a todas as coisas que surgiam em seu caminho. Como resultado, viviam tranquilos e sem medo, independentemente do que acontecesse. A filosofia estoica oferecia um sistema que eles podiam seguir por toda a vida e que os acompanharia até a morte.

Estoicismo moderno

Hoje o estoicismo vive um renascimento. Ao contrário da religião, com suas ortodoxias e regras, o estoicismo é flexível. Não existe um líder ou uma cabala que guarde sua pureza, e ele não pode ser cooptado por seitas ou grupos de interesse que se apropriariam como donos. Encontrei as referências mais populares ao estoicismo em lugares que tinham pouca ressonância na minha vida: no militarismo, nos esportes, no *ethos* libertário dos nerds de tecnologia e nas comunidades de extrema direita. Como eu poderia aceitar uma filosofia que havia sido aceita por pessoas que não me aceitavam? Acontece que a maleabilidade do estoicismo — o fato de que não há líder nem bandeira, nenhuma sede, membro ou nação — é também o que há de libertador nele. Embutido na própria filosofia, está o espaço para se movimentar. De forma deliberada, o estoicismo permaneceu aberto a mudanças e interpretações à medida que o conhecimento, em especial o científico, evoluía. Como disse Sêneca: "Aqueles que fizeram essas Descobertas antes de nós não são nossos Mestres, mas nossos guias. A verdade está aberta a todos; ela ainda não foi monopolizada. E há muito dela para a posteridade descobrir."

Como mulher, e como alguém de fora dos círculos filosóficos, eu não precisava de permissão para entrar. Bastava seguir a filosofia e, seguindo o espírito de sua flexibilidade inata, torná-la minha.

Parte 1
OS FUNDAMENTOS

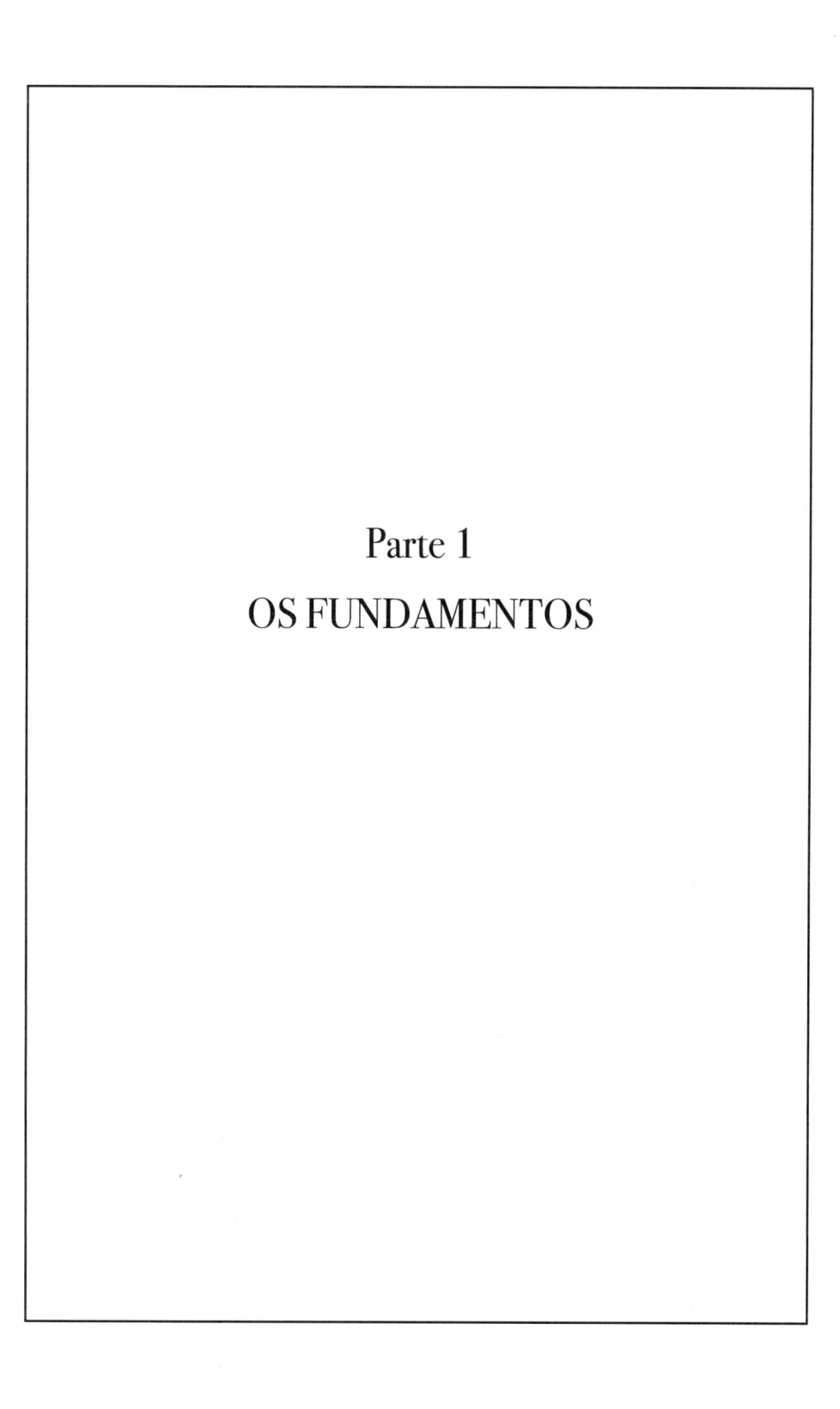

"O que quer que possa acontecer a qualquer momento pode acontecer hoje."

— Sêneca

"Muito pouco é necessário para uma vida feliz; tudo está dentro de você, em sua maneira de pensar."

— Marco Aurélio

"O infortúnio pesa mais sobre aqueles que não esperam nada além de boa sorte."

— Sêneca

O estoicismo é, acima de tudo, uma filosofia prática. É extraordinariamente útil em quase todas as situações — desde perder um voo ou tomar uma cortada no trânsito a receber um diagnóstico médico assustador ou ser abandonado por seu parceiro.

Ele tem algo a dizer sobre nossa relação com todos os tipos de pessoas, desde as mais próximas até os nossos piores inimigos. Também trata da nossa relação com a natureza e o cosmos.

E o estoicismo oferece ferramentas para lidar com nossa própria vida interior. Como enfrentamos as tempestades, a escuridão, os desejos e as decepções que nos atormentam? Como lidar com a perda e o luto? Como vivemos com nós mesmos quando agimos mal e lutamos contra nossos próprios fracassos e deficiências? Como amamos a vida que temos e as pessoas ao nosso redor?

O estoicismo tem tudo a ver com isso. Mas, primeiro, vamos começar pelo fim.

Como...

Ser mortal

"Seus dias estão contados. Use-os para abrir as janelas de sua alma ao sol. Caso contrário, o sol logo vai se pôr, e você com ele."

— Marco Aurélio

"As pessoas são frugais ao proteger seus bens pessoais, mas, quando o assunto é perder tempo, elas esbanjam a única coisa com a qual é correto ser avarento."

— Sêneca

Eu tinha 29 anos na primeira vez em que fui atingida de forma intensa pela inevitabilidade de minha própria morte (eu também havia sido atingida de forma intensa na cabeça).

Eu estava no banco de trás de uma ambulância, coberta de sangue, uma estranha numa cidade estranha, indo para um hospital que eu não conhecia, sozinha, com um futuro incerto e um grande ferimento no crânio.

Sofri uma lesão na cabeça após ter a minha carteira roubada nas ruas secundárias do distrito portuário de Barcelona, enquanto voltava de uma boate por volta das 5h da manhã. De maneira insensata, eu fui atrás do assaltante e quase o peguei quando ele me empurrou para longe, contra uma parede de superfície irregular (Era um Gaudi? *Parecia* um Gaudi). Meu crânio sofreu o impacto, abrindo acima da minha têmpora direita.

Houve uma série de momentos oníricos e parcialmente iluminados: o amanhecer; a ambulância e a corrida pela La Rambla em um estado de torpor; os foliões voltando para casa, cambaleando pelas ruas, jogados nos bancos; e os jornaleiros e vendedores de flores, cheios de propósito, preparando-se para o dia que havia pela frente. E o que mais? Chuva suave no para-brisa, uma mancha colorida, o Bairro Gótico, a Praça de Catalunha, uma fonte, uma esquina sendo virada, as ruas se alargando, tudo cinza, dourado e belo. Eu estava cheia de amor. Eu estava indiferente.

Achei que fosse morrer, mesmo com tanta coisa a realizar na vida e ainda sendo bastante jovem. No entanto, a certeza de que eu iria morrer não me incomodava tanto — curiosamente, eu me sentia relaxada. Não era nada pessoal, eu entendia. Não havia problema em morrer naquele momento. Tinha sido uma boa jornada, eu tinha 29 anos, quase 30, não tinha feito de tudo, mas tinha feito o suficiente...

No fim das contas, eu não morri. Tive sorte. Em vez disso, acabei com vários pontos (e mais tarde, e até hoje, uma cicatriz) e níveis elevados de ansiedade. Virar esquinas em ruas desconhecidas, os trechos escuros entre os postes de luz, o barulho de passos apressados atrás de mim à noite: essas coisas me assustaram por um bom tempo até que, a certa altura, de forma quase imperceptível, eu me vi livre daquilo.

Depois de mais ou menos um mês, parei de pensar na agressão em si e comecei a questionar minha reação no banco de trás da ambulância. Por que eu estava tão *tranquila* em relação à morte? E será que eu me sentiria da mesma forma agora que estou mais velha? Só havia uma maneira de saber, e eu não queria chegar tão perto daquele limite novamente apenas para satisfazer uma curiosidade intelectual.

Mas com certeza eu sabia que não me sentia tranquila ou indiferente quando pessoas próximas a mim morriam.

Alguns anos depois daquele período em Barcelona, uma velha amiga morreu de uma overdose acidental. Foi um choque. O fato de ela ter sido removida do mundo de forma tão repentina e arbitrária causou muita dor em mim e naqueles que ela amava. Mas, mais do que isso, havia raiva.

Morrer jovem parecia terrível e injusto. A ordem natural das coisas havia sido alterada; um contrato implícito havia sido quebrado. Você usa a droga, mas sempre acorda... não é?

A morte da minha amiga me afetou de uma forma muito mais profunda do que meu próprio vislumbre da mortalidade. Ela provocou as primeiras insinuações de que o universo não é uma entidade benevolente, não é um lar eterno; é mais como um videogame em que os jogadores são sumariamente eliminados e o jogo continua. Ou como um jogo de xadrez em que as peças ao seu redor são retiradas, retiradas e retiradas até que chega a sua vez de ser removido. Ou como se o próprio universo não fosse mais redondo, e sim plano, onde uma pessoa pode caminhar muito perto da borda e simplesmente escorregar e cair sem que você consiga pegá-la (você nem mesmo a viu cair!), sem que consiga trazê-la de volta. E permanece assim! Ela se foi para sempre.

Em seu funeral católico, o padre da família disse que todos nos encontraríamos novamente no céu, mas eu não acreditava mais nisso. A dúvida e a consolação caminhavam juntas naquela noite, no pub. Eu bebi demais e a raiva transbordou, e o único lugar para extravasá-la na rua era em uma lata de lixo ali perto.

Furiosa, comecei a chutar com força a lixeira de metal, com o salto alto gerando um impacto quase satisfatório, enquanto gritava "vai se foder" repetidas vezes, até que duas policiais apareceram do nada e me mandaram parar. "Você tomou muito Chardonnay", disse uma delas, o que me pareceu ao mesmo tempo ofensivo e estranhamente específico. Chardonnay? Minha dor, que parecia grande, única, terrível, formal e shakespeariana, era vista pelos outros como chilique de uma mulher que havia bebido vinho demais?

Em ambos os casos — quando me machuquei e quando minha amiga morreu —, minha reação à mortalidade foi instintiva, profundamente primitiva e sem nenhuma influência externa. Minhas reações não foram moderadas, medidas ou filtradas pela racionalidade, religião ou filosofia. Elas vinham do meu âmago, e pareciam antigas e universais. Como as pessoas suportam uma coisa dessas, ver a morte de perto várias e várias vezes?

Todos nós passamos por isso, mais cedo ou mais tarde: aquela primeira morte chocante de um amigo ou membro da família. E todos nós temos nosso primeiro contato com nossa própria mortalidade. Quando isso acontece, alguma coisa muda. É como descobrir um segredo terrível que, no fim das contas, envolve a todos nós.

É a coisa mais chocante e mais natural de todas saber que nós — e todas as pessoas que amamos — iremos morrer.

Mas por que a primeira morte é como se estivéssemos descobrindo um segredo?

Talvez porque nós, na maior parte do tempo, não vivemos na realidade. Em vez disso, vivemos em uma sociedade que gosta de fingir que nunca vamos morrer ou ficar doentes e envelhecer. O *verdadeiro* segredo não é que vamos morrer, e sim que vivemos em uma cultura que finge que não vamos.

Nossa cultura e o tempo em que vivemos são movidos pelo algoritmo da juventude, uma torrente de imagens em constante movimento em nossos feeds das redes sociais que glorificam o trivial, o imediato, a bobagem, o superficial, a opinião polêmica, o meme, o chocante, o *zeitgeist*. Adoro os tempos em que vivemos — eles não são monótonos —, mas esse *conteúdo* sempre novo e constante, a atualização contínua da página, cada nova polêmica ainda mais quente que a anterior, tem seu lado negativo: no caso, o fato de que nossa cultura é imatura demais para enfrentar a morte.

Essa falta de enfrentamento (encarar a vida com coragem) está em toda parte. Em nossa sociedade, não temos mais rituais, linguagem ou formas de nos sentirmos confortáveis com a morte. Nossas telas estão repletas de representações de violência, ou de violência real, a morte nos rodeia, mas não temos os mecanismos (ou o ritual, ou a poesia) para processar nossa própria mortalidade. Um dos exemplos mais perfeitos disso foi quando muitas pessoas começaram a morrer de covid-19 nos Estados Unidos, e o presidente Trump falou, com certa incredulidade, que a morte era — como — *uma coisa*: "Eu gostaria que pudéssemos ter nossa vida antiga de volta. Tínhamos a maior economia de nossa história e não tínhamos a morte." disse ele com uma espécie de inocência atônita. Não é assim com todos nós?

Lutamos por alguns anos extras no final da vida, gastando dinheiro, tecnologia e medicamentos para ganhar mais tempo, quando, na verdade, não valorizamos os anos que temos enquanto estamos de fato vivendo.

Sempre penso no excelente livro de Kazuo Ishiguro, *Não me abandone jamais*. Em princípio, é um livro sobre clonagem e doação de órgãos, mas eu o leio como uma parábola de nossa própria negação da morte (*tínhamos a maior economia de nossa história e não tínhamos a morte*). A tragédia de *Não me abandone jamais* é que os personagens foram criados para morrer. E quando eles e nós, leitores, descobrimos que esse conhecimento lhes foi ocultado na infância, o efeito sobre o leitor é o de uma terrível melancolia. Todos eles terão seu fim. Por que não é permitido que simplesmente *vivam*? E então — surpresa — há a segunda constatação, ainda mais chocante do que a primeira. Aquele é também o *nosso destino*, o destino do leitor! Nós também nascemos para morrer, e em um momento que não é de nossa escolha. Por que não é permitido que *nós* possamos apenas seguir vivendo?

Em uma resenha do livro para o *Telegraph*, Theo Tait escreveu: "Aos poucos, o leitor percebe que *Não me abandone jamais* é uma parábola sobre a mortalidade. As vozes terrivelmente doutrinadas dos alunos de Hailsham, que contam historinhas patéticas uns aos outros para afastar a terrível verdade sobre o futuro, pertencem a nós; disseram-nos que todos vamos morrer, mas não entendemos de verdade."

Não entendemos de verdade — mas os estoicos passaram a vida tentando entender que iriam morrer.

E há também o luto. Nós sofremos sozinhos, muitas vezes de forma profunda, e sem nenhum apoio, exceto pelas páginas *in memoriam* do Facebook e pela oferta de antidepressivos do médico da família. Como dar conta disso, como lidar com essa dor — esses estilhaços de vidro, essa parede de fogo, essa estepe gélida — pela qual todos nós precisamos passar? Os estoicos refletiram profundamente a respeito da mortalidade e do luto, e escreveram algumas de suas obras mais duradouras sobre o assunto. Sêneca colocou a questão da seguinte forma em seu livro *Sobre a brevidade da vida*: "Aprender a viver exige uma vida inteira, e [...] é preciso uma vida inteira para aprender a morrer."

O que nós *podemos* fazer é nos preparar para a morte. Podemos encarar a realidade. Essa tarefa, às vezes sombria, às vezes libertadora, de nos prepararmos para a morte sempre esteve disponível e, ainda assim, nós a recusamos. Não *queremos* nos preparar. Ainda existe uma superstição bastante arraigada em nós de que, ao nos prepararmos, estaríamos nós mesmos convocando a morte, estaríamos de alguma forma a desejando: como uma versão sombria de um mural de metas. Não nos preparamos porque, em nosso pensamento mágico, acreditamos que, se não encararmos a morte, nenhuma das pessoas que amamos, inclusive nós mesmos, irá morrer.

Mas devemos nos preparar. Pois a morte já está acontecendo conosco a cada momento que passa. Acontece enquanto escrevo estas palavras, e com todos nós. Todos os dias estamos morrendo.

A consciência da brevidade da vida, da nossa própria mortalidade e da dos outros é uma pedra angular da filosofia estoica. É também fundamental para domar parte do caos que vem com o luto, as perdas repentinas e o confronto com nossa própria mortalidade.

Portanto, é por aí que vamos começar.

Os antigos filósofos estoicos viveram em tempos perigosos. As mães e seus bebês morriam no parto, as doenças assolavam as populações, havia pragas, uma enorme desigualdade e escravidão. Se você estivesse envolvido com a política, como Sêneca, era necessário estar em alerta constante contra seus inimigos, que poderiam tentar matá-lo ou fazer com que fosse exilado (Sêneca foi exilado duas vezes, e recebeu ordens de seu antigo empregador, o imperador Nero, para que se matasse).

Para viver com um mínimo de tranquilidade em tempos de extrema incerteza, os estoicos tiveram de encarar a realidade: no caso, a de que eles eram mortais que nasceram para morrer.

Para um estoico, ser capaz de morrer bem estava intimamente ligado à capacidade de viver bem. Se você percebesse como a vida era curta e arbitrária, não desperdiçaria um segundo sequer.

Portanto, o constante reconhecimento da inevitabilidade da morte faria com que você, ao chegar ao fim da vida (seja na juventude, na velhice ou entre as duas coisas), não tivesse os arrependimentos que atormentam aqueles que agem como se fossem viver para sempre.

Os estoicos utilizavam muitas ferramentas para contemplar e se proteger do choque da mortalidade. Ao pensar na mortalidade com frequência (sendo expostos a uma pequena dose da doença, como fazemos com as vacinas), eles iam se acostumando com a ideia para que o momento do fim não parecesse tão chocante. Em outras palavras, eles se preparavam para o pior, frequentemente, ao longo da vida.

Imagine seus amigos morrendo

Os estoicos acreditavam que você deveria ficar de luto por seus entes queridos com eles ainda vivos. Era aconselhável pensar na morte dessas pessoas com frequência enquanto ainda estivessem vivos, a fim de se preparar para o inevitável. Sêneca disse: "Desfrutemos avidamente de nossos amigos", assim como devemos aproveitar nossos filhos, "porque não sabemos por quanto tempo teremos esse privilégio."

Quando comecei a aprender sobre o estoicismo, imaginar pessoas morrendo enquanto elas ainda estão vivas, indiferentes em relação à morte e aproveitando a vida, parecia mórbido. Mas, por se tratar de uma prática bastante enraizada nos ensinamentos dos três estoicos romanos que estava estudando (Sêneca, Epiteto e Marco Aurélio), eu tentei.

O objetivo do exercício é valorizar seus amigos no aqui e agora, em vez de se encher de tristeza, luto e pesar quando eles morrerem.

Sêneca diz: "Façamos com que a lembrança daqueles que perdemos se torne uma agradável lembrança para nós." É agradável porque os apreciamos de maneira plena enquanto ainda estão vivos, e não nos sentimos arrasados pelo sofrimento nem surpreendidos quando eles morrem (um estoico não deve se surpreender com a morte).

Na preparação para o luto, os estoicos faziam uso de uma técnica chamada visualização negativa ou *futurorum malorum præmeditatio* (que em latim significa literalmente "pré-estudar o futuro ruim").

Com a visualização negativa, você imagina alguém que ama profundamente morrendo amanhã ou esta noite. O tempo que você passa com a pessoa hoje é o último dia que ela tem na Terra (ou talvez o último dia que *você* tem na Terra). Isso faz com que o tempo passado com a pessoa seja absolutamente precioso se você reconhecer sua finitude.

Ainda tenho uma lembrança muito clara da última vez que vi minha amiga de escola antes de sua morte. Ela estava trabalhando em uma cafeteria em uma cidade litorânea, e eu passei lá para visitá-la. Ocupei uma mesa enquanto ela atendia e parava em momentos tranquilos para conversar. Eu tinha comprado um enroladinho de salsicha na padaria do outro lado da rua e perguntei a ela se eu poderia comer alimentos que não fossem comprados na cafeteria. "É claro", respondeu, rindo. "É só esconder." Pedi um café e fiquei ali, feliz, devorando *com discrição* meu enroladinho de salsicha contrabandeado enquanto ela ia e voltava, interrompendo a conversa para atender os clientes. Mas, enquanto conversávamos, percebi que minha amiga estava ansiosa, o que era atípico. Eu tentava tranquilizá-la e fazer com que ela se sentisse bem. Mas me perguntei mais tarde, depois que ela morreu: será que eu a tranquilizei e dei o meu apoio como se aquela fosse a última vez que a veria? Não. Não tivemos um momento de qualidade. Tentei conversar com minha amiga enquanto ela trabalhava em um café movimentado. Foi um encontro carinhoso, mas disperso. É compreensível. Eu achava que haveria muitas, muitas outras conversas — e muitas, muitas outras tempestades (mas também calmarias) para nós duas. A necessidade de tornar o momento realmente especial, a urgência daquilo, não estava lá.

Mas os estoicos dizem que devemos tratar cada encontro, com todas as pessoas, em especial as mais próximas, como se fosse o último. É uma perspectiva difícil de aceitar, principalmente quando se contempla a morte de uma criança, e ainda mais se essa criança for seu filho.

Preparando-se para a morte dos filhos

A passagem mais arrepiante do estoicismo (ou talvez de qualquer outra obra literária) é a de Epiteto aconselhando os alunos a praticarem a visualização negativa com a morte dos filhos. "Lembre-se de que o que você ama é mortal... No exato momento em que algo lhe der alegria, apresente a si mesmo as impressões opostas. Que mal há em dizer, no exato momento em que beija seu filho pequeno, 'Amanhã você vai morrer', ou algo semelhante a um amigo: 'Amanhã um de nós irá partir, e não nos veremos mais.'"

Leia a passagem de Epiteto friamente, sem conhecer o estoicismo, e você será perdoado por pensar que os estoicos eram monstros:

Amanhã você vai morrer.

Amanhã um de nós irá partir, e não nos veremos mais.

(Não são apenas os estoicos. Também há ecos disso no cristianismo, em uma oração que minha avó costumava fazer comigo quando eu era criança: "Agora que me deito para dormir, peço ao Senhor para minha alma guardar / Se eu morrer sem os olhos abrir, peço ao Senhor para minha alma levar.")

Os estoicos acreditavam que a vida é aleatória e arbitrária, que coisas ruins acontecem mesmo que você tome todas as precauções e que a morte espera por todos nós; e não em um momento de nossa escolha. Uma doença pode levar seu filho ou um acidente pode levar seu amigo — assim como uma overdose acidental levou minha amiga — ou uma pancada na cabeça pode quase matar você —, assim como quase me matou na Espanha.

Ao reconhecer nossa realidade precária e nosso lugar neste planeta, os estoicos esperavam que, quando o pior acontecesse, a visualização negativa reduzisse parte do impacto do momento.

Indo longe demais com a visualização negativa

Será que a visualização negativa ajudaria a fazer com que a morte parecesse mais inevitável e natural? E poderia melhorar meus relacionamentos no presente, fazendo com que eu aprecie mais as pessoas queridas enquanto ainda estão vivas?

Decidi dar uma chance à visualização negativa, mas acertar o processo pode ser complicado. É como uma receita: pensar demais no pior cenário possível pode levá-lo à ansiedade, ao passo que pensar pouco pode não ser o suficiente para mudar sua maneira de pensar e para prepará-lo de verdade para o futuro quando o pior acontecer.

Andrew e eu nos encontramos em Sydney para ver como estávamos nos saindo com nossas práticas estoicas logo após o Natal de 2019. O Natal e o tempo que passamos com a família sempre oferecem situações em que o estoicismo pode ser muito útil, e aquele Natal em particular não foi exceção. Eu estava nos primeiros dias de experiência com a visualização negativa, e a única coisa que consegui foi ficar extremamente ansiosa com a morte de todos que eu amava.

Lá estava eu, sentada à mesa do almoço de Natal, cercada por gerações de meus parentes mais próximos e queridos, imaginando todos sendo mortos em um engavetamento de dez carros a caminho de casa, ou de intoxicação alimentar por frutos do mar estragados, ou em um incêndio florestal que alcançava a casa... Era horrível.

De volta a Sydney, Andrew me aconselhou a manter a rotina de usar a visualização, mas de maneira fugaz: apenas ter um "lampejo" de pensamento sobre a morte de alguém, em vez de ficar pensando demais naquilo. Ele usava muito essa técnica e concordava que "às vezes pode ser difícil; nunca é bom pensar em cenários ruins, mas, ao pensar, você tende a ser grato por qualquer resultado que possa obter". Ele disse que fazer isso era "como uma apólice de seguro: você se reconcilia com qualquer resultado, mesmo os ruins".

"Você deve continuar aproveitando as ocasiões familiares, mas lembre-se de que talvez nem todos estejam juntos dessa mesma forma outra vez", disse ele.

O que ele aconselhou se revelou premonitório.

A pandemia começou a sério na Austrália alguns meses depois, em março de 2020, e as fronteiras logo se fecharam. Durante o confinamento, não pudemos nos afastar mais de cinco quilômetros de casa nem visitar familiares. Aquele Natal de 2019, o Natal que eu visualizara negativamente como *o último*, seria *mesmo* o último?

Acabou não sendo, mas nem todas as famílias tiveram a mesma sorte. Muitas (incluindo meia dúzia de pessoas que conheço) perderam entes queridos naqueles dois anos e não puderam comparecer a funerais ou estar com parentes em seus últimos dias.

Depois de ser separada de minha família, descobri que o tempo que pudemos passar juntos é muito especial, pois não considero mais que seja algo garantido. Usei com frequência a visualização negativa, mas de maneira fugaz — como Andrew aconselhou —, durante os dois anos em que minha família ficou separada devido ao fechamento das fronteiras. Nos breves intervalos do lockdown nos quais era possível ver meus pais, eu imaginava que cada visita seria a última e que um de nós morreria logo em seguida. Usando esse breve lampejo de imaginação, tentei aproveitar ao máximo cada visita.

Mas, como minha família ainda está viva, é impossível dizer se meus experimentos estoicos de visualização negativa teriam aliviado a dor caso eles tivessem morrido durante o confinamento. O tempo dirá. Todos nós vamos morrer, mais cedo ou mais tarde, por isso vou acabar descobrindo — a menos que eu morra primeiro. Mas tratar cada ocasião com meus pais como se fosse a última aumentou minha satisfação em ter a companhia deles.

Elimine o medo: pense em sua própria morte com frequência

Além de pensar na morte de outras pessoas ao praticar a visualização negativa, você também deve contemplar a sua própria morte.

Os estoicos eram realistas em relação à perspectiva da morte e ao tempo que lhes era concedido na Terra. Eles perceberam que não podiam controlar a morte, mas que *podiam* controlar a maneira como pensavam nela. Epiteto diz: "Não tenho como escapar da morte, mas ao menos tenho como escapar do medo dela."

Os estoicos escapavam do medo da morte ao reconhecerem sua presença de forma rotineira. Quando um general retornava vitorioso a Roma antiga, ele vinha acompanhado em sua procissão pelas ruas por um escravizado, cuja função era lembrá-lo de que seu triunfo não duraria para sempre. "*Memento mori*", o escravizado sussurrava no ouvido do general: "Lembre-se de que você vai morrer."

A ideia é se habituar a pensamentos sobre a própria mortalidade. Não é possível começar a contemplar a morte de maneira adequada se você vive sob constante pavor em relação a ela. Ao nos lembrarmos com frequência de que vamos morrer, estamos colocando em foco a única coisa que realmente importa: o momento presente, o tempo que temos. Quando percebemos que nossos momentos estão se esvaindo de maneira constante e ininterrupta, passamos a nos dar conta de como a vida é realmente curta.

Em *Sobre a brevidade da vida*, Sêneca escreveu:

> Você vive como se estivesse destinado a viver para sempre; sua própria fragilidade nunca lhe ocorre; você não percebe quanto tempo já passou, mas o desperdiça como se tivesse um estoque pleno e abundante — embora esse mesmo dia que você dedica a alguém ou algo possa ser o seu último. Vocês agem como mortais em relação a tudo aquilo que temem, e como imortais em relação a tudo aquilo que desejam...

Nada mudou de verdade desde que Sêneca escreveu essas palavras. Ainda vivemos "como se estivéssemos destinados a viver para sempre". Adiamos as coisas que realmente gostaríamos de fazer até nos aposentarmos, ou achamos que só podemos descansar quando ganharmos certa quantidade de dinheiro, ou fazemos um empréstimo muito alto para ter uma grande hipoteca em um bairro chique — sem realmente considerar que isso nos obrigará a trabalhar duro, talvez em uma área que odiamos, por mais trinta e tantos anos.

Marco Aurélio advertiu: "Não aja como se fosse viver dez mil anos. A morte paira sobre você. Enquanto estiver vivo, e enquanto estiver em seu poder, seja bom."

Acontecia na Antiguidade o mesmo que agora: muitas pessoas nunca começam suas vidas de verdade. Estamos ocupados demais trabalhando e ganhando dinheiro, prometendo que um dia vamos parar e descansar como se deve e finalmente desfrutar do presente.

Sêneca acertou em cheio quando disse:

> Ouvirá muitos dizendo: "Aos cinquenta anos, vou me recolher ao ócio. Aos sessenta, ficarei livre de todos os meus encargos." E que garantias você tem de uma vida mais longa? Não se envergonha de reservar apenas os resquícios de sua vida para si mesmo e dedicar à sabedoria apenas o tempo que não pode ser usado em nenhuma outra atividade? Como é tarde para começar a viver quando a vida já está prestes a acabar!

Somos mestres em adiar as coisas, em nos perder no trabalho e na correria. O tempo e a vida seguem passando, mas parece que mal nos damos conta do que *fazemos* com o tempo. Pensar em nossa própria morte nos força a nos concentrarmos no tempo que temos.

O tempo é nossa moeda mais valiosa

Os estoicos eram muito sintonizados com o tempo, que era visto como a única moeda verdadeira que possuímos. É também nossa moeda mais democrática: todos, independentemente de sua riqueza material, recebem uma cota de tempo (embora a quantidade varie e tempo extra seja algo que o dinheiro não pode comprar).

 Eu desperdiço uma quantidade absurda de tempo. Todos os dias, sou tragada pela internet e passo horas envolvida com coisas que não importam ou em disputas insignificantes, das quais não vou me lembrar na semana seguinte. Não é exatamente trabalho, mas também não é uma atividade de lazer relevante, muito menos de contemplação e relaxamento. Um estoico antigo veria o uso excessivo da internet como uma péssima aplicação do tempo. Seria eu capaz de pegar um maço de dinheiro e jogá-lo no lixo? Não. Mas, de alguma forma, desperdiço meu tempo on-line sem pensar duas vezes.

 A perda de tempo não é um problema novo. Sêneca escreveu há quase dois mil anos: "Você consegue apontar um único homem que dê valor ao seu tempo, saiba o valor de um dia e perceba que todo dia é um dia em que se está morrendo? Na verdade, nos enganamos ao pensar que temos a morte pela frente: parte dela já passou por nós, pois toda a nossa vida passada está nas garras da morte."

 Na vida, o dinheiro vem e vai, mas o tempo está sempre passando. Não podemos pedir mais tempo emprestado nem criar mais tempo. Temos o que temos, e ele está sempre minguando, nunca se acumulando. Quando você realmente se dá conta disso, sua maneira de organizar a vida muda. Se você vê o tempo como o bem mais valioso que possui, pode se sentir menos propenso a preencher seu dia com reuniões que não geram resultados relevantes, ou menos disposto a passar um sábado ensolarado na cama se recuperando de uma ressaca, ou menos propenso a passar um fim de semana fora com pessoas cuja companhia não lhe agrada. Desperdiçamos tempo porque achamos que temos um suprimento ilimitado. Em algum canto delirante de nossas mentes, achamos que vamos viver para sempre.

É claro que não estou dizendo nada de novo aqui: faz alguns anos que somos alertados sobre nossos vícios em dinheiro, trabalho e status relacionado ao trabalho. Mas muitos fatores, especialmente a natureza de nosso sistema capitalista, nos mantêm presos a esse mesmo sonho exaurido.

Muitas pessoas que estão na *Gig Economy*, a lógica dos trampos freelances, trabalham sete dias por semana, dez horas por dia — arrecadando pequenas quantias de dinheiro a partir da prestação de serviços para diversos aplicativos. E, no mundo administrativo, mesmo quando não estamos trabalhando, nós carregamos nosso trabalho conosco. Nossos telefones e e-mails nos prendem ao escritório, de forma que, mesmo em nosso tempo livre, nossos cérebros ainda estão trabalhando.

As pessoas estão se dando conta de que deve haver uma maneira melhor de *viver a vida*. Isso pode envolver uma diminuição na renda ou menor segurança financeira, mas, em troca, você recupera o seu tempo.

Essa reavaliação do trabalho não é novidade. Há todo um movimento admirável de pessoas repensando sua relação com o tempo e o trabalho que nos remete à escola do epicurismo: uma filosofia rival do estoicismo grego inicial que incentivava os participantes a viverem em comunidade, cuidarem de um jardim e dedicarem tempo à contemplação, ao lazer e ao estudo da filosofia.

Em 1845, Henry David Thoreau estipulou quanto dinheiro (ou quão pouco) ele precisaria para levar uma vida simples e contemplativa no campo. Ele fez as contas e, por pouco mais de dois anos, deu o melhor de si para viver em harmonia com a natureza nos bosques de Massachusetts.

Depois vieram os hippies da década de 1960 e os movimentos FIRE (sigla em inglês que significa "independência financeira, aposentadoria precoce") e van life (estilo de vida em que as pessoas estabelecem moradia em veículos motorizados) de hoje em dia. E, depois de mais de dois anos de pandemia, temos uma geração de pessoas questionando o papel superdimensionado que o trabalho desempenha em nossas vidas.

Imagine se mais pessoas elevassem o *tempo* que possuímos à condição de princípio central e organizador de nossas vidas? O resultado seria nada menos do que uma revolução total na forma como vivemos. Despertaríamos dessa névoa em que nos encontramos há tanto, na qual agimos como se tivéssemos todo o tempo do mundo, adiando o que realmente gostaríamos de fazer até nos aposentarmos (se tivermos a sorte de nos aposentar) ou alcançarmos esse misterioso momento chamado "um dia". Um dia você vai viajar mais, ou descansar mais, ou vai ler mais, ou escreverá um livro, ou irá brincar com seus filhos, ou vai abrir uma empresa, ou vai se mudar para o campo, ou vai formar uma família. *Como é tarde para começar a viver quando a vida já está prestes a acabar!*

Recentemente, refleti sobre quais foram os períodos mais felizes da minha vida. A única coisa que esses bons momentos tinham em comum era o fato de terem acontecido em um momento em que eu não estava com pressa, quando tinha muito tempo. A riqueza assumiu uma forma diferente. Quando eu era rica em tempo, estava subempregada e não tinha muito dinheiro. Também ficava ansiosa para saber se conseguiria trabalho no futuro. Mas, pensando agora, ser rica em tempo parecia melhor e mais mágico do que ter muito dinheiro no banco. Eu os chamo de meus dias de Huckleberry: uma homenagem à grande exaltação de Mark Twain aos prazeres do lazer e dos tempos de sobra. ("É adorável viver em uma jangada. Tínhamos o céu, lá em cima, todo salpicado de estrelas, e costumávamos nos deitar de costas e olhar para elas e debater se tinham sido criadas ou apenas aconteceram...")

Dias de Huckleberry... Tardes sem nada para fazer e longos crepúsculos azuis brilhantes, andar de bicicleta por toda a Berlim em 2008. Eu ganhava a vida como freelancer de histórias de viagens, mas tinha tempo de sobra, e meus amigos também eram pobres e ricos em tempo, por isso nós o esbanjávamos com sabedoria, passeando pela cidade de bicicleta ou a pé, parando para jogar pingue-pongue no parque, equilibrando uma cerveja barata na borda de uma mesa ou, se não houvesse mesas livres, jogando nossas bicicletas no chão e deitando ao lado delas, lendo livros sob uma árvore no Tiergarten.

Depois, houve duas temporadas de três meses em Nova York, nas quais aluguei imóveis baratos em Park Slope, Upper West Side, Bushwick... E, sem ter onde estar ou aonde ir, eu podia simplesmente explorar a maior cidade do mundo: tardes passadas no Prospect Park, nos mercados de pulgas em Hell's Kitchen, pedalando pela High Line em uma bicicleta pública alugada, percorrendo todo o mapa de Manhattan sem nenhum destino em mente, tomando drinques em um bar num terraço, com a cidade viva e elétrica zumbindo lá embaixo.

Ou mesmo durante a pandemia. No primeiro lockdown, meu irmão veio morar comigo no interior, a 80 minutos de Melbourne. Era o início do outono, as folhas estavam mudando de cor e ambos tínhamos bicicletas. Com tudo fechado e sem ter para onde ir, fazíamos longos passeios pelo mato e subíamos as colinas — parando nas lojinhas dos vilarejos para comprar uma bebida ou uma torta, as estradas estranhamente vazias, uma águia rodeando no céu —, nos aventuramos pelas estradas secundárias, onde a vegetação se remexia com os pássaros, animais e insetos, todos alheios ao pânico e à ansiedade nas cidades.

E, em 2021, outro lockdown, dessa vez em Sydney. Meu amigo Ivan e eu nos encontrávamos no caminho do penhasco em Bondi e fazíamos longas caminhadas. Às vezes, parávamos e nos sentávamos nas pedras, de onde víamos golfinhos saltando acima da superfície. Outras vezes, próximo ao porto, fazíamos a trilha da orla de Hermitage, parando nas pequenas praias pelo caminho e nadando — e, ao pôr do sol, quando contornávamos o trecho em direção a Rose Bay e entrávamos na praia, por um momento o céu pareceria estar em chamas, com um intenso brilho vermelho.

Todas essas coisas lindas e gloriosas — todas essas riquezas! — eram gratuitas, o único custo era o tempo.

Trabalhe — mas faça disso algo significativo

Os dias de Huckleberry são ótimos, mas precisam ser equilibrados com trabalho e contribuição.

Os antigos estoicos acreditavam que é preciso trabalhar duro e ter orgulho do que se faz, mas que o trabalho é apenas uma parte da vida.

Os estoicos romanos — Sêneca, Marco Aurélio e Epiteto — dificilmente seriam chamados de preguiçosos, embora os estoicos gregos pudessem ter feito essa acusação contra a sua escola rival, os epicuristas, que eram mais reclusos. Marco Aurélio era o imperador romano, caramba! E seu reinado foi reconhecido como um dos mais estáveis do império. Sêneca foi extremamente prolífico, escreveu centenas de ensaios, peças e cartas. E Epiteto, uma vez libertada da escravidão, fundou sua própria escola de filosofia no fim da vida e adotou e criou um filho bem quando deveria estar se aposentando. Os estoicos eram cosmopolitas, poderosos, dinâmicos, politicamente engajados e ligados às suas comunidades; desistir ou renunciar não fazia muito o estilo deles.

Mas em todos os seus ensinamentos está a crença de que o tempo — e a maneira como você o gasta — é muito mais importante do que status ou o quanto você recebe. Para os estoicos, o trabalho era uma forma de construir a sociedade, compartilhar ideias e contribuir para a comunidade, e a forma mais elevada de trabalho era se dedicar à filosofia. Sobre a filosofia e seu valor, Sêneca afirmou: "Ela molda e constrói a alma, ordena nossa vida, guia nossa conduta, revela o que devemos fazer e o que devemos deixar de fazer — sem ela, ninguém pode viver sem medo ou em paz de espírito."

O interesse dos estoicos pela filosofia não era um exercício abstrato ou acadêmico. Sêneca, com uma pegada meio Jesus marxista do Novo Testamento, atacava os filósofos que se dedicavam a preocupações intelectuais abstratas: "Não há tempo para brincadeiras. Vocês prometeram levar ajuda aos náufragos, aos presos, aos doentes, aos necessitados, àqueles cujas cabeças estão posicionadas sob o machado. Para onde vocês desviam sua atenção? O que estão fazendo?"

O que estão fazendo, realmente?

Os estoicos perceberam que a vida era curta e acreditavam que não havia vida após a morte; o que importava era nosso tempo aqui na Terra. Sêneca escreveu que é "uma estupidez rezar" para alcançar algo virtuoso na vida, "já que você pode obtê-la de si mesmo".

Descobrir como viver bem, pensar de verdade no que significa ter uma vida boa, seria um ótimo investimento em nossa vida única e singular. "Não aja como se tivesse dez mil anos para desperdiçar. A morte paira sobre você. Seja útil enquanto vive, isso está em seu poder", escreveu Marco Aurélio.

EXERCÍCIOS ESTOICOS PARA ELIMINAR O MEDO DA MORTE

Para evitar o insidioso medo da morte enquanto governava um vasto império em expansão, Marco Aurélio costumava dizer a si mesmo: "Pare o que estiver fazendo por um momento e pergunte-se: 'Será que estou com medo da morte porque não vou mais poder fazer isso?'"

Esse exercício é esclarecedor em duas frentes. Se a atividade for algo de que gostamos e temos medo da morte porque não poderemos mais nos envolver com essa atividade (pode ser passar tempo com os amigos ou a família, fazer trilhas pelas montanhas, nadar ou tomar café pela manhã), isso é um sinal de que você deve aproveitar o momento, apreciar a atividade e as pessoas que acompanham você nessa atividade e tirar o máximo proveito dela.

Se a atividade for enfadonha ou algo de que você não sentiria falta — como tarefas domésticas, o deslocamento diário, ir até o trabalho que você odeia —, então há menos motivos para temer a morte, já que você não terá mais que fazer aquilo que detesta.

Viva cada dia como se fosse o último

Embora Sêneca aconselhasse "banir qualquer preocupação com a morte", ele não queria dizer que você deveria simplesmente esquecer a morte por completo: ele apenas queria dizer que não deveria *se preocupar* com ela, e sim contemplá-la. Há uma diferença, como descobri quando comecei a fazer meus próprios exercícios de visualização negativa no Natal. Em vez de se preocupar, disse Sêneca, você deve ter como objetivo viver uma vida em um dia; partindo do pressuposto de que cada dia é o seu último dia.

"Vamos preparar nossas mentes como se estivéssemos chegando ao fim da vida. Não vamos adiar nada. Vamos equilibrar os livros da vida todos os dias. Aquele que dá os retoques finais em sua vida todos os dias nunca está sem tempo", escreveu Sêneca.

A VISTA DE CIMA

Uma das maneiras pelas quais os estoicos se preparavam para a morte era lembrando-se de seu lugar no universo; isto é, por um curto espaço de tempo, eles ocupavam uma pequena parte do cosmos.

Marco Aurélio disse: "Quão pequena é a porção do tempo ilimitado e insondável atribuída a cada homem! Pois ela logo é engolida pelo eterno. E quão pequena é uma parte de toda a substância! E quão pequena é uma parte da alma universal! E em que pequeno torrão de toda a Terra você rasteja!"

Muitas vezes, nós nos sentimos sobrecarregados com o tamanho dos problemas em nossa vida — e esse afastamento, com a visão de cima, pode nos conscientizar da diminuta natureza de nossa existência na grande extensão do tempo, e de que nossa vida ocupa apenas a medida de um grão de areia no *continuum* da história humana.

Qualquer um sortudo o bastante para ver a arte rupestre indígena da cultura mais antiga do mundo, os povos aborígenes australianos, ou observar as pirâmides egípcias, ou contemplar uma árvore anciã nas florestas do norte da Califórnia, provavelmente teve uma alucinante e arrebatadora amostra da grande extensão do tempo. Nosso tempo de vida é um pontinho na história do mundo. E nossos problemas, que ocupam tanto espaço e energia, acabam tendo pouca importância no final.

Lidar com a mortalidade logo de início é um pouco pesado, mas a primeira parte de minha jornada pelo estoicismo foi lidar com o fato de que todos nós morremos, de que estamos morrendo a cada dia, de que todos aqueles que amo irão morrer e que eu também vou morrer — em um momento desconhecido, talvez mais cedo do que tarde. Depois de ter isso estabelecido, depois de pelo menos ter *reconhecido* isso, voltei minha tarefa para o item seguinte: aprender sobre a melhor forma de viver.

Como...

Descobrir o que é importante

"Algumas coisas estão sob nosso controle e outras não."
— **Epiteto**

"Quanto mais valorizamos as coisas que não estão sob nosso controle, menos controle temos..."
— **Epiteto**

No final de 2019, Andrew e eu nos encontramos em um domingo em seu escritório no centro para discutir as leituras estoicas que vínhamos fazendo e como aplicar seus princípios em nossas vidas.

Foi um momento interessante — talvez fortuito — para aprender as antigas formas de lidar com o mundo.

Naqueles meses finais de 2019, houve uma mudança definitiva no clima geral das coisas. Incêndios florestais de grandes proporções assolavam Sydney, cinzas caíam do céu enquanto florestas centenárias queimavam e bilhões de animais eram incinerados. O céu ficou marrom e o ar tinha cheiro de fumaça durante aquele verão. Nas ruas da cidade, máscaras começaram a aparecer — as N95 pontudas, que filtravam a fumaça e a poluição —, ao mesmo tempo que as crianças eram impedidas de ir à escola. Em dezembro, em um cenário que parecia emblemático para essa nova e sombria era, fui ao lançamento de uma nova marca de vinho rosé em uma mansão chique à beira do porto, sorrindo para selfies enquanto grandes volumes de cinzas caíam do céu em cima de nossas bebidas.

Estávamos em nossos vestidos de festa e calçando tênis chunky, com os telefones totalmente carregados para extrair o máximo daquele lugar instagramável, tossindo de leve, embora as pessoas tivessem os olhos vermelhos e eu tenha notado alguns convidados usando bombinhas de salbutamol. Naquele dia, a qualidade do ar em Sydney era uma das piores do mundo.

Na mansão, havia um DJ, sommeliers e um chef, que explicou em detalhes a origem das vieiras dos canapés e contou sobre uma recente e inspiradora viagem a Oaxaca. Em seguida, houve uma degustação de vinhos, e nos juntamos para degustar e cuspir. Todas as variedades tinham notas de incêndio na mata.

O DJ seguiu tocando, mas as músicas — de Tones and I e Mark Ronson — eram enervantes, estridentes e estranhamente destoantes. O cheiro da fumaça tinha um toque quase químico e, entre uma taça e outra de rosé, eu me perguntava sobre a alquimia em ação na mistura dos elementos: as florestas centenárias e seus animais transformados em colunas de cinzas, desfazendo-se e flutuando pelo ar, depositando-se na água e no solo; e no meu corpo depois de nadar no mar turvo naquela manhã, e agora sendo engolido como partículas de cinzas que boiavam no meu vinho naquela festa à beira do porto. ("No fim do mundo", brinquei com um amigo, nervosa.)

Os influenciadores posavam na penumbra do píer e à beira da piscina, vendo, mas recusando-se a enxergar o que estava ao seu redor: aquele sol vermelho vivo, o céu marrom encardido.

Isso foi em dezembro de 2019. Parecia o momento certo para aprender sobre o estoicismo.

O clima e as velhas certezas a respeito das estações estavam em queda livre; agora não havia mais dúvidas. Mas ninguém parecia disposto a enxergar a realidade: o limite extremo da Era do Antropoceno a se desdobrar diante de nossos olhos.

Na época, não sabíamos — como poderíamos saber? — que o verão de 2019 marcaria o início de uma série de eventos dramáticos e transformadores ligados à destruição ambiental: incêndios, ar irrespirável, uma pandemia, inundações. Em um mundo que, de uma hora para outra, parecia muito mais fora de controle do que o normal, era fundamental descobrir o que se podia *controlar* na vida.

E foi aí que o estudo do estoicismo se provou ser transformador: ao me ensinar a encarar a realidade em um mundo em rápida degradação, a ser resiliente diante dessas mudanças e o que eu poderia fazer em relação a elas.

Os antigos estoicos tinham muito a dizer sobre a realidade — encarar a vida com coragem, vê-la como ela é e trabalhar com essa realidade.

O teste de controle

O primeiro passo que os estoicos davam antes de qualquer ação era submeter tudo a um teste básico. Com o chamado de "teste de controle", ou Dicotomia do Controle, os estoicos avaliavam tudo aquilo que podiam e não podiam controlar em uma determinada situação e concentravam sua atenção nas áreas que podiam controlar.

Esse foi o primeiro princípio estoico que abordamos quando começamos a nos reunir em Martin Place, no escritório de Andrew, no verão de 2019.

Andrew utilizou um quadro branco com bonecos de palito e desenhamos em folhas de papel para esmiuçar o que era o teste de controle.

Era mais ou menos assim:

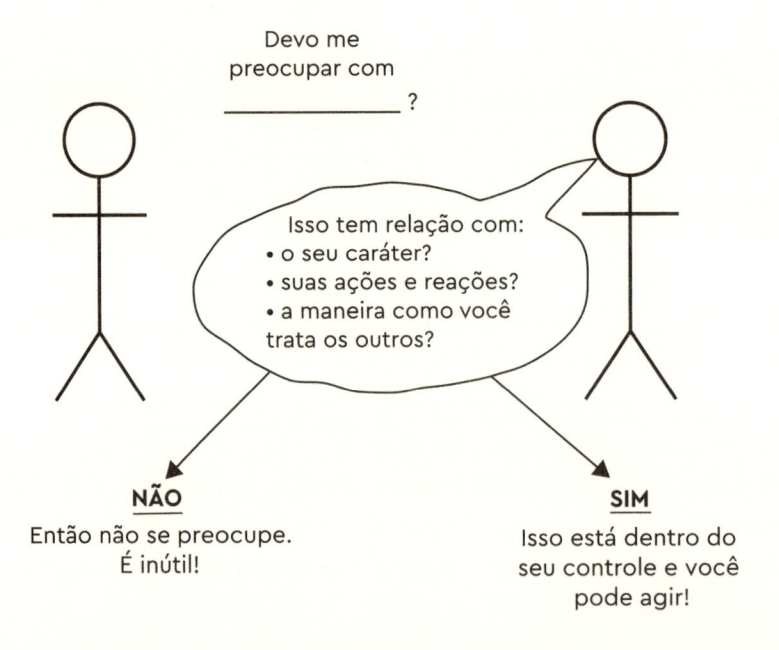

Devo me preocupar com _____?

Isso tem relação com:
- o seu caráter?
- suas ações e reações?
- a maneira como você trata os outros?

NÃO
Então não se preocupe.
É inútil!

SIM
Isso está dentro do seu controle e você pode agir!

O teste de controle é tão fundamental para a prática do estoicismo que Epiteto o definiu nas linhas iniciais de *O manual de Epiteto e uma seleção de discursos*: "Algumas coisas estão sob nosso controle e outras não. As coisas sob nosso controle são a opinião, a busca, o desejo, a aversão e, em resumo, tudo o que diz respeito a nossas próprias ações. As coisas que não estão sob nosso controle são o corpo, a propriedade, a reputação, o comando e, em resumo, tudo o que não diz respeito a nossas próprias ações."

Essa passagem é a pedra angular e o calvário da filosofia estoica. Ela define as coisas que podemos controlar, que interpretei como sendo nosso caráter, a maneira como tratamos os outros e nossas ações e reações. Epiteto nos instiga então a esquecer a tentativa de controlar todo o resto. Tentar controlar é apenas um desperdício de tempo e energia.

Isso não significa que não devemos dedicar esforço a coisas que não podemos controlar diretamente, como as mudanças climáticas. Afinal de contas, os estoicos não eram pessoas passivas. Sob o ponto de vista histórico, eram pessoas de ação: líderes políticos, imperadores e soldados. Mas eles sabiam que, mesmo treinando bastante, agindo com integridade, construindo alianças e se esforçando muito, não podiam controlar o resultado. Só podiam controlar seu próprio caráter, suas próprias ações (e reações) e a forma como tratavam os outros.

A princípio, isso não me pareceu ser um campo de influência satisfatório. No entanto, dentro desse âmbito aparentemente pequeno, os antigos estoicos tiveram vidas notáveis. Aceitar o fato de não podermos controlar muita coisa em nossa vida exterior não levava à impotência, mas sim ao oposto. Ao nos concentrarmos em nosso caráter, na maneira como vemos o mundo e em como conduzimos nossas vidas, conseguimos aproveitar nossa real capacidade de efetuar mudanças e, ao mesmo tempo, manter um estado de tranquilidade pessoal, pois passamos a não depender demais de resultados que estão fora de nosso controle.

Naquelas primeiras sessões, Andrew explicou que o teste de controle não só era uma ferramenta útil para a tomada de decisões como também era *crucial* para a aplicação do estoicismo no dia a dia. Como um princípio organizador central, o teste de controle esclarecia tudo e tornava mais fácil administrar a tomada de decisões e o investimento emocional. Em suma, você descobre primeiro o que pode controlar e aplica seus esforços naquilo, e não perde tempo e energia se preocupando com o que não pode.

"O teste de controle é muito útil para mim: para não me estressar com coisas que não se pode controlar. As poucas coisas que podemos controlar são muito limitadas e, para a nossa sorte, todas elas estão sob nosso poder de influência. Em um mundo complexo, acho isso muito libertador", disse Andrew.

Para alguém como eu, que operava em um estado de caos e desorganização quase constantes (tanto mental quanto físico), a ideia de um simples teste que pudesse abrir caminho em meio à névoa da tomada de decisões era extraordinariamente atraente. O teste de controle também foi importante porque impediu que eu dependesse demais do acaso, da serendipidade, da sorte, da persuasão e da esperança, e que me decepcionasse quando as coisas não saíssem do meu jeito (essa decepção acabava com a minha tranquilidade).

Como poderiam sair sempre do meu jeito se, na realidade, meu controle era tão pequeno? Na verdade, grande parte da minha vida até aquele momento se deu de acordo com forças além do meu controle. Há muitas metas para as quais me concentrei e pelas quais trabalhei duro, mas que não foram atingidas porque forças além do meu controle (como o tempo) intervieram. Ter procurado meu primeiro emprego de pós-graduação em Direito em um período de recessão e ter como resposta apenas uma entrevista depois de uma centena de candidaturas é um exemplo que me vem à mente. Se eu tivesse me formado dez anos depois, em uma economia muito mais saudável, o resultado provavelmente teria sido outro e minha vida poderia ter tomado um rumo totalmente diferente.

O que podemos controlar

De acordo com minha interpretação do estoicismo, podemos controlar por completo apenas três coisas:
1. nosso caráter;
2. nossas reações (e, em alguns casos, nossas ações, mas não seus resultados);
3. como tratamos os outros.

O restante está sob nosso controle parcial ou não depende de maneira alguma de nós.

O controle parcial inclui o simbólico capitão de um navio que é capaz de controlar a embarcação, mas não o clima. Também estão sob nosso controle parcial os nossos corpos e aparência física. Podemos controlar o que colocamos em nossos corpos, mas a genética é realmente o principal determinante da aparência, da saúde e dos nossos biotipos — e, exceto por alguns avanços na ciência, não temos controle sobre nossa composição genética.

Você pode controlar muito menos do que imagina
Do ponto de vista psicológico, o controle é importante porque nos permite sentir que estamos no comando da situação, que não estamos apenas à deriva, que seguimos em frente com nossas vidas, que temos poder de ação e podemos fazer escolhas. Gostamos de pensar que temos muito controle porque isso nos faz sentir seguros.

Achamos que podemos controlar certas coisas: a maneira como o mundo nos vê, nossa reputação, nossas oportunidades, aqueles que amamos e aqueles que nos amam e a maneira como vivemos. Achamos que podemos controlar nossos corpos: sua aparência e seu funcionamento, sua forma e seu tamanho. Achamos que temos controle sobre nossa carreira e nossas perspectivas, dinheiro, segurança e saúde. Achamos que podemos ser o chefe de nossa reputação e que podemos conduzir nossa ascensão pelo mundo.

Voltando à analogia náutica, achamos que somos os mestres de nosso navio, responsáveis pela direção que tomamos. Mas as condições — como as tempestades — são imprevisíveis e podem nos tirar do rumo, a despeito de nossas melhores intenções e de toda a nossa vontade e esforço. A verdade nua e crua é que nunca tivemos tanto controle assim, para começo de conversa.

Pense em tudo na vida que está fora de seu controle. Você não pode controlar acidentes, se vai ficar doente, se vai conhecer alguém por quem irá se apaixonar ou se vai ser amado de volta. Não controla a morte dos seus pais ou dos seus amigos, ou se seus filhos vão morrer jovens ou (de certa forma) se você vai ter filhos. Também não controla se será escolhido para uma vaga de emprego ou se determinado investimento vai render ou não. Não pode decidir quem será seu chefe ou escolher seus colegas. Não tem controle sobre o comprometimento da pessoa com quem está saindo ou se a pessoa que você curtiu no aplicativo de relacionamento irá curtir você de volta. Não pode decidir quando haverá um colapso econômico, uma pandemia, uma alta na inflação, uma guerra, um aumento do preço da gasolina ou das taxas de juros, ou uma escassez de madeira da China. Não pode escolher se perde o emprego, se fica doente ou se vai se recuperar de uma doença. Tudo isso está fora do seu controle. No entanto, partimos do pressuposto que grande parte de nossas vidas está sob nosso controle — e é isso que nos causa problemas, angústia e infelicidade quando as coisas não saem do nosso jeito.

A noção de que temos pouco controle é aterrorizante e pode fazer com que o mundo pareça incontrolável e caótico.

Todos nós conhecemos pessoas que poderíamos descrever como maníacas por controle: pais superprotetores, chefes microgerenciadores, namoradas ou namorados ciumentos, amigos que insistem em fazer as coisas do jeito deles o tempo todo. Mas, no fim das contas, de acordo com os estoicos, essas pessoas estão agindo sob a ilusão de que estão no controle. Pode ser que se sintam melhor tentando controlar as coisas, mas elas têm o mesmo nível de controle final que todos os outros: isto é, podem apenas controlar seu caráter, suas ações e reações e a maneira como tratam os outros.

Você poderia argumentar que seu chefe tem controle sobre você — é assim que os empregos funcionam —, mas esse controle é apenas parcial. Você pode pedir demissão, recusar-se a realizar uma tarefa, negociar, falar com seu sindicato ou realizar a tarefa, mas com liberdade de pensamento sobre a tarefa em si.

Epiteto — que colocou o teste de controle de forma tão proeminente no cerne de sua obra — era um ex-escravizado, assim como sua mãe. Ele sabia tudo sobre ser controlado, mas seu mestre nunca pôde controlá-lo completamente. Os pensamentos, as reações e o caráter de Epiteto eram inteiramente dele (suas ações não estavam totalmente sob seu controle).

"Há apenas um caminho para a felicidade, que é deixar de se preocupar com coisas que estão além do poder da nossa vontade", declarou.

Antes de começar a submeter situações complicadas da vida ao teste de controle, eu pratiquei o exercício de pensar nele como se fosse um jogo — especificamente tênis, o meu esporte favorito. Embora eu possa controlar o quanto pratico, meu foco no jogo, meu condicionamento físico geral e quanta energia coloco na partida, não posso, em última análise, controlar se ganho ou não. Pode ser que meu adversário seja melhor, ou que esteja chovendo e eu não jogue bem na chuva, ou que eu fique menstruada naquele dia e me sinta péssima. Posso dar o meu melhor e controlar os elementos que dependem de mim. Mas, no fim das contas, ganhar o jogo está fora do meu controle.

Em seguida, comecei a pensar no teste de controle em relação ao meu trabalho. Eu poderia escrever uma coluna da melhor forma possível, mas os leitores ou as pessoas nas redes sociais poderiam odiá-la e começar a me atacar com comentários negativos, acabando com a minha tranquilidade. Mas as reações dessas pessoas ao meu trabalho estariam fora do meu controle. A única coisa que poderia controlar era fazer bem a coluna (minhas ações) e controlar *minhas reações* em relação às reações deles (não deixar que minha tranquilidade seja perturbada).

Ou namoro. Eu poderia gostar de alguém e tentar me envolver com ele, mas também estaria fora do meu controle se meus sentimentos seriam retribuídos. Eu não poderia controlá-lo. Poderia apenas me concentrar em meu próprio caráter, na forma como eu o trato e nas minhas reações — sobretudo se alguém me decepcionasse ou me rejeitasse.

Às vezes, praticar o teste de controle nos leva a resultados pouco satisfatórios. Em 2020, sofri de tendinite, uma lesão ao redor da articulação do cotovelo que fazia com que fosse doloroso usar o computador. A lesão em si não estava sob meu controle, mas o tratamento estava. Um fisioterapeuta me aconselhou a reduzir o uso do computador e tirar uma folga do trabalho para descansar o braço. Estava sob meu controle fazer isso. Mas o resultado teria sido abrir mão da minha renda, pois não tenho direito à licença médica. Recuar não era uma opção para mim. Assim, trabalhei com a lesão, talvez em meu detrimento — mas isso mostrou que, às vezes, aplicar o teste de controle ao pé da letra traz consequências para a vida real.

O teste de controle foi feito para o mundo de hoje?

De início, quando olhei para o diagrama de Andrew, o teste de controle estoico parecia simples e elegante demais para ser uma ferramenta viável. Hoje em dia, somos inundados por informações e opções. As coisas se inflamam com força e rapidez na internet; somos bombardeados por crises e informações, caos e a sensação — causada pela exposição constante às redes sociais — de que tudo o que acontece está acontecendo conosco. Será que o teste de controle do *Manual de Epiteto*, de quase 2 mil anos de idade atrás, ainda resiste a esse momento intenso da história? Na sala de reuniões, eu debati essas e outras perguntas com o Andrew.

- *Podemos controlar como os outros agem em relação a nós?*
  Não, só podemos controlar a nós mesmos, nossas reações e a maneira como tratamos os outros.
- *Podemos mudar nossos entes queridos?*
  Não, mas podemos mudar nossas reações a eles ou a forma como os tratamos. (Um exemplo: Epiteto disse que um homem deve se preocupar com sua própria reação emocional à raiva do irmão, e não com a raiva do irmão em si.)
- *Podemos mudar uma circunstância pessoal infeliz, como sofrer bullying no trabalho?*
  Podemos mudar a forma como agimos e reagimos.
- *Será que temos um maior controle na educação de nossos filhos?*
  Podemos educar nossos filhos da melhor forma possível, mas, em última análise, não podemos controlar a maneira como eles agem, como se saem ou que tipo de adultos se tornam.
- *Podemos mudar as pessoas do nosso convívio que nos tratam mal?*
  Não, só controlamos de verdade o nosso próprio caráter, não o caráter dos outros.

- *E quanto à mudança social?*
  Podemos realizar transformações por meio da luta para promover mudanças sistêmicas ou políticas, mas grandes mudanças sistêmicas não estão sob nosso controle direto como indivíduos.
- *E quanto a coisas maiores, como a guerra?*
  Como indivíduos que vivem longe, não podemos mudar as guerras que acontecem em várias partes do mundo, mas podemos controlar o quanto somos pacíficos em nossa própria vida. Podemos mudar a maneira como vivemos, mas não podemos mudar a maneira como as pessoas ao nosso redor vivem; só podemos tentar persuadi-las a fazer o que é certo.

E assim ficamos nesse vai e volta…

Era verdade. Em todas as situações que éramos capazes de imaginar, nós conseguíamos aplicar o teste de controle. Sem nenhuma falha, ao aplicarmos os princípios estoicos, uma resposta surgia, mesmo que não fosse a resposta que queríamos, e mesmo que a resposta não fosse perfeita.

Controle no local de trabalho

No decorrer da minha jornada estoica, encontrei algumas situações nas quais era mais complicado aplicar o teste de controle, porque eu me sentia no direito de obter um determinado resultado. Nesses casos, era difícil aceitar o fato de que eu não tinha tanto controle quanto queria.

No inverno de 2020, Andrew e comíamos um brunch na Bondi Road. Eu estava de mau humor, pois acabara de ter um aumento de salário recusado, apesar de ter escrito uma carta muito convincente ao meu chefe sobre por que eu deveria ganhar mais.

A recusa havia perturbado totalmente minha tranquilidade. Não estava apenas arruinando meu brunch, mas também toda a concepção que eu tinha de mim mesma. Comecei a pensar que a falta de um aumento significava que não era valorizada pela empresa. Estava remoendo aquilo havia 48 horas e ficava cada vez mais irritada. Eu devia me demitir! Eles iam ver só!! Eu ficaria sem salário, mas ficar sem salário era melhor do que o que eu estava ganhando!

Andrew aplicou o estoicismo ao meu problema como um médico que prescreve um tratamento para um problema físico.

"Não vale a pena se preocupar com isso. Conseguir um aumento não está sob seu controle", ele me lembrou, usando os primeiros princípios do estoicismo. Mas, disse ele, o que estava sob meu controle era fazer o melhor trabalho possível e demonstrar aos meus editores que eu merecia um aumento (minhas ações).

Eu só tinha que me esforçar ao máximo; era tudo o que eu podia fazer.

Ao aplicar os princípios estoicos, eu podia controlar a maneira como fazia meu trabalho, mas a decisão de me conceder um aumento de salário estava, em última análise, além do meu controle. Andrew me aconselhou dizendo que, se eu concentrasse minha felicidade em algo que pudesse controlar — fazer bem o meu trabalho —, eu ficaria feliz e tranquila, independentemente de ser ou não bem recompensada por isso. Além disso, era muito mais provável que eu recebesse um aumento se estivesse dando o melhor de mim. Esse não era o conselho que eu queria ouvir; afinal de contas, precisava do dinheiro extra e queria sentir a validação por meio da remuneração. Mas o conselho estava muito de acordo com o compromisso do estoicismo de ter os olhos abertos e trabalhar em minhas áreas de controle. É claro que eu não podia ter total controle sobre as minhas chances de ganhar um aumento do meu chefe (talvez houvesse questões financeiras mais urgentes para a empresa lidar que eu desconhecesse, por exemplo). Mas eu poderia tentar convencê-lo fazendo o melhor trabalho possível (o que estava sob meu controle). Também poderia tentar obter outra oferta de emprego que pudesse usar a meu favor ou entrar em contato com o meu sindicato. Mas, mesmo fazendo uso dessas ferramentas, conseguir um aumento não estava sob meu controle: cabia a outra pessoa decidir.

Epiteto usou o exemplo de um músico se apresentando no palco. O músico pode controlar se está tocando bem ou não, mas não pode controlar a reação do público. "Observe um lirista: ele fica relaxado quando se apresenta sozinho, mas coloque-o diante de uma plateia e a história será diferente, não importa quão bela seja sua voz ou quão bem toque o instrumento. Por quê? Porque ele não quer apenas um bom desempenho, ele quer ser bem recebido — e isso está fora de seu controle."

Essa é outra maneira de dizer que você só pode fazer o seu melhor, mas não pode controlar o resultado. Esse foi certamente o caso do meu aumento de salário.

> **"VAI BUSCAR!" O CONTROLE DE SEU ANIMAL DE ESTIMAÇÃO**
>
> O teste de controle também pode ser aplicado aos animais de estimação. Quando adotamos ou compramos um novo cachorrinho, nós temos uma visão de qual seria a maneira ideal de o cão se comportar. O comportamento do cão pode ser controlado até certa medida por meio do adestramento e sendo bons tutores, mas alguns cachorros, não importa o quão bem treinados sejam, vão sempre fazer cocô no tapete quando estiverem estressados, ou vão destruir todos os nossos sapatos quando forem filhotes, ou vão latir alto quando alguém passar de skate, ou ficarão irritados se não saírem para passear. Podemos agir adestrando os cães, mas não temos controle total sobre o comportamento deles, pois suas ações estão fora do nosso domínio de controle.

Como lidar com a falta de controle?

Os lockdowns durante a pandemia foram um exemplo perfeito de como nossa falta de controle ficou exposta.

Como lidamos com a falta de controle? Na maioria das vezes, pessimamente! Os índices de consumo de álcool, a violência doméstica e os transtornos mentais foram às alturas quando o controle das pessoas sobre seu ambiente ficou sujeito a forças externas extraordinárias de uma hora para outra: novas regras, policiamento e a possibilidade de contrair um vírus mortal, sem a proteção de uma vacina.

Desde março de 2020, eu percebia em todos os lugares um sentimento coletivo de raiva, impotência e desespero ligado a essa perda de controle. Estava em todas as redes sociais; estava na forma selvagem e desrespeitosa com que as pessoas interagiam on-line e em público; estava nas conversas com meus amigos.

As leis de confinamento eram muito rigorosas, repentinas, com policiamento pesado, incapacitantes do ponto de vista financeiro (para os estabelecimentos fechados e para indivíduos que violavam as leis e eram multados), e muitas delas pareciam arbitrárias e kafkianas. As pessoas nas áreas menos abastadas de Sydney e Melbourne, onde uma maior parcela da população não tem o inglês como língua nativa, enfrentaram restrições mais severas e uma presença maior da polícia nas ruas. A sensação de falta de controle e autonomia se tornou um estado-padrão para praticamente todos. A nova realidade surgiu de maneira súbita e foi tão abrupta, estranha e invasiva que era difícil se orientar.

Uma das coisas mais importantes que os estoicos se esforçavam para manter era a tranquilidade — e não permitir que seu equilíbrio fosse muito perturbado por tudo que estava além das poucas coisas que eles podiam controlar.

Você fica mais propenso a sentir uma perturbação interna ao fixar seu coração e mente na obtenção de algo que esteja *além do seu controle*. Há um conflito quando você quer alguma coisa, mas não tem a garantia de que vai conseguir. Isso gera uma tensão interna, porque você não pode controlar o resultado — e corre o risco de ficar aborrecido ou desapontado se não for do seu jeito. Essa tensão causa estresse, e o resultado pode causar infelicidade. O teste de controle é uma forma de manter a tranquilidade ao não se preocupar com aquilo que está além do seu controle.

Mas como não se preocupar com essas coisas? Basta fazer o teste de controle e, se estiver fora de seu controle, parar de se preocupar. Falar é fácil, mas, como descobri (não apenas em relação à tendinite ou aos lockdowns), difícil é fazer.

O teste de controle em tempos de lei e ordens (de saúde)

Quando 2019 se transformou em 2020 e depois em 2021, comecei a aplicar o teste de controle de forma mais sistemática e automática. Durante a pandemia, o teste de controle de fato ganhou seu lugar como uma ferramenta central de tomada de decisões em minha vida.

Em março de 2020, as fronteiras internacionais da Austrália foram fechadas, encerrando de forma efetiva a carreira dos meus sonhos, conquistada a duras penas, como jornalista de viagens. Eu tinha sido uma das sortudas que conseguiu viver (parcialmente) disso na última década, depois de muitos anos propondo ideias que com frequência não eram acatadas, fazendo contatos, trabalhando por pouquíssimo dinheiro e aperfeiçoando minha arte. Finalmente, eu tinha conseguido me destacar e começado a desfrutar do privilégio de ser paga para viajar pelo mundo, escrevendo sobre destinos exóticos e distantes, muitas vezes hospedada em hotéis luxuosos. *Era o melhor emprego do mundo!* Em 2020, eu estava pronta para ir ao Irã, à Europa, aos Estados Unidos e ao Líbano. Com certeza não havia, e ainda não há, nenhum motivo para ficar pensando na perda dessas viagens e na perda da minha carreira de jornalista de viagens. (Será que ela voltaria? Eu não sabia.) Havia uma pandemia, e não era seguro viajar. Além do mais, eu não tinha permissão para isso. Ninguém teve permissão para sair da Austrália, a não ser com muita dificuldade e papelada, por quase dois anos. Mesmo que eu possuísse autorização para viajar, teria sido muito difícil retornar, e eu teria que passar por duas semanas de quarentena em um hotel às minhas próprias custas. (Ao criar essas leis, os legisladores australianos talvez estivessem empregando, sem saber, uma máxima estoica do antigo legislador romano Cícero: "A segurança do povo deve ser a lei suprema.")

Foi fácil aplicar o teste de controle ao meu trabalho de jornalista de viagens. Eu tinha controle sobre as fronteiras? Não. Eu tinha controle sobre o colapso global do setor de viagens? Não. Eu tinha controle sobre o fato de que as publicações para as quais eu escrevia estavam encerrando suas editorias de viagens e as revistas estavam fechando devido à falta de verba publicitária das linhas de cruzeiro? Não. Logo, eu não fiquei pensando nisso e não deixei que minha tranquilidade fosse arruinada. Simplesmente segui em frente e escrevi sobre outras coisas.

Depois, houve o fechamento das fronteiras internas dos estados. Na verdade, isso era uma dor de cabeça muito maior, já que elas eram imprevisíveis. Várias fronteiras, em várias configurações confusas de estados e territórios, abriam e fechavam umas para as outras, dependendo do número de casos, dos níveis de transmissão do vírus, das taxas de vacinação e das novas variantes. Esses fechamentos de fronteiras podiam ocorrer de uma hora para outra e, uma vez fechadas, era quase impossível atravessá-las. Funerais, cirurgias programadas, parentes gravemente doentes, venda de imóveis… Nada disso garantia uma exceção numa época em que tudo era *sem precedentes*.

Eu ia muito a Sydney a trabalho, mas minha casa ficava em Victoria, no interior, a uma distância de uma hora de voo. Perdi a conta de quantas vezes fiquei presa em um lugar ou outro. Um fechamento repentino da fronteira significava que eu não podia chegar à minha casa — ou não podia chegar ao meu trabalho em Sydney. O que eu tinha na cabeça quando organizei minha vida desse jeito insano? Por que eu não podia ser como uma pessoa normal, e morar e trabalhar no mesmo lugar? O que antes era excêntrico, ainda que viável, de repente se tornou impraticável. Eu podia mudar o fechamento das fronteiras? Não. Mas eu podia mudar minha forma de reagir a esse inconveniente e estava sob meu controle considerar que o fechamento das fronteiras seria um problema até que a maioria da população fosse vacinada. Usar o teste de controle me permitiu me estabelecer mais em Sydney e alugar a casa em Victoria, no interior, para amigos, de forma que eu não ficasse presa tentando cruzar as fronteiras. Isso me ajudaria a ficar tranquila.

Na semana em que me mudei para Sydney de forma mais permanente, a cidade ficou fechada pelo que seriam vários meses. Foi algo inesperado. Fui pega de surpresa (no shopping Westfield Bondi Junction, um dia antes do lockdown: descer a escada rolante pelo iluminado mezanino, o ar gelado e anormal, a música ambiente pairando no ar frio, e ninguém ali além de mim e de um homem com um bebê amarrado ao peito, procurando cápsulas de Nespresso de maneira frenética pelas lojas...), mas eu não podia controlar o lockdown ou o momento em que ele se deu. Durante o confinamento propriamente dito, as novas leis e determinações relacionadas à saúde mudavam com frequência. Eu não podia controlar isso. Inicialmente, tínhamos permissão para circular dentro de um raio de dez quilômetros a partir de nossas casas. A polícia estava verificando as identidades. Não podíamos visitar outras pessoas e não podíamos nos reunir em grupos de mais de dez pessoas, depois quatro, depois duas, depois uma. Eu não podia controlar isso. Quando nos reuníamos com outras pessoas, tinha que ser um encontro para praticar exercícios. (O bairro praiano de Bondi, durante essa época surreal, em um esforço para subverter a falta de controle, transformou-se em um enorme bar clandestino, com vendedores de margarita em seus quiosques, vendendo bebidas bem fortes em copos de café para viagem para pessoas que fingiam se exercitar enquanto bebiam e ficavam discretamente embriagadas naquelas noites de inverno estranhas e com calor fora de época.)

Durante esse tempo, o que estava sob meu controle era aproveitar os dez quilômetros ao redor do meu apartamento e continuar trabalhando em casa. Eu não tinha controle sobre a mudança de dez para cinco quilômetros (meus cinco quilômetros terminavam nas areias de South Bondi, o que tornava a natação ilegal). Eu poderia fazer algo a respeito?

Não, eu não tinha controle sobre as determinações de saúde do governo. Mas encontrar lugares bonitos dentro do meu raio de cinco quilômetros e apreciá-los era algo que estava sob o meu controle.

O mesmo se aplica ao fato de ser obrigada a usar uma máscara fora de casa. Eu podia não gostar de usar máscara e talvez achasse desconfortável, mas eu tinha controle sobre o meu caráter — e querer que os outros em minha comunidade estivessem seguros era sinal de caráter.

Tive que rir quando, nessa época, li esta frase de Marco Aurélio. Ela foi escrita há dois mil anos, mas ele poderia tê-la escrito em 2021: "Está bem na sua frente. Nenhum papel é tão adequado à filosofia do que este em que você se encontra agora."

Durante 2020 e 2021, eu aplicava o teste de controle desenfreadamente, usando-o mais de uma dúzia de vezes por dia enquanto lidava com as novas leis, a possibilidade de ser multada e a raiva por ter meus movimentos restringidos. Ao respirar fundo, o próprio teste de controle me acalmava. Agora eu tinha um mecanismo para descobrir o que podia e o que não podia controlar nessas circunstâncias bastante estranhas, em que leis que afetavam diretamente os aspectos materiais, práticos e emocionais de nossas vidas estavam sendo promulgadas e alteradas quase diariamente. O passo seguinte após aplicar o teste de controle era aceitar as mudanças rápidas e a realidade — caso contrário, eu não encontraria a calma de que precisava.

Usando o teste de controle para lidar com a mudança

Uma das vantagens de seguir o teste de controle é a tranquilidade. Se você não consegue controlar determinada coisa, não faz sentido se preocupar ou ficar com raiva. Seria apenas um desperdício de energia. Em vez disso, sua energia deve ser concentrada em tirar máximo proveito daquilo que você pode controlar.

O filósofo estoico moderno William Irvine escreveu em seu livro *The Stoic Challenge*: "Quando o número de opções disponíveis é limitado, é tolice se preocupar e ficar irritado. Em vez disso, devemos simplesmente escolher a melhor dessas opções e seguir em frente com a vida. Agir de outra forma é um desperdício precioso de tempo e energia."

Durante o confinamento, conversei com uma conhecida, Michelle, que estava tendo dificuldades para se adaptar às mudanças provocadas pela pandemia. Como todo mundo, certo?

Michelle, no caso, era uma expatriada britânica de 33 anos que morava sozinha em Sydney e trabalhava com marketing. Antes da pandemia, Michelle levava uma vida ótima. Tinha relacionamentos casuais com rapazes que conhecia em aplicativos de namoro, bebia toda semana com seus colegas e praticava dois esportes coletivos. Nos fins de semana, ela viajava e comia em restaurantes. Sua vida era excelente.

Mas, quando as ordens para ficar em casa chegaram a Sydney, Michelle desmoronou. Ela percebeu que sua vida meticulosamente organizada, com contatos sociais regulares e atividades em grupo, seria totalmente interrompida e não havia mais nada para preencher a lacuna.

Seu apartamento, que era pequeno, despojado e próximo ao centro da cidade, de repente parecia uma cela de prisão, onde ela ficava confinada 24 horas por dia, exceto por uma hora, quando encontrava um amigo para passear.

Michelle logo ficou abatida com sua situação. Ela estava completamente sozinha, disse a si mesma — e esse sentimento logo começou a corresponder à sua realidade. Ela parou de organizar caminhadas e ficou deprimida demais para falar com os amigos pelo FaceTime em casa. Começou a ser hostil com seu chefe no trabalho (pelo Zoom), talvez ressentida de forma inconsciente com o emprego que a mantinha em um país onde precisava viver um confinamento sem amigos.

Depois de vários meses, o lockdown foi suspenso, mas, para Michelle, o sofrimento continuou. Ela agora tinha uma visão negativa da Austrália, acreditando que era o lugar errado para viver, pois seu lockdown havia sido muito solitário e isolado. Além disso, seus relacionamentos no trabalho estavam desgastados porque agira de maneira irritadiça e desagradável com a equipe. Ela deixou o país pouco tempo depois — convencida de que toda a experiência havia sido uma grande besteira.

Na verdade, não precisava ter sido assim para Michelle. Se tivesse aplicado o teste de controle, ela poderia ter transformado a experiência estressante de viver sozinha durante a pandemia em uma experiência mais rica. O primeiro passo é reconhecer a mudança na realidade e em seguida tentar se adaptar. Uma adaptação bem-sucedida exige não resistir às mudanças ou às circunstâncias da forma como elas são, e não olhar para trás lamentando o que passou, mas reconhecendo que a mudança faz parte da vida, mesmo aquela da qual não necessariamente gostamos.

Marco Aurélio escreveu: "O universo é mudança; nossa vida é aquilo que os nossos pensamentos fizerem dela."

A isso, Michelle poderia responder: "Bem, é muito fácil falar em aceitar a mudança, mas na verdade eu adorava minha vida antes. Tudo estava organizado de uma forma que me convinha, e trabalhei muito para criar uma vida que funcionasse para mim. Por que eu deveria aceitar que as coisas boas da minha vida fossem simplesmente interrompidas?"

Ao que um estoico responderia: você pode não estar feliz com suas novas circunstâncias, mas a mudança está fora de seu controle, *o que você controla é a maneira como reage à mudança*. Os estoicos antigos tinham de lidar com diversas mudanças repentinas, muitas vezes dramáticas e indesejáveis; como o exílio em uma terra desconhecida ou hostil por capricho de um inimigo poderoso. (Sob muitos aspectos, as ordens para ficar em casa eram como o exílio, só que ao contrário.)

Michelle não podia controlar a pandemia. Ela não podia controlar a ordem de ficar em casa. Não podia controlar os limites que o governo estabelecia para a circulação. Não podia controlar a abertura de lojas, bares, cafés e restaurantes. Portanto, havia muita coisa fora de seu controle. Mas ela podia controlar sua resposta a essas ordens. Podia controlar seu tempo em termos de programação de caminhadas, telefonemas e uma bolha social com os amigos. Ela podia controlar o consumo de álcool. Podia controlar (até certo ponto) a quantidade de horas dormidas. Podia controlar sua rotina de exercícios.

Seria difícil — e não seria divertido — se arrastar para fora da cama para mais uma caminhada entediante. Mas, usando a razão, Michelle saberia que os benefícios de fazer exercícios diários durante um período estressante superariam a inércia de ficar na cama. (Ou, como disse Marco Aurélio, em outro trecho de sabedoria que poderia ter sido escrito em 2021: "Ao amanhecer, quando for difícil sair da cama, diga a si mesmo: tenho de ir trabalhar; como um ser humano. Do que devo me queixar, se vou fazer o que nasci para fazer; as coisas para as quais fui trazido ao mundo? Ou é para isso que fui criado? Para me aconchegar embaixo dos cobertores e ficar aquecido?" Hahaha…)

ENTÃO COMO NOS PREPARAMOS MENTALMENTE PARA A MUDANÇA?

Entendemos o que podemos e o que não podemos controlar em uma determinada situação.

Lembre-se de que há apenas três coisas que estão sob nosso total controle: nosso caráter, nossas ações e reações e como tratamos os outros.

Se não pudermos controlar determinada coisa, precisamos aceitá-la, como um antigo mentor jornalista me disse quando lhe perguntei como devia lidar com as mudanças na redação, devemos aprender a "nos dobrar como um junco". Ou seja, ser flexível, mas com os pés no chão.

Talvez possamos controlar os elementos de uma situação; como o tempo que passei em lockdown. Sente-se com seu diário, reúna alguma lucidez e pensamento racional e analise sua situação. Separe a situação entre o que você pode e o que não pode controlar. Desenhe um diagrama, se isso ajudar. A próxima etapa: comece a trabalhar aproveitando ao máximo o que pode controlar e aceite aquilo que não pode.

Aceitamos aquilo que não podemos controlar ao abrir mão da resistência. Deixamos para lá. Paramos de resistir.

Falar é fácil, você pode argumentar. Mas os estoicos, cientes do medo que os seres humanos têm de mudanças e da nossa resistência a tempos ruins, sabiam o que era preciso para atravessar períodos de mudanças e turbulências — e até mesmo prosperar em circunstâncias difíceis.

Tempo morto ou tempo vivo?

Durante a pandemia, os autores e apresentadores de podcast Tim Ferriss e Ryan Holiday — ambos apaixonados pelo estoicismo — traçaram um conceito chamado tempo vivo ou tempo morto (Holiday pegou emprestado os termos do autor Robert Greene, que falou sobre isso em um de seus podcasts). Ou seja, as medidas de isolamento social — seja por três semanas, ou, no caso de Melbourne, por 267 dias — tornam-se um tempo que pode ser usado de duas maneiras: de maneira morta, na qual você se apavora, não faz nada e passa a maior parte do tempo em atividades passivas, como assistir à Netflix, fumar maconha ou se aborrecer nas mídias sociais. Ou pode ser um tempo vivo: um período em que você cresce e utiliza os dias de forma construtiva.

No longo lockdown de 107 dias em Sydney, fiz um pouco dos dois. Tudo começou com tempo morto: um tempo em que eu me assustava com o vírus, não dormia muito bem, bebia vinho em casa enquanto me apavorava com *os números*, assistia a três canais de notícias diferentes, um após o outro, todas as noites, e rolava o feed das redes sociais em busca de desgraça ao acordar assustada às 4h a cada manhã sombria de quarentena, como no filme *Feitiço do tempo*.

Então, depois de algumas semanas, eu me dei conta de que esse confinamento poderia ser de longo prazo (o que se revelou correto) e que, se eu não quisesse chegar ao final do confinamento totalmente acabada, alcoólatra, com um vício em redes sociais e problemas para controlar a raiva, seria melhor mudar o rumo.

Pensei nas coisas que eu gostaria de fazer, mas para as quais sempre dizia não ter tempo. Três coisas me vieram à mente, todas em diferentes esferas da minha vida, todas dentro dos parâmetros das normas sanitárias a serem cumpridas e todas dentro do meu controle.

A primeira era melhorar minhas habilidades no tênis. Outra era escrever outro romance. A terceira era aprender a dirigir.

O tênis eu podia praticar. Estava dentro das regras. Então, encontrei um treinador que pudesse me ajudar a desaprender todas as técnicas ruins que me foram ensinadas quando eu era criança na década de 1980. Uma vez por semana, eu o encontrava nas quadras da vizinhança e conseguia pagar as aulas porque não estava mais saindo para restaurantes e bares. O aumento das habilidades e da confiança fez com que eu começasse a marcar partidas com os amigos (o que também era permitido), logo matei três coelhos com uma cajadada só: estava me exercitando, socializando e aprimorando uma habilidade.

O romance também foi escrito. Tentei escrever por uma hora todas as manhãs e algumas manhãs foram melhores que as outras. Mas, quando o confinamento terminou, eu tinha mais de 50 mil palavras, um começo realmente digno para um primeiro esboço. Uma coisa que percebi sobre a escrita de um romance — e tenho certeza de que os antigos estoicos em exílio concordariam — é que, independentemente das circunstâncias externas, sua imaginação é um lugar de liberdade. Não há um limite de deslocamento de cinco quilômetros em sua mente. Não há ninguém policiando o que você pensa e escreve no conforto do seu próprio lar. Embora escrever possa ser um trabalho árduo, descobri que aquelas manhãs com o romance eram deliciosamente sublimes. Embora eu sentisse a realidade por toda parte durante o restante do dia (a polícia na vizinhança, multando as pessoas por se sentarem perto do chafariz para comer um kebab etc.), quando me sentava com uma página em branco e uma caneta, minha mente e minha alma estavam livres para ir aonde eu quisesse. E, ao fazer isso diariamente por uma hora, eu realmente me sentia mais viva do que no restante do dia.

A terceira coisa — aulas de direção — também foi transformadora. Lá estava eu, aos quarenta e poucos anos, ainda dependendo dos meus pais para me buscarem na estação sempre que ia visitá-los. Era constrangedor! Eu estava gastando milhares de dólares com Uber! Eu vinha adiando as aulas de direção há anos, já que meu trabalho como jornalista de viagens significava que eu nunca ficava no mesmo lugar por tempo suficiente para ter aulas ou práticas consistentes. Agora eu estava presa em um lugar com as fronteiras fechadas e proibida de viajar. Isso significava que eu dispunha de tempo suficiente para ter aulas de direção. "O obstáculo no caminho se torna o caminho. Nunca se esqueça de que em cada obstáculo há uma oportunidade para melhorar nossas condições", declarou Ryan Holiday (que escreveu um livro sobre esse conceito, *O obstáculo é o caminho*).

Ou como Marco Aurélio escreveu: "A mente adapta e ajusta a seus próprios propósitos aquilo que é um obstáculo para a nossa ação. O que impede a ação promove a ação. O que está no caminho se torna o caminho."

No meu caso, o obstáculo (fronteiras fechadas) havia se tornado o caminho (tempo para ter aulas de direção). Ao usar a ideia de tempo morto ou vivo, descobri que algumas das coisas mais negativas da pandemia na verdade permitiram que coisas positivas acontecessem.

A arte da persuasão

De início, enquanto ainda absorvia o teste de controle, eu não achava que o caráter, a maneira como tratamos os outros e minhas ações e reações abrangiam uma ampla área de controle. Será que nosso campo de influência era tão pequeno assim? E quanto ao papel da persuasão, quando é possível tentar convencer as pessoas a adotarem seu ponto de vista?

Você pode tentar persuadir as pessoas, como eu fiz no meu e-mail para meu chefe, ao pedir um aumento. A persuasão é importante. A arte da retórica — que tem tudo a ver com persuasão ou apresentação de argumentos convincentes — era ensinada juntamente com a filosofia na Antiguidade. Mas, em última análise, o resultado da persuasão também está fora de seu controle. Afinal, você não pode controlar a mente e os pensamentos de alguém. É melhor usar apenas o teste de controle ao avaliar sua influência sobre determinado resultado.

Com o tempo, depois de aplicá-lo em minha própria vida, passei a ver o teste de controle como uma técnica prática, eficiente e elegante para separar aquilo com que devo ou não me preocupar, assim como as coisas que posso mudar em oposição àquelas sobre as quais não tenho poder. Eu observava qual era o problema — digamos, a fila para alugar um imóvel que eu queria muito — e, em seguida, aplicava o teste de controle à situação.

Não, eu não tinha controle sobre conseguir ou não alugar o apartamento que desejava. Ok, legal, bom saber.

Epiteto disse: "Devemos sempre nos perguntar: isso é algo que está ou não está sob meu controle?"

Quando não consegui o apartamento, não fiquei tão incomodada quanto antes, porque eu já tinha avaliado que a situação estava fora do meu controle e simulei a recusa em uma forma fugaz de visualização negativa.

Agora tento aplicar os princípios de Epiteto toda vez que tenho uma irritação, aborrecimento, problema, desejo, necessidade, vontade, meta ou perturbação. Nem sempre é fácil. Preciso aplicar o teste de controle de forma consciente. Às vezes, parece trabalhoso. Mas descobrir o que está e o que não está sob meu controle logo de início pode me poupar de muita angústia mais à frente.

Tento voltar ao teste de controle várias vezes ao dia e acho tranquilizador ter esse alicerce, essa regra que posso consultar independentemente da situação. Isso está sob meu controle? Talvez eu não tenha me saído bem ao preencher a ficha para o aluguel do apartamento, o que faz com que me sinta infeliz e pode arruinar minha tranquilidade. Vamos fazer o teste de controle. Conseguir o apartamento não está sob meu controle total, mas a minha reação está. Posso optar por manter a calma e não reagir. Ou posso reagir e intensificar as emoções negativas.

E quanto a coisas maiores?

Grandes eventos da vida — como se apaixonar por alguém — também podem se sujeitar ao teste de controle. Você não pode controlar o amor que alguém sente por você, e está fora de seu controle se essa pessoa quer ter um relacionamento com você. O mesmo se aplica se você estiver em um relacionamento e a pessoa quiser terminar. O teste de controle é uma ferramenta valiosa para aprender a desapegar e seguir em frente. Claro, quando acontece, nunca é tão fácil assim. O amor e a perda não são sentimentos simples que podem ser resolvidos de forma sumária; mas falaremos mais sobre isso depois, no capítulo "Como ser imperturbável".

O clima
Para problemas estruturais, como as mudanças climáticas ou a desigualdade, o teste de controle me permite descobrir qual papel posso desempenhar

(viajar menos de avião, para começar) e onde devo responsabilizar o governo ou votar em partidos independentes que foquem o clima. O governo da ocasião tem controle sobre políticas capazes de mitigar alguns dos piores problemas da nossa sociedade, e o processo democrático nos permite desempenhar um papel na criação do tipo de sociedade em que gostaríamos de viver.

Quando os incêndios encheram de cinzas os céus da cidade no final de 2019, e eu me encontrava em um gramado à beira-mar no lançamento de um produto, tomando um rosé recém-lançado com fuligem, talvez parecesse não haver muito a fazer em relação ao ar poluído. Mas, em relação ao colapso climático, estas são as coisas que eu posso controlar:

- conversar com amigos e especialistas e agir com base em bons conselhos e ciência fundamentada;
- participar de grupos de ação comunitária e de zonas rurais;
- votar;
- me manter informada;
- usar a razão e a racionalidade, e evitar as fake news;
- plantar árvores;
- desfazer investimentos relacionados a combustíveis fósseis, inclusive os de aposentadoria;
- e desenvolver minhas próprias práticas de sustentabilidade, como viajar menos de avião e usar transporte público.

Fazer um trabalho bem-feito

Os estoicos não eram do tipo que ficavam de braços cruzados e diziam: "Ah, não adianta nem tentar porque está fora do meu controle." Ao contrário, você deve fazer tudo o que estiver ao seu alcance (o que, na verdade, é algo sob seu controle), mas reconhecer que não pode controlar o resultado. Consequentemente, sua energia é investida em fazer o melhor que puder, e não em se preocupar se o resultado vai ser positivo.

Se bem utilizado, o teste de controle mudará a forma como você usa sua energia e para onde você direciona seus cuidados e sua atenção. Sua energia deve estar concentrada na primeira parte da equação: *fazer direito*. E você não deve direcionar nenhuma energia ou preocupação para coisas fora do seu controle, como *o resultado ou a reação das pessoas ao que você faz*, pois isso é energia desperdiçada. Assim você só acaba com a sua tranquilidade.

Descobrir o que eu podia e o que não podia controlar foi empoderador. Simplesmente parei (ou tentei parar) de me preocupar com coisas que estavam fora do meu controle, o que me permitiu ter uma visão clara, sem ilusões, e enxergar as situações da forma como eram. Recuperei grande parte da minha energia e tranquilidade quando parei de viver no mundo da fantasia, onde pensava ter mais controle do que realmente tinha. Também fiquei menos frustrada com a vida quando as coisas não saíam do meu jeito.

A preparação está sob seu controle

Quanto ao meu próprio caos organizacional, o teste de controle foi um divisor de águas, pois me deu clareza sobre o que posso e o que não posso mudar. Ele também me ajudou a me preparar melhor, já que cuidar da preparação está sob o meu controle. E a preparação pode levar a um melhor resultado: seja uma ida mais tranquila ao aeroporto (fazendo as malas na noite anterior), seja ou uma reunião melhor com meu chefe (preparando anotações e pontos de discussão). Já vi um dos meus colaboradores, Benjamin Law, escrever linhas de diálogo a serem ditas antes de entrar em uma reunião complicada (por telefone), para que pudesse ir direto ao ponto, não ser distraído pelo interlocutor e atingir um objetivo claro na reunião. O fato de não poder controlar um resultado não significa que você não deva se preparar.

A preparação nem sempre evita que coisas infelizes aconteçam. Ainda perco laptops, trabalhos importantes no meu computador, celulares, chaves e agendas — mas, se alguma coisa sumiu e fiz tudo que era possível para reavê-la, sigo em frente se não puder ter aquilo de volta.

Como...

Lidar com desastres

"Se ele perde uma mão devido à doença ou guerra, ou se algum acidente lhe arranca um olho ou até os dois, ele ficará satisfeito com o que lhe restar, tendo tanto prazer em seu corpo debilitado e mutilado quanto tinha quando era sadio. Mas, embora não se queixe por essas partes caso lhe faltem, ele prefere não as perder."

— **Sêneca**

"Se você deseja se aprimorar, refute raciocínios do tipo: 'Se eu descuidar dos meus negócios, não terei renda; se eu não corrigir meu servo, ele será mau.' Pois é melhor morrer de fome, livre da tristeza e do medo, do que viver em abundância com perturbação; e é melhor que seu servo seja mau do que você seja infeliz."

— **Epiteto**

Em meados de março de 2020, quando todos os escritórios foram fechados e os funcionários foram mandados para casa, Andrew e eu começamos a fazer nossas sessões de estoicismo ao ar livre, caminhando. Em um belo momento de serendipidade, nós tínhamos nos mudado para uma quadra de distância um do outro no subúrbio à beira-mar de Tamarama. Eu caminhava até o final da minha rua, dobrava a esquina, descia as escadas íngremes de uma ravina coberta de vegetação, passava pela explosão de cores das árvores de fogo e encontrava Andrew nas escadas da entrada de sua casa. De lá, caminhávamos até a praia e dobrávamos para a esquerda ou direita, dependendo do lado dos penhascos que estivesse mais ensolarado. Às vezes, parávamos para tomar um café ou comer alguma coisa ou, se o tempo estivesse bom, dávamos um mergulho.

As caminhadas eram perfeitas para discutir o estoicismo. As ideias podiam ser jogadas de um lado para outro, e o debate se dava em um ritmo itinerante. Caminhando lado a lado, podíamos falar dos problemas que estávamos enfrentando e em como aplicar o estoicismo a eles, ou discordávamos sem a intensidade do contato visual que acontece quando estamos sentados à mesa, o que às vezes faz com que tópicos difíceis ou embaraçosos sejam evitados. Caminhar ao lado de alguém tentando processar lições sobre morrer, adoecer ou perder o emprego parecia um pouco mais fácil enquanto olhávamos diretamente para o horizonte azul.

Durante essas caminhadas, estabeleceu-se uma dinâmica na qual eu fazia o papel de cética contra Andrew no papel de homem correto, como Lucílio para Sêneca. Cada novo princípio que explorávamos era alvo de uma enxurrada de dúvidas e questionamentos da minha parte. Andrew, que era naturalmente mais estoico do que eu, defendia os princípios e destacava a maneira como funcionavam na vida real. Eu contra-argumentava em alguns pontos e mantinha a mente aberta em outros. Depois eu ia embora, lia mais um pouco e tentava descobrir se alguma das teorias poderia ser aplicada com sucesso em minha vida.

Andrew e eu estávamos coincidentemente, ou talvez inconscientemente, imitando o que os estoicos romanos viam como a maneira ideal de aprender filosofia: isto é, por meio do diálogo e da amizade. A filósofa moderna Martha Nussbaum escreveu em *The Therapy of Desire*: "O paradigma da interação filosófica é a conversa tranquila entre amigos que têm um conhecimento íntimo do caráter e da situação um do outro."

Em *Cartas de um estoico*, Sêneca escreveu que a conversa é "mais útil" do que a escrita, "mais útil até do que a escrita de cartas íntimas", "porque ela se infiltra na alma pouco a pouco".

Comparadas a uma conversa pessoal, "as palestras preparadas com antecedência e proferidas para uma multidão de ouvintes têm mais volume, porém menos intimidade. A filosofia é um bom conselho prático; ninguém dá conselhos em voz alta."

Mas as conversas das nossas caminhadas eram mais do que uma aplicação terapêutica passiva dos princípios estoicos, mais do que apenas um "bom conselho prático"; eram também um questionamento do estoicismo por duas pessoas com temperamentos, habilidades intelectuais e histórias de vida diferentes. A intenção dessas conversas não era apenas verificar se os princípios funcionavam em nossas vidas pessoais, mas também trazer a filosofia para a década de 2020 e examiná-la minuciosamente para ver se havia falhas ou pontos fracos. O estoicismo, por exemplo, não se encaixava muito bem em uma discussão sobre interseccionalidade. E nem parecia estar em sintonia com as normas e discussões atuais sobre, por exemplo, deficiências e saúde ou desigualdade estrutural. E nós dois tivemos dificuldade em ver como ações que promovem justiça e mudanças sociais poderiam se encaixar no teste de controle de maneira correta.

Essa desconexão com as normas atuais certamente se aplicava aos *indiferentes preferíveis*: situações em que os estoicos acreditavam que o caráter, a virtude e o pensamento racional eram coisas que você deveria se esforçar para cultivar e proteger, enquanto problemas relacionados ao corpo ou a empobrecer eram indiferentes preferíveis (ou seja, é preferível ter saúde e riqueza do que não ter, mas, em última análise, você deve ser indiferente).

Mas, primeiro, o que é a doutrina dos indiferentes preferíveis?

Os estoicos classificavam uma série de coisas, incluindo riqueza, saúde e reputação, como "indiferente preferível" — o que significa que é preferível tê-las, mas você deve ser sobretudo indiferente ao fato de possuí-las ou não. Isso significa que você não deve se apegar às coisas nem se abalar se vier a perdê-las.

Por outro lado, o seu caráter é o mais importante. Você está se comportando bem ou mal? Está cultivando as coisas que os estoicos chamavam de "virtudes" (justiça, moderação, sabedoria e coragem)? Você está tranquilo? Seu eu interior está sereno? Você trata bem os outros? É capaz de controlar sua raiva? Essas coisas eram mais importantes do que o acúmulo de reputação e capital. São até mais importantes do que sua saúde.

Para os estoicos, é errado considerar a riqueza uma virtude, uma vez que o dinheiro pode ser mal utilizado; por exemplo, para comprar muitas drogas ou armas que mais tarde podem matar alguém ou produtos prejudiciais ao meio ambiente. Mas o dinheiro também não é um vício, pois você pode usá-lo bem: doando-o para caridade ou criando empregos para outras pessoas. Como o uso do dinheiro pode variar, os filósofos estoicos o rotularam como "indiferente". Isso significa que você não deve se importar se o possui ou não, ao contrário do que acreditava o filósofo cínico Diógenes (c. 404 a.C.), segundo o qual a riqueza corromperia aqueles que a possuem e, portanto, seria negativa; mas falaremos mais sobre ele adiante.

Os primeiros estoicos perceberam que havia graus de indiferença. É completamente natural querer ter o que comer, viver em uma casa aquecida e confortável, ser capaz de socializar e fazer parte de uma comunidade. Portanto, seria preferível ter a riqueza capaz de proporcionar tudo isso a não ter condições de pagar por tais recursos. A categorização dessas coisas foi evoluindo até ficar conhecida como indiferentes preferíveis — e foi ampliada para que a vida, a saúde, o prazer, a beleza, a força, a riqueza, a boa reputação e o nascimento nobre fossem incluídos.

Era permitido ter coisas boas, desde que essas coisas não atrapalhassem a busca pela virtude. Na verdade, alguns dos estoicos romanos, como Sêneca e Marco Aurélio, eram extremamente ricos. (E muitos dos adeptos modernos do estoicismo, que hoje se encontram no Vale do Silício, também são extremamente ricos.) Portanto, ser rico não é um problema, você só precisa *aceitar bem* (ou ser indiferente a) perder toda a sua riqueza.

Os indiferentes não preferíveis (as coisas que você realmente não quer, mas às quais deveria ser indiferente de maneira geral) incluíam morte, doença, dor, feiura, fraqueza, pobreza, baixa reputação e nascimento ignóbil.

A palavra-chave aqui é "indiferente". Marco Aurélio, em *Meditações*, disse que devemos ser "indiferentes em relação a coisas indiferentes". Portanto, embora seja preferível ter dinheiro, uma boa reputação, saúde e uma boa casa, você deve permanecer indiferente ao fato de ganhá-los ou perdê-los. Ou seja, você deve *aceitar* tê-los — e aceitar não os ter.

O motivo para que a indiferença seja cultivada é importante: cada uma dessas coisas (saúde, riqueza e reputação) está fora do seu controle. Sem nenhuma culpa ou responsabilidade, você pode perder sua reputação, depois seu emprego, seu dinheiro, sua casa e talvez seu casamento. É quase certo que também irá perder sua boa aparência conforme for envelhecendo. Se viver o bastante, poderá perder a mobilidade, a capacidade cognitiva e outros aspectos de sua saúde.

Para evitar sofrer demais com todas essas perdas (perdas que podem surgir de forma repentina, e que, à medida que você envelhece, parecem se acumular), é muito melhor ter sido indiferente a elas desde o início. É uma maneira de desenvolver sua fortaleza e força interior para quando uma crise chegar.

Naturalmente, para um estoico, essa indiferença se estende à vida e à morte, porque você não tem controle sobre a morte e, na verdade, a única certeza que possui na vida é que você *vai* morrer.

Velho amigo Diógenes

Para explicar por que a perda dessas coisas externas basicamente NÃO TEM IMPORTÂNCIA para os estoicos, preciso apresentar um dos personagens mais intrigantes da Antiguidade: Diógenes.

Nascido por volta de 404 a.C. no território que se tornou a atual Turquia, Diógenes foi um filósofo que fundou a escola cínica de filosofia.

Assim como a palavra "estoicismo" sofreu uma má interpretação linguística ao longo dos séculos, a ponto de significar algo bem diferente do que a filosofia representa, o mesmo aconteceu com a filosofia cínica. Os cínicos não eram rígidos e desconfiados, como a acepção moderna de "cínico" sugere; na verdade, eles eram questionadores, muito pouco convencionais e se esforçavam para viver o mais próximo possível da natureza. Como resultado, eram não materialistas ao extremo e maravilhosamente estranhos.

O cínico mais famoso foi Diógenes, de quem ainda falamos hoje por conta de sua extrema audácia. Ele basicamente não dava a mínima para nada.

Algumas das principais informações sobre Diógenes incluem o fato de que ele vivia em um barril (provavelmente um antigo barril de vinho), se masturbava em público e gostava muito de provocar.

Asceta extremo, Diógenes fez do desafio aos costumes e aos valores estabelecidos o objetivo de sua vida. Ele argumentava que somos muito governados pelos costumes e pela cultura, e que não investigamos a verdadeira natureza das coisas. No mercado ateniense, carregava uma lamparina durante o dia, alegando estar à procura de um homem honesto. Ele ia a palestras públicas, mas distraía os demais participantes levando comida e bebida.

Ao ver uma criança camponesa bebendo água direto das mãos em um riacho, Diógenes jogou fora sua taça e, impressionado, disse: "Tolo que sou, por ter carregado bagagem supérflua todo esse tempo!"

Diógenes, com seus valores simples e sua escassez de bens materiais, tinha a intenção de mostrar que desperdiçamos nossas vidas trabalhando e lutando por coisas que não são necessárias ou relevantes. Ao viver a sua filosofia, Diógenes provou que não precisamos de nada material — nem mesmo uma taça — para ter uma vida boa. Se você não possuísse nada e não quisesse nada, então teria retomado o seu poder, pois não estaria tentando obter nada de ninguém. Você seria totalmente autossuficiente. À prova de crises: porque qualquer coisa ruim que possa lhe acontecer, como ter sua casa destruída, não seria uma crise para você.

Os estoicos concordavam com algumas das ideias de Diógenes e dos cínicos, mas divergiam quando o assunto era dinheiro. Os cínicos rejeitavam as convenções e tudo o que consideravam não ser básico e natural, enquanto a visão estoica da natureza era expandida e incluía coisas criadas por seres humanos, como leis, instituições e economia.

Não se machuque duas vezes

Por que deveríamos ver como indiferente preferível tudo aquilo que é altamente valorizado em nossa sociedade? Em parte, para sofrermos menos (vimos no capítulo "Como descobrir o que é importante" que não se preocupar com o que não se pode controlar significa sofrer menos no momento em que as circunstâncias mudam). A adoção do conceito de "indiferentes preferíveis" funciona como um mecanismo de proteção. Os estoicos falavam com frequência sobre não se machucar duas vezes. Veja o exemplo da perda do emprego. A primeira ferida é perder a coisa em si (ou seja, perder o emprego, o salário e o prestígio que vêm com ele), mas a segunda ferida é se chatear por causa do emprego e perder a tranquilidade. Às vezes, a segunda ferida — quando você fere a si mesmo por causa da angústia da perda — é muito mais difícil de superar do que a primeira. Um subproduto típico da segunda ferida autoinfligida é a tristeza, a depressão, a amargura ou o desejo de vingança. Você pode ficar com raiva do seu chefe, amargurado com seus colegas de trabalho por continuarem empregados ou ressentido com seu cônjuge, que está começando a se preocupar com dinheiro e incentiva você a aceitar o primeiro emprego que aparecer. Todos esses efeitos indiretos são feridas secundárias decorrentes da primeira (a perda do emprego). Essa segunda perda é totalmente evitável e muitas vezes só machuca você ainda mais. Como disse Santo Agostinho: "Guardar ressentimento é como tomar veneno e esperar que a outra pessoa morra."

Se você não sentisse a perda da primeira coisa com tanta intensidade, porque realmente a vê como um indiferente preferível, então os problemas seguintes não se acumulariam. Você ficaria triste com a perda do emprego e da renda, o que é natural, mas faria um grande esforço para não nutrir nenhum sentimento ruim e se empenharia em manter uma tranquilidade interior diante desse contratempo. Dessa forma, você se recuperaria do primeiro contratempo com muito mais rapidez.

🏛

Na teoria, os indiferentes preferíveis faziam sentido. Enquanto Andrew e eu debatíamos a respeito, reconheci que podia ver a lógica da saúde e da riqueza como um indiferente preferível. Afinal de contas, as duas coisas vêm e vão aleatoriamente — "Você pode ser atropelado por um ônibus ao atravessar a rua!", eu vivia comentando enquanto as cruzávamos —, independentemente do quanto achamos que podemos controlá-las. Vê-las como indiferentes preferíveis com certeza ajudaria a evitar o sofrimento quando as coisas dessem errado.

Mas eu também me perguntava se, mesmo com os melhores preparativos do mundo, os seres humanos foram realmente criados para serem indiferentes ao sofrimento. Será que poderíamos mesmo nos preparar para o pior e depois ficar *de boa* quando o pior acontecesse? E não é natural desejar coisas boas — como uma bela casa, ser respeitado por nossos colegas ou valorizar um corpo saudável — e depois ficar arrasado se essas coisas forem perdidas?

Imaginando o pior

Voltei para casa depois da caminhada (com cuidado para não ser atropelada por nenhum carro pelo caminho) e fiz alguns exercícios de visualização negativa sobre como eu reagiria se perdesse todo o meu dinheiro, minha casa fosse retomada pelo banco, minha reputação fosse jogada na lama, se eu fosse cancelada nas redes sociais, fosse levada a tribunal, perdesse minha coluna no *Guardian Australia*, meu programa de TV nunca acontecesse, membros da minha família ficassem doentes e logo em seguida eu fosse diagnosticada com uma doença grave. Pensei na minha casa em Tamarama pegando fogo depois que um dos inquilinos hippies tivesse deixado um maço de sálvia aceso no corredor. Pensei no meu laptop derretendo no fogo e todo o meu trabalho sem backup na nuvem sendo destruído. Não vou mentir: foi um exercício extremamente deprimente.

Eu não conseguia me imaginar otimista em relação a nada *daquilo*. O que eu conseguia imaginar era que, se perdesse meu dinheiro e minha reputação, o mais provável era que ficasse ressentida e com raiva, jurando vingança contra aqueles que haviam me derrubado. Ou talvez me lançasse de cabeça em um trabalho árduo e em esquemas de alto risco, planejando e sonhando em recuperar tudo, reconquistando minha reputação e meu orgulho — e não sossegando até conseguir.

Muito disso se deve à natureza humana, combinada com os valores de nossa época (dinheiro, status, marcas e assim por diante). Todos os dias há histórias na mídia de pessoas que investem enormes quantidades de tempo e capital para proteger os indiferentes preferíveis em suas vidas.

As pessoas passam anos movendo ações de difamação nos tribunais para limpar suas reputações ou cometem crimes financeiros de alto risco para poderem viver um estilo de vida luxuoso. Elas apostam tudo para se agarrarem a um indiferente.

Já em relação à saúde, se eu ficasse doente, talvez fizesse votos de não interromper os tratamentos ou procurar uma cura até que estivesse bem novamente. Talvez ficasse deprimida com as minhas limitações. Mas o estoicismo me desafiava a não fazer isso.

Outro dia ensolarado de inverno, outra caminhada — desta vez em direção a Clovelly, que nos levou a um cemitério com vista para o oceano Pacífico. O *memento mori* era tão óbvio e literal que parecia uma cena concebida por algum deus estoico imaginário. Ali jazem os corpos devolvidos à terra, nada além de poeira em uma caixa. Ali estão as datas gravadas em mármore — a data de nascimento e a data de morte —, toda uma vida representada pelo traço entre elas.

Quantas daquelas pessoas enterradas na colina pensavam ser imortais? Quantas passaram a vida perseguindo um indiferente preferível? Quantas viveram de maneira plena e com propósito no intervalo entre os anos? E, mesmo assim, como era fácil ficarmos à deriva, vivos e bebendo, entre os mortos, nossos cafés para viagem em um dia ensolarado de inverno, sem sentirmos o cair das sombras: a noção de que um dia cada um de nós estará no solo (ou, se for de sua preferência, você será cinzas espalhadas por esses penhascos).

Antes dessas caminhadas, eu pensava sobre os assuntos que queria discutir: talvez um problema que estivesse acontecendo comigo naquela semana que quisesse analisar sob um olhar estoico, ou algum conceito que tivesse lido a respeito e que gostaria de explorar mais a fundo ou ouvir a opinião de Andrew. Mas, desta vez, eu estava ansiosa para voltar aos indiferentes preferíveis. Nessas caminhadas com Andrew pelo litoral, eu despejava todos os piores cenários possíveis em cima dele.

Nós nos sentávamos perto da borda dos penhascos e eu dizia: "Ok, e se uma rajada de vento me derrubasse do penhasco e eu quebrasse a coluna?"

Ou, certa vez, quando passei protetor solar nos olhos e fiquei cega por um instante; estava fora da trilha e próxima ao mar, e o vento soprava forte quando falei, não sem alguma razão: "E agora? E se eu caísse do penhasco por não estar enxergando nada?"

Ou: "Você é acusado injustamente de um crime e passa um tempo na cadeia, sua reputação é arruinada. Você é indiferente?"

Ou: "Você toma uma decisão comercial ruim e precisa vender sua casa e voltar a morar com seus pais. Você ficaria tranquilo com isso?"

Andrew me contou como ele não se importava em perder coisas classificadas como indiferentes preferíveis. "Eu morava em um quarto minúsculo em uma casa compartilhada em Londres. Poderia voltar a morar naquele cômodo pequeno se fosse necessário." Ele disse que, inconscientemente, vinha praticando os indiferentes preferíveis desde criança. Em vez de levar uma guloseima, como uma barra de chocolate Mars, para comer no recreio da escola e ter essa guloseima roubada por uma criança mais agressiva, ele simplesmente nunca comia uma barra de chocolate Mars. Era melhor nunca ter comido do que passar pelo incômodo de tê-la roubada, era o seu raciocínio. Agora, como adulto, Andrew disse que se certificava de que podia desfrutar de vinhos baratos, para que não adquirisse um paladar para vinhos caros. Sua lógica: seu paladar sofisticado provavelmente seria frustrado se ele não tivesse os meios para satisfazê-lo com vinhos caros.

"Você não deve evitar as coisas caras, mas também não deve se acostumar com elas; você desfruta delas como um bônus em sua vida", ele me disse.

Quanto à comida: "Se você tiver um belo jantar, aproveite, mas esteja preparado para voltar ao mingau no dia seguinte."

O retorno ao mingau a que Andrew se referia, ou ao vinho comum, é um eco de uma antiga técnica estoica encontrada nas *Cartas de um estoico*, de Sêneca: no caso, praticar a pobreza periódica como forma de se habituar a um estilo de vida diferente e menos opulento.

"É essa a condição que eu temia?"

Sêneca aconselhou seu amigo Lucílio:

> [...] reserve alguns dias durante os quais você deve se contentar com a comida mais barata e escassa, com roupas grosseiras e ásperas, dizendo a si mesmo o tempo todo: "Era essa a condição que eu temia?" É justamente nos momentos de imunidade aos cuidados que a alma deve se fortalecer de antemão para ocasiões de maior estresse. [...] Que o palete seja real e a capa grosseira; que o pão seja duro e sujo. Suporte tudo isso por três ou quatro dias de cada vez, às vezes por mais, para que seja um teste para você em vez de um mero passatempo. Então, eu lhe garanto, meu caro Lucílio, que você dará pulos de alegria ao se saciar com comida barata e entenderá que a paz de espírito de um homem não depende da Sorte, pois ela, mesmo quando abusada, concede o suficiente para nossas necessidades.

Tim Ferriss segue o conselho de Sêneca e diz: "Vou praticar o jejum regularmente, no mínimo três dias seguidos a cada mês. Vou jejuar desde o jantar antecipado na quinta-feira cedo até o jantar antecipado no domingo, apenas para me expor à sensação de verdadeira fome."

Outras pessoas que ele conhece vão além. Um de seus amigos — um "CEO e autor muito bem-sucedido" — programa uma semana a cada quatro meses "na qual ele acampa em sua sala de estar, em um saco de dormir, e sobrevive à base de café solúvel barato e aveia instantânea (talvez a um custo máximo de 15 dólares por semana)".

Ele faz isso para que "consiga se virar e, na verdade, muitas vezes prosperar com quase nada".

O CEO entende que, caso perca um negócio ou tenha algum prejuízo, ele vai conseguir lidar melhor com o resultado por já ter prosperado em condições mais difíceis.

(Embora uma ressalva para esses experimentos seja a diferença de experimentar a pobreza quando ela é involuntária e quando se trata de uma prática estoica. Em casos como os relatados acima, você está psicologicamente ciente de que a experiência difícil tem hora para acabar e que vai retornar a um estilo de vida confortável.)

Ferriss acrescenta: "Talvez, de modo inesperado, ao final de uma experiência assim, as pessoas geralmente se vejam em um estado mental melhor e se sintam mais satisfeitas do que antes. É muito libertador."

Há alguns anos, fiz um jejum extremo. Naquela época, eu ainda não havia iniciado minha jornada estoica, mas aquilo me deu uma grande amostra da privação de que Sêneca (e Tim Ferriss e Andrew) fala.

Durante duas semanas eu não comi nada, apenas bebi chás com ervas chinesas de gosto ruim (imagine o gosto de bitucas de cigarro velhas boiando na água salobra de um riacho), e, nas três semanas seguintes, comi apenas pequenas porções de pepino e frango cozido. Fiz o jejum porque estava escrevendo sobre a experiência para uma revista, depois que o então primeiro-ministro da Austrália, Malcolm Turnbull, havia perdido bastante peso com o regime.

Turnbull não é o único político a embarcar em uma dieta radical ou restritiva. Muitos deles, incluindo Anthony Albanese, Bill Shorten e Josh Frydenberg, perderam peso antes de uma campanha eleitoral para provar aos eleitores que, se eles conseguem se disciplinar em relação à comida, é porque possuem um caráter disciplinado o suficiente para liderar a nação. De forma inconsciente, talvez estivessem tentando exibir a virtude estoica da "temperança".

Eu não ia liderar a nação, mas nunca havia feito uma dieta antes, e estava curiosa para saber se conseguiria manter um regime tão restritivo até o fim. Comi tão pouco que perdi catorze quilos (que voltei a ganhar nos dois anos seguintes). Durante o jejum, eu dormia a maior parte do tempo, sentia-me fraca, tinha sonhos vívidos e assustadores, cheirava mal, tinha desejo de comer, não tinha energia, sofria dores de cabeça intensas e palpitações cardíacas assustadoras.

Mas a experiência toda foi também um exercício de sobrevivência com quase nada.

Nos meses após o jejum, minha relação com a comida mudou radicalmente. Quando voltei a comer, me via satisfeita com feijão e um pedaço pequeno de peixe. Era delicioso. Eu ficava saciada. Não precisava de mais comida. Lembrei-me de todas as vezes que precisava lanchar alguma coisa depois de duas ou três horas, de todas as vezes que me sentia incapaz de me concentrar e ficava irritada se pulasse uma única refeição! Na época, meu médico disse que, embora não defendesse jejuns extremos, ele achava que era bom praticar períodos curtos de jejum ocasionalmente, pois eles nos davam um gostinho (por assim dizer) de como era sobreviver com muito pouco alimento ou em insegurança alimentar. "Nós temos abundância, enquanto grande parte do mundo não tem o suficiente", ele me disse.

Assim como os estoicos que praticavam o jejum, sentir fome e desconforto prolongados me deu confiança para saber que, caso fosse necessário, eu poderia passar muito mais tempo sem comer do que imaginava.

Tim Ferriss disse:

> Praticar a escassez ou ensaiar o pior cenário possível na vida real, e não apenas em um diário, não apenas em sua cabeça, é algo que considero extremamente importante. Sem dúvida eu me exponho a muita pressão e dor, na forma de banhos de gelo e exposição ao frio, por exemplo, com a simples intenção de desenvolver minha tolerância à dor e à perturbação que são inevitáveis e ocorrem a todos nós. Quanto mais você programar e praticar o desconforto de forma deliberada, menos o desconforto não planejado irá atrapalhar e controlar sua vida.

Use roupas estranhas: imunize-se contra a vergonha

Outra forma desse exercício de tornar as coisas deliberadamente mais difíceis para si mesmo foi a excentricidade que Catão (95 a.C.) colocou em prática. Catão foi um poderoso senador romano que liderou a oposição a Júlio César nos últimos anos da República romana. Ele aprendeu a filosofia estoica quando era jovem, usava túnicas de cores impopulares e andava descalço.

De acordo com Plutarco:

> Quando ele [Catão] percebia que uma púrpura muito vermelha e chamativa estava em voga, ele mesmo optava pelo tom escuro. Além disso, costumava sair às ruas depois do café da manhã sem sapatos

ou túnica. Ele não estava buscando notoriedade com essa estranha prática, mas se acostumando a ter vergonha apenas do que era realmente vergonhoso e a ignorar a baixa opinião dos homens sobre outras coisas.

Essa foi a maneira que Catão encontrara para se condicionar a ver a reputação e o status como um indiferente preferível, e a sentir vergonha apenas daquilo que era realmente digno de vergonha. E, para um estoico, o único verdadeiro motivo para se envergonhar é ter um caráter falho. (Catão achava que caráter tinha tanta importância que se suicidou de forma extremamente cruel — autoevisceração — em vez de se sujeitar a um governante corrupto.)

Eu tenho praticado minha própria forma de imunização contra a vergonha da indumentária quando uso uma peça de roupa que batizei de Grande Jaqueta Puffer (veja o quadro).

A GRANDE JAQUETA PUFFER

A Grande Jaqueta Puffer foi um presente que me divertiu tanto quanto me manteve aquecida. Certo dia, meu irmão mais novo, Matt, chegou à minha casa no campo, no meio de um inverno muito frio, com uma jaqueta que ele havia encontrado em um bazar de caridade.

"O problema dessa jaqueta", disse ele, no tom mais sério possível, "é que não dá para usar fora de casa."

"Por que não? Isso vai contra todo o propósito da jaqueta. Uma jaqueta é feita para ser usada ao sair de casa."

Tirei a jaqueta da capa protetora — ela meio que saltou para fora. Entendi por que ele me aconselhou a não a usar em público. Não era uma jaqueta puffer normal.

Era uma jaqueta puffer gigantesca, parecendo um saco de dormir com braços. Dizer que ela era volumosa seria um eufemismo. Parecia um bote salva-vidas inflado que se espalhava pelo chão da cozinha, ocupando um espaço enorme.

Vesti a jaqueta e nós dois caímos na gargalhada. Meu irmão me deu um soco no braço e eu não senti nada.

Na manhã seguinte, desobedeci ao meu irmão e usei a jaqueta fora de casa, na feira. Era difícil andar com ela. Eu não conseguia balançar meus braços. Eles pareciam afastados do meu corpo em um ângulo de 45 graus, suspensos por grandes volumes de náilon e enchimento. Mas, ao atravessar a rua devagar, eu me sentia invencível — como se o volume da jaqueta fosse me proteger caso fosse atropelada por um carro.

"Não acredito que você usou isso lá fora", disse meu irmão, com asco, quando cheguei em casa. Estava vestindo a hilária jaqueta puffer, mas, na verdade, assim como Catão, eu estava "me acostumando a ter vergonha apenas do que era realmente vergonhoso".

Naquela noite fez muito frio — um frio extremo —, então decidi usar a jaqueta para ir a um festival de documentários. Havia muitas outras pessoas usando jaquetas puffer no festival de cinema, mas em versões mais justas no corpo e lisas. Eram jaquetas que valorizavam a figura de quem as vestia.

Quando encontrei meus amigos no teatro, eles imediatamente começaram a rir e a me bater em todos os lados do corpo, repetindo: "É Gore-Tex!" Aparentemente, essa era uma referência a *Seinfeld*, em um episódio em que George aparece na casa de Jerry com uma enorme jaqueta puffer, e Jerry e Elaine zombam dele e batem em seus braços.

Depois do filme, as pessoas tiraram fotos minhas com a jaqueta, e o dono do cinema me transformou em meme ao me colocar em sua página do Facebook ao lado de uma foto de George Costanza em seu grande casaco, dizendo: "É Gore-Tex!"

Levei a jaqueta para o sul da Turquia. Era inverno e nevava muito. Eu estava aquecida, mas também riram de mim na rua. As pessoas tiravam fotos. Cães tentaram montar em mim. Alguma coisa na jaqueta me tornava sexualmente atraente para os animais. Eu suava na neve, embora a temperatura estivesse em 10 graus negativos. A grande jaqueta puffer havia transcendido as barreiras culturais, de idioma e até mesmo entre as espécies. Apesar de seu volume, sempre que eu a usava, ela alegrava o ambiente.

Quando visto a jaqueta agora, não apenas fico aquecida, como também me sinto estoica. Posso parecer uma idiota, mas me sinto um pouquinho como Catão.

Problemas de Primeiro Mundo

É útil pensar nesses exercícios (o jejum de curto prazo, as roupas bobas) como uma espécie de vacina ou imunização contra mudanças em nossa sorte. Afinal de contas, quantas pessoas desabam ao menor sinal de dificuldade, vergonha, constrangimento ou fracasso? Você se lembra da última vez que você pulou uma refeição, fez uma piada que não deu certo, esqueceu o nome de alguém ou teve as férias canceladas? Ou quando precisou lidar com a falta de wi-fi, ficou sem café e teve que tomar uma versão solúvel, puxou um fio do seu novo moletom ou que a roupa bonita que planejava usar na festa não estava pronta na lavanderia? Todos esses Problemas de Primeiro Mundo, todos esses pequenos e irritantes desconfortos, podem destruir nossa tranquilidade ou — pior ainda — despertar nossa ira e, em seguida, ter um efeito indireto em outras áreas de nossas vidas.

Mas se você se habituar a pequenas dificuldades — como passar alguns dias em jejum, ou ficar descalço, ou passar frio, ou parecer bobo em público —, quando os problemas reais aparecerem, você terá as seguintes vantagens:

- você já teve alguma experiência em passar por dificuldades;
- sabe que pode lidar com elas;
- reconhece que não é o fim do mundo, e que seu caráter é realmente a única coisa que importa.

Saúde: a lição mais difícil

Mas e quanto à nossa saúde? Certamente é mais difícil nos imunizarmos contra o declínio da saúde, da mobilidade, da energia e da vitalidade.

Como a saúde não está sob nosso total controle e não é vital para o cultivo da virtude, os estoicos a classificavam como indiferente preferível. Eles diziam que, contanto que nosso caráter permaneça intacto, a saúde de nosso corpo é secundária. Tenho de admitir que essa é uma grande questão. Mas você deve se lembrar que Epiteto usava apenas uma perna. Nossa saúde está além do poder de nossa vontade. Quantas vezes ficamos doentes e desejamos uma pronta recuperação, mas, em vez disso, tivemos de deixar a doença seguir seu curso?

Os estoicos, por sua vez, recomendam pensar em tudo o que você tem (inclusive sua saúde) como se não fosse seu, mas simplesmente como algo emprestado que um dia será tomado de volta. Então, no momento em que for tomado, você não ficará surpreso nem amargurado, e sua tranquilidade não será perturbada.

Mais uma vez, tive a oportunidade de colocar isso à prova.

Eu já estava havia alguns anos em minha jornada estoica quando minha saúde sofreu um abalo. Tinha passado os últimos anos visualizando negativamente a possibilidade de estar doente ou enferma. Chegara então o inevitável momento de colocá-la em prática.

Em novembro de 2021, aceitei o convite para ser jurada em um reality show e, ao fazer o translado de uma locação para outra, sofri uma concussão ao entrar em um furgão. Enquanto me deslocava para a parte traseira do veículo com muita energia, me arremessei contra o teto em grande velocidade.

"Eita", disseram as pessoas na parte de trás do furgão no momento em que bati no teto.

"Sim, sim, estou bem", falei. Depois de meia hora com um saco plástico com gelo na cabeça, que escorria pelo meu rosto no que parecia uma versão grotesca de lágrimas, achei que havia me recuperado e segui em frente.

Mas naquela noite, de volta a Sydney, comecei a me sentir mal. No restaurante Una's — enquanto comia um *schnitzel* do tamanho de um jogo americano —, tive uma súbita vontade de vomitar. Minha cabeça não parecia bem. Tive que ir para casa imediatamente.

O dia seguinte foi de tontura e lentidão. Depois que os médicos do pronto-socorro me liberaram (eu tinha uma concussão, que iria sarar naturalmente), voei de volta para Victoria. Até fui a um show. Mas nada estava bem.

Cheguei à casa dos meus pais precisando descansar.

Ao me buscarem na estação, meus pais ficaram horrorizados, e não encantados, quando me viram.

"Seu olho não estava apenas injetado de sangue, ele tinha sangue. E sua pele estava cinza feito cimento", relatou minha mãe uma semana depois. "Ficamos preocupados com você."

Assim que cheguei à casa deles, fui para a cama do quarto de hóspedes no andar de baixo, onde fiquei por uma semana e saía apenas para comer.

Meus pais ficaram impressionados com o quanto eu dormia. "É como se você estivesse em coma induzido", minha mãe disse.

De certa forma, eu estava. Não conseguia ficar acordada por mais do que algumas horas de cada vez. Enquanto passava longas horas lá embaixo, em um cenário onírico e agitado, eu esperava estar me curando.

Nessa minha semana de descanso profundo, passaram-se dias inteiros sem que nada acontecesse. Eu mal conseguia registrá-los como "dias", pois eles se fundiam com as noites e depois com as manhãs seguintes. Sem nada para fazer ou nenhum lugar para estar, eu podia simplesmente sucumbir à atração do sono e voltar àquele lugar atemporal.

Minha vida desperta também não tinha grandes acontecimentos. Com a concussão, eu não conseguia lidar com estímulos, agitação ou excesso de informações. Ver os tuítes descendo na tela do meu celular era demais para mim. As notícias na internet, especialmente as postagens ao vivo, também me pareciam excessivas. Outro vício diário e constante que simplesmente desapareceu. Meu cérebro só queria paredes brancas, silêncio e sonhos.

Minha capacidade de tomar decisões também foi afetada. No dia seguinte à concussão, comprei três passagens para datas ou destinos errados ao reservar voos de volta para Melbourne. Eu simplesmente não conseguia me concentrar.

Uma das piores sensações que experimentei foi o pânico quase constante de estar condenada a ficar para sempre com o cérebro prejudicado e sem energia. Quando enfrentamos uma doença ou nos machucamos, especialmente quando não há sinais imediatos de melhora, é fácil pensar que nunca vamos melhorar.

Perder a saúde, mesmo que seja algo temporário, é um golpe enorme. E depois de passar por aquilo e me assustar com o fato de que eu iria morar no quarto de hóspedes dos meus pais... para sempre... (E dormir para sempre), eu me perguntava, de forma um tanto aérea, como poderíamos ficar *indiferentes* ao adoecer ou nos machucar.

Mas eu também estava começando a entender a abordagem estoica. Assim como no caso do dinheiro e da reputação, devemos cultivar a indiferença, pois nossa saúde não está totalmente sob nosso controle. Se outra região do cérebro tivesse sido atingida, eu *ainda* poderia estar deitada no quarto de hóspedes de meus pais, com as cortinas fechadas ao meio-dia.

É uma questão de sorte. Mas minhas semanas com a lesão me fizeram pensar como um estoico em relação à minha recuperação. Visualizei negativamente a possibilidade de não melhorar, ao mesmo tempo que calculava o que eu podia controlar em meu ambiente (evitar estímulos excessivos, não acessar a internet, dormir o máximo possível) e tentava me recuperar.

Resiliência

Embora determinados aspectos do comportamento humano nunca mudem, a sociedade da década de 2020 é muito diferente da vida na era pré-cristã. Agora precisamos de resiliência — e devemos exigi-la — em duas frentes. Precisamos de resiliência interna ou pessoal para lidar com as tempestades da vida, incluindo perda de saúde, renda, reputação e relacionamentos. Mas também estamos em uma posição em que devemos exigir sistemas de governo resilientes. Sistemas fortes oferecem uma rede de segurança para aqueles que enfrentam dificuldades — e com a resiliência externa e interna, os indivíduos e a comunidade têm mais condições de enfrentar eventos desestabilizadores.

Um exemplo disso seria um forte sistema de saúde e hospitalar subsidiado pelo governo via impostos — e aberto a todos. Você pode perder o movimento de sua perna e ter de lidar com essa perda em um nível pessoal, mas a perda se agrava sem hospitais, verba para reabilitação e assistência através de bons serviços. Não está dentro da estrutura do estoicismo ter um governo que descarta as necessidades dos cidadãos mais pobres e mais vulneráveis. O estoicismo não é uma filosofia de sobrevivência do mais apto, como imaginam alguns libertários. Na verdade, um modelo de governo e de sistemas resilientes que apoia uma população resiliente é algo totalmente alinhado com os princípios estoicos e sua concepção de comunidade, interdependência e a virtude da justiça.

Saúde e o teste de controle

O controle que temos sobre nossa saúde é apenas parcial. Podemos sair na rua e ser atropelados por um ônibus, ou ser eletrocutados ao ligar uma lâmpada com defeito, ou bater a cabeça e sofrer uma concussão ao entrar em um furgão. Nossos corpos são frágeis e vulneráveis a inúmeras lesões e doenças.

E todos nós conhecemos alguém que era vegano ou abstêmio, ou fazia crossfit todos os dias, ou andava de bicicleta por toda parte… em suma, que fez tudo certo — e mesmo assim ficou doente e morreu. Enquanto isso, seu vizinho de 90 anos ainda fuma e bebe e nunca adoeceu um dia na vida.

Por isso, ao classificarmos a saúde como indiferente preferível e reconhecermos que está fora de nosso controle, deixamos de ter nossa tranquilidade afetada diante de resultados de saúde negativos. Podemos nos esforçar para sermos saudáveis e nos concedermos as melhores oportunidades para ter um corpo saudável. Mas o resultado não depende inteiramente de nós.

Não era a intenção dos estoicos que isso fosse uma licença para sermos passivos e comermos mal ou negligenciarmos nosso corpo. A virtude estoica da temperança se aplica tanto ao nosso corpo quanto às nossas emoções.

Embora eu tenha me recuperado da lesão na cabeça com o passar do tempo e possa dizer que hoje estou completamente revigorada, recorri bastante ao estoicismo quando pensei que talvez não fosse melhorar. Tentei manter a calma. E lembrava a mim mesma que pelo menos meu caráter não tinha sido prejudicado pela lesão. E ainda que pudesse estar cansada ou dormindo a maior parte do tempo, eu pelo menos ainda era capaz de praticar as virtudes estoicas da coragem, justiça, temperança e sabedoria. A lesão na cabeça não havia afetado essas coisas. Na verdade, as quatro virtudes foram mais importantes do que nunca para me ajudar a superar aquele momento difícil.

Entendemos tudo errado

Nossa sociedade não apoia o cultivo da indiferença em relação à nossa saúde, reputação ou posição financeira. Na verdade, o que ocorre é exatamente o oposto; orientamos toda a nossa vida não apenas para criar essas fortalezas (fortalezas de saúde, riqueza e status), mas para protegê-las de maneira feroz. Construímos toda a nossa vida em torno dessas coisas, e perdê-las, em certo sentido, é perder o trabalho de uma vida.

Mas o estoicismo diz que o trabalho de uma vida é aperfeiçoar as quatro virtudes, nosso caráter e a forma como tratamos os outros. Bens materiais, saúde e status vêm e vão, têm altos e baixos, e muitas vezes se alteram devido a forças externas que não podemos controlar.

A lição dos indiferentes preferíveis é uma das lições mais difíceis, ainda que poderosas, do estoicismo. Como muitas outras lições do estoicismo, ela é ao mesmo tempo elegante e complexa, simples e extremamente difícil.

Não é incomum, ao longo de uma vida, agir bem e com prudência, mas sofrer devido aos bons e maus momentos que ocorrem com cada pessoa, com todo mundo. A jornada é tortuosa para todos.

Qualquer um de nós pode estar a apenas mais um lockdown, incêndio ou inundação de distância de fechar seu pequeno negócio para sempre. Ou a apenas um boato tresloucado de sofrer um golpe fatal em sua reputação. Ou a um acidente bizarro distante de ter a saúde comprometida. Ou a um e-mail enviado por engano de perder o emprego. Essas coisas acontecem com todo mundo, em algum momento, geralmente quando menos se espera. E os estoicos se protegiam do choque de tais eventos ao enxergar tudo aquilo que estava fora de seu controle como indiferentes preferíveis.

E como é essa indiferença? É como segurar as rédeas com leveza. Significa não se apegar muito ao dinheiro, à reputação e (se você tiver sorte) à sua boa aparência, mas ficar satisfeito quando se tem e absolutamente confortável em perdê-los. Também significa praticar a visualização negativa, imaginando perder tudo e começar do zero.

Você também pode praticar o indiferente preferível ao fazer uso dos conselhos de Sêneca, Catão e Tim Ferriss, e experimentar o jejum, a ridicularização ou o desconforto. Pode nadar em um lago frio no inverno ou vestir um suéter de lã no auge do verão. Pode jejuar por vários dias ou, como Sêneca recomenda, reduzir temporariamente sua dieta a algo simples como sopa de legumes e "pão duro". Ou pode fazer como meu amigo Andrew e não desenvolver o gosto por itens ou experiências requintadas e caras, para que não perca os meios de arcar com elas.

Ou você pode fazer o que fiz quando sofri uma lesão na cabeça: eu a encarei como uma amostra do que estava por vir ou do que poderia acontecer se, de repente, eu ficasse incapacitada de forma permanente. Foi também uma lição sobre a aleatoriedade dos acontecimentos. Em um minuto você está entrando muito apressada em um veículo, no outro está querendo vomitar em um restaurante austríaco e correndo para o pronto-socorro.

Você pode fazer o que eu e muitos outros fazemos, que é se desconectar de seus dispositivos periodicamente e fugir — sozinho ou com outras pessoas — para o campo e passar vários dias de contemplação, alimentação simples, meditação e escrita, longe da internet e das distrações do mundo exterior. Você descobrirá que não apenas conseguirá sobreviver sem as coisas que considerava absolutamente necessárias, mas que pode até mesmo prosperar.

Como...

Ficar tranquilo

"Muito do que dizemos e fazemos não é essencial. Se você puder eliminar tais coisas, terá mais tempo e tranquilidade. Pergunte-se a cada momento: 'Isso é necessário?'"

— **Marco Aurélio**

"Quando a força das circunstâncias perturbar sua serenidade, não demore em recuperar seu autocontrole nem permaneça em desarmonia por mais tempo do que possa evitar. O retorno habitual à harmonia aumentará o seu domínio sobre ela."

— **Marco Aurélio**

Era novembro de 2020 e eu não conseguia parar de gritar. Tinha acabado de sair de uma reunião do Zoom na qual havia apresentado uma proposta para a Netflix — eles haviam topado a ideia de transformar meu livro *Wellmania* em uma série de comédia em oito episódios, estrelada pelo fenômeno global Celeste Barber. Netflix!!! Meu Deus! Netflix!!! Como aquilo estava ACONTECENDO COMIGO???!!!!!

Meus níveis de empolgação foram às alturas. Para mim, era algo sem precedentes, como dizem. Nem nos meus sonhos mais loucos imaginei que um livro meu seria transformado em uma série da Netflix; muito menos um livro pelo qual passei muito tempo rondando mosteiros enquanto tentava encontrar algum tipo de elixir espiritual indescritível. Depois que a proposta apresentada no Zoom terminou com um "sim", dancei pela sala, abri champanhe e liguei para meus amigos mais próximos. Estava eufórica! Parecia algo químico, mas a sensação estava *em mim*, era produzida por mim e era totalmente natural. Eu estava nas alturas, cada vez mais e mais...

Finalmente, quando parei de gritar, e antes de correr para o Icebergs e tomar alguns coquetéis comemorativos, saí para o quintal e me deitei na grama ao sol, embaixo de uma enorme árvore de eucalipto. Eu podia sentir a emoção como se fosse uma corrente elétrica. Essa nova energia frenética corria por mim. Eu mal conseguia contê-la.

Aquela vasta sensação perdurava. Foram semanas antes que eu me acalmasse e conseguisse tirar o sorriso do rosto, tamanha era a minha felicidade. Mas a sensação foi aos poucos se estabilizando e voltei ao meu normal. Bem, pelo menos por um tempo. O que se seguiu foi o oposto daquela sensação intensa de estar nas alturas, enquanto eu passava por um período intenso e prolongado na pior. Nos seis meses seguintes, experimentei alguns fracassos e enormes decepções, e os senti de maneira tão intensa quanto a euforia. Era uma forma de homeostase, aquele velho impulso biológico de equilibrar as coisas, acho, mas as duas pontas do espectro eram intensas demais para serem contidas de maneira confortável. Os altos foram muito altos e os baixos, muito baixos.

Além do contrato com a Netflix, eu trabalhava em um romance difícil, que mais tarde seria abandonado, escrevia uma coluna semanal para o *Guardian Australia* e vivia uma pandemia de uma doença para a qual ainda não havia sido encontrada uma vacina. Não era o mesmo que trabalhar na linha de frente ou ter de limpar a neve em um *gulag*, mas essas atividades tinham suas próprias pressões. Assim como meu corpo vibrava com os altos, ele sentia cada centímetro dos baixos. Nos momentos de baixa, comecei a sentir uma misteriosa dor na mandíbula. Meus dentes doíam. Eu acordava às quatro horas da manhã todos os dias e não conseguia voltar a dormir. Meu braço direito começou a doer, o que tornava doloroso o trabalho no computador. Tentei dezenas de tratamentos diferentes, mas não resolvia.

Incapaz de digitar, tentei ditar minhas colunas e minhas anotações jornalísticas a respeito do estoicismo através de um software de reconhecimento de voz, mas era caótico. Epiteto saía como "Epic Tennis".

Quando as coisas começaram a desandar em várias instâncias da minha vida, eu mergulhei em um nível de desespero que não experimentava desde os dias loucos do final da adolescência e início dos vinte anos. Tudo parecia absurdo e operístico. Eu vivia o ano mais bem-sucedido da minha vida e, ao mesmo tempo, o mais caótico e terrível de todos os tempos. Meu corpo estava entrando em greve. Eu rangia e triturava os dentes enquanto dormia. Foi um período sombrio.

Essa espécie de caos pessoal também se espalhava por toda a sociedade. Os lockdowns começavam e paravam em todo o país — e todo mundo parecia estar vivendo uma versão amalucada das mesmas alturas vertiginosas com os baixos ainda mais baixos. Uma coletiva de imprensa relâmpago realizada tarde da noite pelo primeiro-ministro de um estado anunciava um lockdown a partir da meia-noite daquela noite, e milhares de pessoas pegavam seus carros ou lotavam os aeroportos tentando fugir ou chegar em casa. Outros, assistindo de casa e vendo seu futuro imediato se dissolver em mais uma rodada de aulas remotas ou empresas fechadas, sentiam-se imobilizados e entravam em uma espiral de angústia, desespero, preocupação e pânico. E então — meses, dias, semanas depois — o lockdown era suspenso e antes do amanhecer havia uma multidão tomando os mercados e um clima de esbórnia nos bares.

Com o passar do tempo, em meio à energia frenética, às semanas, às estações e à antiga rotina fora de controle, parecia ficar cada vez mais difícil nos regularmos. Como era estar *no meio-termo* novamente? Como era se sentir *normal*? Como poderíamos voltar à harmonia? Seria possível alcançar a paz interior com todo aquele caos acontecendo lá fora? O clima — tanto coletivamente quanto para mim, como indivíduo — parecia mudar de acordo com acontecimentos externos (um grande acordo com a Netflix, uma pandemia global) e, por ter essa ligação com trilhos externos, parecia mais um passeio de montanha-russa do que um deslizar suave em trilhos nivelados. Acredito que, quando associamos nosso estado de espírito a algo externo, nosso estado interior vai sempre estar fora de nosso controle.

Pensei na euforia de novembro e no desespero de fevereiro e me perguntei se seria possível usar o estoicismo que eu estudava para me ajudar não só nos momentos ruins, mas também na administração dos bons momentos.

Será que ele poderia me ajudar a equilibrar um pouco as coisas, para que eu não me sentisse tão controlada por fatores externos, saísse da montanha-russa e não me abalasse tanto com eventos ou grandes mudanças de humor?

Esse processo de estabilização do meu estado de espírito acabou sendo uma das maiores lições de minha jornada estoica. Resumia-se a ter uma percepção consciente do meu humor-padrão e regulá-lo de acordo com as antigas técnicas e princípios estoicos.

Busque a tranquilidade

Esqueça a euforia; os estoicos valorizavam a tranquilidade acima de todos os outros estados. Eles tinham nomes para isso: *ataraxia*, que significa "estado lúcido de uma serenidade consistente, caracterizado pela constante ausência de angústia e preocupação", e *eudaimonia*, que significa "imperturbável" (ou, literalmente, "sem inquietação mental").

Ataraxia é uma palavra que caiu em desuso nos dias de hoje — mas não deveria. Precisamos dela mais do que nunca! Nesta era moderna em que buscamos constantes doses de dopamina por meio da dependência da tecnologia, das compras on-line e das redes sociais, precisamos muito de uma droga estável e de liberação lenta como a ataraxia, cujos efeitos positivos se acumulam ao longo de dias e semanas.

Os filósofos antigos acreditavam que, ao ser alcançada, a ataraxia promovia uma homeostase emocional na qual o efeito não seria apenas um estado de espírito mais estável em um nível básico, mas um estado que, segundo eles, fluiria para as pessoas ao redor.

Se você estiver mais tranquilo, será menos inclinado a reagir ou explodir. Você não só não estraga o seu dia como também pode evitar que o dia de outras pessoas seja arruinado. Em um estado de tranquilidade, você é capaz de tomar decisões melhores. É muito provável que se exalte menos e sinta menos raiva.

Mas até que ponto a ataraxia é possível de ser alcançada — especialmente para uma pessoa moderna que vive cercada por desastres, doenças, distrações, desejos, marketing, redes sociais, um clima coletivo de fim de mundo e pelas exigências implacáveis do capitalismo? Principalmente se você for uma pessoa guiada por paixões e que deseja os picos intensos da busca, como, por exemplo, ao apaixonar-se ou fechar um negócio?

Quando escrevi sobre a ataraxia para o *Guardian Australia*, pedi ao professor A.C. Grayling, renomado filósofo e autor britânico, algumas sugestões sobre como alcançá-la. "A paixão nos sugere algo ativo", disse ele. "Mas se você observar a etimologia do termo (paixão), ela é passiva: é algo que acontece com você — como amor, raiva ou luxúria —, e que lhe foi concedido pelos deuses."

Ao contrário da paixão, a ataraxia é criada por você, para a sua "paz de espírito, calma interior e força", afirmou Grayling.

> Por isso, ao nos depararmos com todas as inevitabilidades da vida, todas as sombras que irão se abater sobre ela — como perder pessoas com as quais nos importamos, sofrer com o luto, fracassar, cometer erros, sentir culpa —, a ataraxia significa lidar com essas sombras e estar preparado para elas. A preparação é diária. Mas a ataraxia é também aprender a relaxar, a se divertir e a aproveitar cada dia ao máximo. Isso também faz com que você floresça.

Embora a palavra "ataraxia" tenha caído em desuso, ela é "apenas outra maneira de dizer 'preciso resolver os meus B.O.s'", declarou Grayling.

> Quando as pessoas dizem "resolvi todos os meus B.O.s", elas querem dizer que estão "em equilíbrio e em harmonia", o que é muito importante: precisamos disso [...] no momento [...]. Quando passamos por situações como os lockdowns — especialmente quando são prolongados —, é preciso encontrar novos níveis, um novo equilíbrio. E precisamos de certo grau de energia psíquica para nos perguntar: "O que é necessário para que eu chegue lá?"

Em uma publicação muito compartilhada no Medium, Steven Gambardella, adepto do estoicismo, escreveu:

> A ataraxia não é um estado definido positivamente, como "feliz" ou "empolgado". As filosofias helenísticas acreditavam se tratar de um estado de serenidade "em repouso". Ainda assim, é um estado de espírito desejável, um estado o qual (o filósofo grego) Pirro acreditava que os seres humanos possuíam naturalmente, mas que podiam perder com facilidade. Da mesma forma que nossos corpos se encontram em um estado de homeostase quando estão livres de doenças, a ataraxia é simplesmente a *ausência* de perturbação.

Falando comigo de sua casa em Londres, Gambardella desenvolveu ainda mais o assunto: "No mundo moderno, somos profundamente infelizes porque nossa compreensão da felicidade é incorreta. Achamos que ela surge ao fazermos alguma coisa — a partir de um estado positivo projetado —, como beber, transar, fazer compras [...]. Essa versão da felicidade está bastante ligada ao consumismo."

Em vez disso, acrescentou Gambardella, os antigos filósofos gregos, como os epicuristas, os estoicos e os céticos, "ensinaram que a felicidade não é um estado definido positivamente: e, sim, uma palavra definida negativamente. Quer dizer 'sem ser incomodado' ou sem ter qualquer tipo de sentimento intenso; e os gregos antigos eram obcecados por isso."

A teoria da ataraxia "surgiu em um momento de crise [...], durante o caos e o derramamento de sangue que se seguiu à morte de Alexandre (o Grande)".

É "um objetivo para qualquer pessoa que esteja em busca de um senso de equilíbrio e tranquilidade, especialmente em tempos de incerteza".

Isso soava demais como o agora. Parecia que todos precisávamos disso desesperadamente.

Felicidade ou tranquilidade?

Andrew e eu divergíamos um pouco quanto à abordagem dessa área do estoicismo.

Comecei a desconfiar do conceito de felicidade: passei a vê-lo como um estado oscilatório que, em pouco tempo, levava ao seu oposto, o desespero. Se começasse a me sentir muito feliz ou muito bem com alguma coisa, eu me preparava para o seu oposto binário. Comecei a pensar que era melhor estar tranquila, equilibrada, descontraída, relaxada. Como Gambardella disse, a ataraxia é simplesmente a *ausência* de perturbação.

Ou seja: se você não subir muito, não vai afundar muito.

Andrew argumentava que o problema não era a felicidade em si: simplesmente não devemos vincular a felicidade a nada externo. Por isso, se minha única possibilidade de ser feliz fosse conseguindo um contrato com a Netflix, eu estaria então vinculando a minha felicidade a algo fora do meu controle. Aquilo estaria fadado a acabar mal, pois significava que minha vida poderia sair dos trilhos por conta de acontecimentos externos, e eu ficaria abalada porque o objeto da minha felicidade é um alvo em movimento. Seria concordar de forma tácita que outra pessoa controlasse ou aprovasse minha felicidade.

Andrew me disse que *treinava* sua felicidade com coisas que estavam sob seu controle. Claro, ele só poderia controlar um desses três itens: seu caráter, suas reações/ações e como ele trata os outros. O aspecto de treinamento entra em cena quando ele direciona de forma consciente o prazer e a satisfação para longe das coisas que não estão sob seu controle.

Por essa definição, ele seria feliz se tivesse um bom caráter, se mantivesse suas reações sob controle, se suas ações fossem virtuosas e se tratasse os outros bem. Tudo isso estava sob seu controle — e, se ele colocasse tudo em prática de maneira adequada, haveria então um sentimento de felicidade. Fugir disso e buscar a felicidade no dinheiro ou na fama, na validação externa ou no afeto dos outros, é pisar em terreno perigoso. Todas essas coisas estão fora de seu controle, fazendo com que sua felicidade dependa constantemente das ações de outras pessoas.

Seguindo a lógica de Andrew, você pode garantir sua felicidade treinando para que ela seja causada apenas pelas coisas que você pode controlar por completo.

Mesmo as coisas que estão sob nosso controle parcial não garantem a felicidade. Por exemplo: talvez andar de caiaque com um amigo no porto de Sydney me deixe contente. Fico na expectativa do passeio, mas quando chega o dia há um forte e inesperado vento matinal, ou uma chuva intensa, ou a loja de caiaques está fechada, ou meu amigo fura comigo — ou todas as opções anteriores. De repente, algo que parece ser um caminho certeiro para a felicidade — ou pelo menos para o prazer — pode acabar em decepção. Entreguei meu poder a forças externas. Mas, se eu treinar minha felicidade a partir das três coisas que estão totalmente sob meu controle, ficarei feliz caso consiga reagir bem à decepção e tratar meu amigo de forma positiva, mesmo que ele tenha furado comigo.

Então, o que deveríamos almejar em relação ao nosso estado de espírito? Para Andrew, seria a felicidade; mas apenas uma felicidade que viesse das coisas que estivessem sob seu controle. No meu caso, segui um caminho diferente e me contentei com a tranquilidade como algo que eu poderia tentar controlar, seguindo os antigos conceitos gregos de ataraxia e *eudaimonia*.

Mas as duas abordagens levam praticamente aos mesmos resultados: no caso, não ser refém da sorte nem ser abalado por eventos externos.

Como alcançar a ataraxia

Os estoicos alcançavam a ataraxia utilizando a razão para avaliar uma situação de forma racional, para entender o que podiam e o que não podiam controlar. Lembra-se do capítulo anterior sobre o teste de controle? Não vale a pena se preocupar com o que não se pode controlar.

A.C. Grayling disse que a ataraxia pode ser alcançada se você "tiver coragem de enfrentar aquilo que está fora de você, como terremotos, pandemias e desastres naturais, velhice e morte. E se tiver autodomínio do seu eu interior."

As técnicas para alcançar a ataraxia também incluem "diminuir o zoom" — e ver a si mesmo e seus problemas como apenas pequenas manchas em um universo enorme.

Steven Gambardella explicou da seguinte forma: "Você 'corre com as estrelas', como diz Marco Aurélio, seja se distanciando de suas emoções, seja separando as coisas de uma forma que lhe permita dissecar suas emoções, entender [...] o que realmente está em jogo e compreender que suas paixões estão escapando."

A citação completa de Marco Aurélio é linda: "Reflita sobre a beleza da vida. Observe as estrelas e veja-se correndo com elas."

Ao controlar nossos medos e desejos (em outras palavras, nossas paixões), chegamos mais perto de alcançar a tranquilidade.

Em termos práticos, "uma das principais medidas que podemos adotar para tentar alcançar a ataraxia é evitar as redes sociais", afirmou Gambardella.

"O Instagram pode fazer com que as pessoas se sintam tristes e solitárias. É o fenômeno perfeito da antiataraxia. Porque você nunca terá seguidores o suficiente, nunca terá curtidas o suficiente: a rede se baseia nessa ideia de superabundância [...] e está repleta de notificações de que você deve seguir esse ou aquele completo desconhecido."

Mas, antes de alcançarmos a ataraxia, precisamos primeiro descartar as antigas noções positivas de felicidade como algo excedente ou abundante.

"As pessoas têm ideias muito superficiais sobre o que é felicidade", declarou Grayling.

> Estar apaixonado, por exemplo. Um dos grandes enganos da vida é achar que estar apaixonado é o objetivo da felicidade. E então cinco ou dez anos depois, você acorda e pensa "quem diabos é essa pessoa?". Se você atinge um estado emocional elevado, do tipo que acontece em uma festa ou em uma paixão, isso não é felicidade.
> A felicidade é um estado, e o estado em questão acontece quando você, o indivíduo, tem uma base firme e um lugar para fazer o trabalho que precisa fazer; o sofrimento pelo qual precisa passar; as pessoas que precisa encontrar; e a ajuda que precisa dar às pessoas ao seu redor.

Sim.

Como faço para manter a tranquilidade?

Assim como na filosofia estoica, não havia para mim uma solução mágica que me tornasse mais tranquila, a não ser através de uma consciência maior do meu estado interior e da priorização em manter a tranquilidade em vez do hedonismo, das emoções rápidas e da excitação intensa.

Para isso, é preciso trabalhar. Eu continuo a meditar vinte minutos duas vezes por dia e me lembro com frequência ao longo do dia de que preciso relaxar. Tomo consciência das sensações em meu corpo que indicam o meu estresse, como a sensação de aperto no peito. Durmo quando preciso dormir — assim evito ficar com a mente tão agitada. O bruxismo diminuiu, e eu também parei de me sentir tão eufórica a ponto de não conseguir ficar quieta.

Recentemente, ao receber uma boa notícia, uma das minhas melhores amigas ficou intrigada com minha reação. "Por que você não está mais animada?", perguntou ela, em um tom vagamente acusatório.

Mas a verdade é que, com toda essa prática da tranquilidade, era mesmo mais difícil ficar tão animada com as coisas. Minhas reações após um ano de intensa busca pela ataraxia tendiam a ser mais brandas do que antes.

A tranquilidade também requer o cuidado de não estar tão aberta às opiniões alheias. O excesso de bajulação pode levar a uma noção exagerada da minha própria importância (a bajulação e a boa reputação estão fora de meu controle, e perdê-las poderia perturbar a tranquilidade), enquanto o excesso de críticas pode me deixar aborrecida. Tudo isso desequilibra minha tranquilidade. Há uma ironia no fato de que a manutenção de um estado calmo e tranquilo requer algum trabalho — como um pato que se movimenta furiosamente embaixo d'água para permanecer quieto e tranquilo na superfície. Mas, com o passar do tempo, notei que quanto mais eu trabalho para alcançar a tranquilidade, mais fácil ela se torna e — esse é o ponto decisivo — mais fácil *a vida se torna.*

Em março de 2022, as filmagens da série da Netflix que me causou uma euforia tão prolongada tiveram início. Estive no primeiro dia de filmagem, em uma tranquila rua residencial em Concord. Foi surreal ver os caminhões com serviço de bufê estacionados em uma área aberta nas proximidades, com os maquiadores, os operadores de câmera, o diretor, os atores, os figurantes... Todas aquelas pessoas estavam ali por causa do trabalho que realizei em uma sala silenciosa em Castlemaine (a sala onde escrevo estas palavras), em 2016.

Pouco antes de o diretor dizer: "Ação!", tivemos um ritual de Bem-vindo ao País,* realizado por um ancião indígena e uma tradicional cerimônia da fumaça. À medida que a fumaça subia e se espalhava, e elenco e equipe passavam por ela um a um, tive uma profunda sensação de gratidão, alegria e orgulho pelo que estava acontecendo. Parecia algo mais profundo e mais fundamentado do que as emoções que passaram por mim em novembro de 2020 (subir e subir e subir às alturas sem nunca aterrissar; pelo menos, não por um bom tempo), após nossa bem-sucedida apresentação para a Netflix. Não havia o prenúncio de que o sentimento seria acompanhado logo depois por seu oposto nem seria compensado por uma debilitante descida até o fundo. Era a tranquilidade em ação. Estar tranquila não era o mesmo que não poder desfrutar do sucesso e dos elementos externos quando eles acontecessem, apenas significava que eu também ficaria bem se eles não acontecessem. Significava que, se não houvesse nenhum ritual de Bem-Vindo ao País, nenhum elenco e nenhuma equipe naquela rua do subúrbio de Sydney, naquele primeiro dia de filmagem, porque o projeto havia fracassado, eu não me importaria com isso. Minha felicidade não depende de alguma coisa externa acontecendo. Às vezes fico atônita com essa mudança, por mais sutil que pareça.

---

* No original, "Welcome to Country". Trata-se de uma cerimônia tradicional de boas-vindas dos povos originários da Austrália, realizada normalmente por um Guardião aborígene, bastante comum em encontros importantes ou aberturas de eventos. (N. do T.)

Benefícios da tranquilidade

Há outros subprodutos da tranquilidade que são bem-vindos. Para começar, você se preocupa menos com o que as outras pessoas pensam a seu respeito, pois percebe que o que os outros dizem sobre você está fora de seu controle.

Marco Aurélio explicou a si mesmo o que é tranquilidade em seu diário: "A tranquilidade que vem quando você deixa de se importar com o que dizem. Ou pensam, ou fazem. Apenas com o que você faz."

Quando você se livra do medo do fracasso e do que as outras pessoas pensam, tudo fica mais relaxado e divertido. Você simplesmente aproveita a viagem.

Um estado de tranquilidade mínima influencia não apenas as suas reações, mas também a forma como você trata os outros. É mais provável que você demonstre ter um bom caráter e seja menos reativo se estiver relaxado, equilibrado e tranquilo em relação à vida.

Rico ou pobre, doente ou saudável, famoso ou desconhecido, vivendo em desconforto ou em uma casa luxuosa com todas as comodidades modernas, você deve ser capaz de alcançar a ataraxia independentemente de suas circunstâncias externas. As ferramentas estão dentro de você.

Nessa parte importante de minha jornada estoica, percebi que nossas vidas e circunstâncias estão sempre mudando, tudo está sempre em movimento; mas, ao longo da minha existência, se eu fizer disso uma prioridade, minha tranquilidade pode ser protegida dos infortúnios — absurdos ou não — vindouros.

Como...

Ser bom

"O objetivo da vida é viver de acordo com a Natureza."

— **Zenão de Cítio**

"Não perca mais tempo discutindo sobre como um bom homem deve ser. Seja um."

— **Marco Aurélio**

Era o final do verão de 2022 e eu estava em uma aula de direção em Kyneton, aprendendo a fazer baliza na estação de trem.

Meu instrutor me orientou a dar ré ao lado do único carro que havia por ali: uma van cinza. Ao me espremer na vaga ao lado da van, vi uma mão ajustando as cortinas da janela traseira.

"Deve ter alguém morando ali dentro", falei ao instrutor.

Saí da vaga, paguei a aula e andei até a estação para ir de trem para casa, na cidade vizinha.

Reparei que uma pessoa — era a mulher da van — caminhava na minha direção. Devia estar na casa dos setenta anos, tinha os cabelos brancos, vestia um suéter desgastado, saia e sandálias.

"Aquela foi a minha primeira baliza!", contei a ela. "Vou tirar minha carteira daqui a oito semanas e, se eu não conseguir, vou ser a mais velha aluna de autoescola do mundo."

A mulher sorriu e em seguida fez algo muito estranho. Ela se aproximou de mim, estendeu a mão e disse: "Pegue isso aqui."

Ela estava tentando me entregar uma nota de 50 dólares. Ah, não. Por favor, não faça isso. Já encontrei dinheiro no chão, mas nunca um desconhecido apareceu do nada e tentou me dar dinheiro. Muito menos alguém que parecia estar precisando.

"Estou bem, obrigada. Muito obrigada mesmo. É muita gentileza, mas não preciso do dinheiro."

"Por favor, pegue", ela insistiu. "Pegue."

Sentei-me à espera do ônibus e comecei a conversar com a mulher. Seu nome era Monica; ela era de uma cidade mineradora de opala no interior de Nova Gales do Sul e tinha viajado para a região central de Victoria para visitar a família.

Monica vinha tentando dar dinheiro a outras pessoas — desconhecidos —, "mas as pessoas não aceitam". Então imitou alguém levantando as mãos e se afastando como se ela fosse louca. Mas Monica não era louca. Ela só queria dar dinheiro às pessoas. Disse que doar a deixava feliz, e que o segredo para uma vida boa era não querer mais do que se tem.

"Se você estiver satisfeito com o que tem, terá uma boa vida", disse ela. "Muitas pessoas querem o que não têm e, por isso, passam a vida inteira trabalhando para conseguir o próximo item. Mas isso não as torna felizes — por isso nunca ficam satisfeitas e estão sempre atrás de mais dinheiro para conseguir a próxima novidade que as tornará felizes."

"E ela nunca para", falei. "A esteira. Na verdade, a pessoa nunca está satisfeita. Acho que o capitalismo é assim…"

Monica concordou. "Sempre fui feliz com o que tenho, por isso nunca quis mais."

Mais era supérfluo; e assim Monica doava o que não precisava. E ela não precisava dos 50 dólares porque havia dormido em sua van na estação por três noites, e assim havia economizado o dinheiro do estacionamento.

"Você pode usar o dinheiro para a sua próxima aula de direção", ela sugeriu.

Meu ônibus chegou, e Monica e eu nos desejamos sorte. Ela caminhou de volta para sua van, devagar.

Dentro do ônibus que substituía a viagem de trem, fiquei completamente comovida.

O que aconteceu na estação parecia ir além de um ato aleatório de bondade, era algo mais próximo da graça. O dinheiro transcendeu o material e se tornou totêmico, carregando algo dentro dele: caráter, bondade, uma maneira de estar no mundo que vejo com tão pouca frequência que fez o encontro beirar o sagrado. Acredito que foi a bondade pura de Monica que me impressionou. Ela não queria nada de mim: só queria oferecer. Isso também me fez pensar se *eu* sou boa. Em comparação com Monica, a resposta era "não".

🏛

Nossa cultura é tão baseada na correria que hoje em dia tudo parece transacional. É por isso que o encontro com Monica pareceu tão estranho. Claro, pessoas podem ser gentis umas com as outras, mas eu me perguntava: será que é porque querem algo em troca?

Você começa a trabalhar em um lugar novo e as pessoas são amigáveis, mas será que é porque estão, de maneira inconsciente, tentando formar alianças? Os vizinhos são gentis; eles convidam você para o grupo de WhatsApp deles, mas será que é por interesse próprio e pela vantagem de se unirem contra, digamos, a solicitação do conselho para a construção de uma torre de telefonia? As pessoas puxam assunto com você em uma festa, mas será que é porque elas não têm mais ninguém com quem conversar enquanto esperam os amigos chegarem?

É mais fácil ser cínico em relação às motivações de alguém do que apenas dizer "as pessoas são boas".

Ou talvez eu esteja sendo apenas transacional — e na verdade sou... *ruim*. Argh... Fico desconfortável só de *pensar* nisso.

Provavelmente estou mais para egoísta, com lampejos aleatórios de altruísmo, para ser sincera. Há pouco tempo, em um bar em Kings Cross, fui cobrada a menos por alguns campari soda. Poderíamos ter pagado o valor menor e ido embora, mas avisei ao garçom e paguei a mais. Minha amiga disse que isso foi uma "atitude de boa pessoa"; ela mesma não teria dito nada. Mas se fui honesta, foi "porque não quero ter carma negativo". Portanto, até *isso* é transacional: nesse caso, quero algo do universo em troca da minha bondade, na forma de um carma positivo!

Sobre doar

Os estoicos tentaram romper com a natureza transacional de nossos relacionamentos ao refletir bastante sobre a doação e ao reformular a maneira como damos e recebemos presentes. Sêneca escreveu seu mais longo tratado moral, *Sobre os benefícios* (*De Beneficiis*), sobre como o impulso de doar está no cerne do que é ser humano; do contrário, não seríamos mais do que animais selvagens. Sêneca via no ato de dar presentes uma forma de imitar os deuses, que nos deram tantos presentes na natureza. Ele também define a melhor maneira de receber presentes, que é com gratidão. Essa forma de dar e receber aprimora nosso caráter e constrói nossa virtude. Além disso, de acordo com os princípios estoicos, aquele que oferece o presente não deve esperar nada em troca (o ideal é que o presente seja dado de forma anônima). Dar algo com a expectativa de recompensa no futuro, ou *quid pro quo*, é esquecer os próprios fundamentos do estoicismo, conforme estabelecidos no teste de controle. Não podemos controlar as outras pessoas, suas ações ou respostas. Portanto, não podemos esperar uma resposta equivalente ou de determinada intensidade nem gratidão por parte do receptor, porque sua reação está além de nosso controle.

Por exemplo, se você fez um favor a um amigo, permitindo que ele ficasse em sua casa durante sua ausência, não pode esperar que esse favor seja retribuído. Você não deve nem mesmo esperar que seu amigo lhe agradeça ou deixe um presente. Você deve doar de forma livre, sem esperar qualquer recompensa ou presente em troca. O mesmo princípio se aplica quando você ajuda alguém a encontrar um emprego ou quando a pessoa está doente. Esse princípio acaba com a natureza transacional de nossos relacionamentos com praticamente todas as pessoas. E torna a doação menos estressante. Se você oferecer sem esperar nada em troca, não ficará desapontado quando nada vier para você (e talvez fique surpreso e feliz quando vier). E como devemos doar? "Devemos doar como gostaríamos de receber, com alegria, rapidez e sem hesitação; pois não há graça na benesse que gruda nos dedos", escreveu Sêneca. *Touché*.

O que é bondade?

Mas voltando a Monica — e seu ato gentil de me dar 50 dólares. Você faria isso? Raramente questionamos nossa própria bondade, talvez porque temos muitos pontos cegos em relação ao nosso próprio caráter. Podemos realmente olhar para nós mesmos de forma objetiva e dizer se somos bons ou ruins? Ficamos muito mais à vontade em avaliar se os *outros* são bons ou ruins.

O que fica em minha mente, um tanto jogado lá no fundo da memória, são todas as vezes que fui horrível. E ainda assim algumas pessoas que conheço me dizem de forma espontânea que eu sou uma "boa pessoa" ou "gente fina". Sempre fico um pouco surpresa com isso. O quê? Eu? Sério? Tem certeza? *E o que significa ser "bom", afinal?* Seria doar dinheiro quando não se tem nada? Cuidarmos uns dos outros de uma forma mais geral? E será que nós, como espécie, somos inclinados à bondade?

A questão tem perseguido a todos, de Aristóteles a Shakespeare, de Hannah Arendt a Viktor Frankl. Afinal, *qual* é a tendência de nossa natureza humana?

Os antigos estoicos refletiam bastante sobre essas questões. Eles acreditavam que somos inclinados à bondade (natureza) e que devemos nos esforçar para alcançar a bondade (as virtudes).

Os estoicos também acreditavam que somos criaturas racionais e sociais, e que a vida flui melhor se estivermos "vivendo de acordo com a natureza". Isso inclui a natureza humana e também o mundo natural. Nascemos em famílias, sociedades, tribos, nações e em uma comunidade global, e é natural que nos preocupemos e cuidemos uns dos outros em nossas diversas comunidades. Em última análise, esse cuidado com os outros deve se estender muito além de nossos parentes mais próximos e abranger o cuidado com toda a humanidade. Os estoicos eram bastante antitribalistas.

O estoico grego Hiérocles (c. 150 d.C.) descreveu o cosmopolitismo estoico por meio do uso de círculos concêntricos chamados de *oikeiôsis*. (*Oikeiôsis*, na ética estoica, significa a percepção de algo como próprio, como pertencente a si mesmo.) Hiérocles descreveu os indivíduos como uma série de círculos concêntricos: o primeiro círculo é a mente humana, depois vem os familiares mais próximos, seguidos pela família estendida e depois a comunidade local. Em seguida, vem a comunidade de cidades vizinhas, seguida por seu país, e, finalmente, toda a raça humana. Nossa tarefa, de acordo com Hiérocles, é trazer os círculos para o centro, transferindo as pessoas para os círculos internos, tornando todos os seres humanos parte de nossa responsabilidade. Aqueles que já fizeram a meditação de "bondade amorosa" budista vão reconhecer esse conceito. Ele também pode ser encontrado nos textos antigos e medievais do hinduísmo e do jainismo.

Além dos princípios do cosmopolitismo, os estoicos gregos e romanos escreviam com frequência e de forma calorosa sobre as alegrias da amizade e da comunidade. Embora o estoicismo em certo nível seja sobre fortalecer a si mesmo contra o sofrimento, muitos dos exercícios e contemplações estoicas mais solipsistas e introspectivos tinham a intenção de expressar nossa natureza de forma mais harmoniosa, e foram concebidos para tornar a convivência com os outros mais gratificante e menos conflituosa. Os estoicos acreditavam que seríamos melhores cidadãos, amigos, parceiros, colegas e companheiros de viagem se estivéssemos nos sentindo bem e tranquilos dentro de nós mesmos.

Você é uma boa pessoa?

Durante os três anos em que escrevi este livro, eu perguntava de forma aleatória a amigos e conhecidos se eles já se questionaram se eram bons ou não. As respostas com frequência me surpreendiam. Todas as pessoas, sendo elas cruéis ou não, egocêntricas ou não, abertamente altruístas ou egoístas, caridosas ou mesquinhas — em suma, de todos os tipos, com uma gama de personalidades que se estende por todo o espectro moral —, responderam que passavam algum tempo refletindo sobre serem ou não boas pessoas e se suas ações eram boas ou ruins. Além disso, ser bom era algo importante para todos.

Sempre que eu fazia essa pergunta, as pessoas me diziam que avaliavam com frequência se eram boas pelas seguintes métricas:

- se o trabalho que realizavam tinha um impacto positivo, negativo ou neutro;
- se eram éticas em suas relações com os outros;
- se agiam de forma ética em relação ao meio ambiente, à natureza e aos animais;
- se faziam doações para caridade;
- se eram amigos, pais, familiares e filhos bons e generosos;
- se deixariam o mundo melhor do que quando chegaram.

Essa contemplação generalizada da bondade me surpreendeu. Qual incentivo eles tinham para ser bons? Seria apenas uma questão de conciliar o próprio caráter consigo mesmo? De conseguir dormir à noite? Afinal, nenhuma das pessoas a quem perguntei era particularmente religiosa, portanto, não havia incentivo na forma de vida após a morte para encorajar a bondade em seu caráter.

Tive uma discussão muito mais ampla com um amigo religioso em uma tarde almoçando em uma cafeteria de Chatswood. Ele era um cristão devoto e simplesmente não conseguia ver *sentido* no estoicismo. Ele perguntou, não sem razão, porque a religião também era o meu primeiro prisma moral: "Será que as pessoas *realmente* se esforçariam para ser boas apenas pelo bem em si quando não há recompensa nem punição por suas ações, nenhum propósito além de um senso de dever natural cumprido, conferindo ao ato de bondade uma espécie de ímpeto animal?"

Ele acreditava que há um pecado original em todos nós, e que os seres humanos precisam de alguma recompensa ou incentivo para serem bons; essa recompensa ou incentivo não existia no estoicismo.

De acordo com a filosofia estoica, o seu caráter é uma das poucas coisas que você pode controlar. Mas, primeiro, o que significa ter um bom caráter?

O caráter pode ser vagamente definido como a posse de qualidades morais e éticas que irão orientar suas ações para o bem maior. Ele abrange a maneira como você trata os outros, seus valores e como enfrenta testes, adversidades, desafios, fartura, excessos (incluindo dinheiro, comida e bebida) e como você se comporta no mundo.

O material que forma o caráter nos sustenta em tempos difíceis — e "nos fornece uma noção sustentável de nós mesmos", escreveu o sociólogo Richard Sennett.

A importância do caráter se dissipou nas últimas décadas. Nos meus tempos de advogada no interior, eu pedia aos meus clientes criminosos que obtivessem uma "referência de caráter" para entregar ao juiz ou magistrado antes da sentença, na esperança de que alguém de bom caráter fosse visto como menos propenso a reincidir e assim atraísse uma pena menor. Esses traficantes de drogas, agressores domésticos, motoristas bêbados e ladrões de cidades pequenas teriam que arranjar uma carta do padre da paróquia ou do diretor da escola dizendo que tinham excelente caráter e que, na verdade, o crime cometido *não condizia com o seu caráter*. Eles entregavam a carta e esperavam a misericórdia do tribunal.

Essa foi a única vez que a questão do caráter foi levada em conta de forma explícita em minha vida cotidiana. Quando deixei a advocacia e passei para o jornalismo, atributos mais chamativos eram valorizados e discutidos: carisma, sucesso, uma boa aparência, uma boa energia, ser engraçado ou inteligente.

Pegue como exemplo a política. Antigamente, ter um caráter excepcional era pré-requisito para uma carreira política; agora, o carisma domina e o caráter é irrelevante. O primeiro-ministro britânico violou as ordens de saúde ao dar festas na Downing Street enquanto o resto do país "ficava em casa para salvar vidas". O conselho dado por Trump em 2005 para se envolver com mulheres atraentes foi: "Agarre-as pela boceta. Você pode fazer qualquer coisa!" Poucas semanas depois que essa declaração veio a público, em 2016, Trump foi eleito presidente dos Estados Unidos.

Ter um caráter ruim é incentivado toda vez que uma pessoa terrível chega ao poder (principalmente se ela foi eleita democraticamente).

É possível que pessoas "boas" não sejam mais eleitas para cargos públicos porque desconfiamos da própria noção de "bem". O que essa palavra significa hoje em dia? Nesta era de relativismos, o significado de bem para uma pessoa pode diferir do de outra? E, sem o vínculo ou a narrativa abrangente de uma religião comum, será que agora cada um carrega consigo uma ideia muito particular e específica de bem? Algumas pessoas recorrem aos ensinamentos de Jesus para ter uma ideia do que é o bem, outras seguem os conselhos de um guru de autoajuda como Tony Robbins e há os que aceitam as ideias de Oprah Winfrey ou da Rainha Elizabeth — ou de atores, astros do esporte ou personagens dos livros da série Harry Potter ou do universo Marvel. As leis e os regulamentos fornecem um padrão estabelecido, uma cerca elétrica que rodeia os limites, que nos traz de volta se formos longe demais, mas o resto é uma questão entre nós e nossa própria consciência. Será então que podemos falar sobre o que é ser *bom* hoje em dia?

Como *saber* se somos bons?

Quando perguntei aos meus pesquisados como eles sabiam se estavam sendo bons ou não, ninguém recorreu a textos religiosos, dogmas, ensinamentos ou filosofias. Em vez disso, todos falaram sobre a maneira como se *sentiam*. Ou seja, fazer o *bem* fazia com que *se sentissem bem*, e fazer algo ruim fazia com que se sentissem — de forma sutil ou não — *mal*. Portanto, em outras palavras, um sentimento interno sutil nos dirá se nosso comportamento é bom ou ruim.

Você pode anular esse sentimento ruim justificando suas más ações — por exemplo, se estiver se vingando ou punindo *alguém* por ser mau —, mas, em geral, a bússola moral da maioria das pessoas aponta na mesma direção.

Os estoicos chamavam essa bússola, ou esse sentimento, de "natureza" — e acreditavam que ela nos guia para reconhecer e fazer o bem. E com frequência falavam sobre "viver de acordo com a natureza". Isso, em parte, significa que é da nossa natureza sermos seres sociais e cooperativos, que desejam o melhor para os outros e que as pessoas ao nosso redor prosperem. Zenão de Cítio, o fundador do estoicismo, disse: "Tudo é parte de um único sistema, que é chamado de natureza; a vida individual é boa quando está em harmonia com a natureza."

Não é de nossa natureza querer ver o sofrimento ou as privações dos outros, porque, se alguns de nós sofrem, então, como seres sociais em uma sociedade, todos sofremos. "O que é bom para a colmeia é bom para as abelhas", escreveu Marco Aurélio em *Meditações*.

Os estoicos — sendo realistas — reconheciam que agir mal também faz parte da natureza humana. Mas acreditavam que esse mau comportamento poderia ser corrigido ou desaprendido. "Os seres humanos surgiram para o benefício uns dos outros, portanto, ensine-os ou aprenda a suportá-los", afirmou Marco Aurélio.

COMO LIDAR COM PESSOAS DE CARÁTER RUIM?

Aprender a suportar pessoas de caráter ruim era algo com que Marco Aurélio tinha prática. Ele lembrava a si mesmo:

Ao acordar de manhã, diga a si mesmo: as pessoas com quem lidarei hoje serão intrometidas, ingratas, arrogantes, desonestas, invejosas e mal-humoradas. Elas são assim porque não conseguem distinguir o bem do mal. Mas eu vi a beleza do bem e a feiura do mal, e reconheci que o malfeitor tem uma natureza semelhante à minha: somos aparentados não por sangue e nascimento, mas por termos a mesma mente e determos parte do divino. Portanto, nenhum deles pode me ferir. Ninguém pode me envolver na feiura. Tampouco posso sentir raiva de um parente meu ou odiá-lo. Nascemos para trabalhar juntos, como pés, mãos e olhos, como as duas fileiras de dentes, superior e inferior. Atrapalhar um ao outro não é natural. Sentir raiva de alguém, virar as costas para ele: isso não é natural.

As virtudes

Sabemos que, de acordo com os estoicos, o caráter era uma das únicas coisas que podiam ser controladas na vida (uma vida muitas vezes dura e imprevisível). Portanto, você tinha o dever de desenvolver e manter o melhor caráter possível. Um caráter bom era aquele que cultivava o que os estoicos conheciam como as quatro virtudes: coragem, autocontrole, sabedoria e justiça.

Além disso, a busca pelo bom caráter na Antiguidade não excluía ninguém: homem, mulher, escravizados, pessoas livres, negros, brancos. Os estoicos acreditavam que, independentemente das circunstâncias ou de sua posição na vida, qualquer um poderia desenvolver um bom caráter. Era parte da natureza humana e, com prática e comprometimento, essas quatro virtudes poderiam florescer em cada um de nós.

Para os antigos, ter um bom caráter não só tornava sua própria vida mais fácil (com sabedoria e coragem, você poderia suportar melhor os golpes do destino), mas também tornava a vida das pessoas ao seu redor melhor. Com autocontrole (ou temperança), seria menos provável que se enfurecesse e irritasse os outros. Com justiça, você se empenharia em obter resultados justos e equitativos, não apenas para si, mas também para aqueles ao redor. Com sabedoria, poderia aconselhar seus amigos e sua comunidade sobre as ações corretas, e, com coragem, seria capaz de ajudar os outros e a si mesmo a superar as adversidades.

Os estoicos acreditavam ser possível alcançar cada uma dessas quatro virtudes — e que elas são inatas, independentemente da personalidade, porque fazem parte de nossa natureza e capacidade como seres humanos.

Você pode ser bom, mas não pode fazer com que outra pessoa seja boa

Ser uma boa pessoa, ou pelo menos me tornar um ser humano melhor, passou a ser parte da minha jornada no estoicismo, pois era uma das três únicas coisas que estavam sob meu total controle. Desista de tentar fazer com que os outros se tornem bons. Você pode servir de modelo ou instruir e persuadir alguém a ser bom, mas, no fim das contas, a bondade ou o comportamento de uma pessoa não está sob o seu controle. Como aconselhou Marco Aurélio: ensine-os ou aprenda a suportá-los.

Esse foi um ensinamento difícil de engolir, principalmente quando eu começava a sentir raiva de alguém que havia me prejudicado. A raiva não era uma forma de sinalizar desagrado e limites? Mas os ensinamentos estoicos, especialmente aqueles sobre a raiva, indicavam que o caráter ruim de outra pessoa era algo a ser corrigido por ela mesma, não por mim. Ao me rebaixar ao nível de alguém que se comporta mal, ao me comportar mal com alguém que me prejudicou, estou apenas prejudicando a mim mesmo e ao meu próprio caráter.

Epiteto deu o exemplo de um ladrão que lhe roubou uma bela lâmpada de ferro. Ele a substituiu por uma de barro mais barata e disse: "Perdi minha lâmpada porque o ladrão foi melhor do que eu em permanecer acordado. No entanto, ele pagou seu preço pela lâmpada, já que, por ela, ele consentiu em se tornar um ladrão: por ela, ele se tornou infiel."

O que Epiteto perdeu foi uma lâmpada. O que o ladrão perdeu foi algo muito mais sério: seu caráter.

Como posso desenvolver meu caráter?

Essa é difícil. É um trabalho em andamento. Mas confio nesse sentimento sutil e interno de que falei anteriormente. É como uma pequena chama piloto invisível, mas poderosa, que se acenderá e me alertará quando eu estiver agindo mal ou de acordo com a minha melhor natureza.

Quando ajo de uma maneira boa, sinto-me bem, e, quando ajo de uma maneira ruim, sinto-me mal. É realmente simples assim. E quando alguém é bom para mim — como a Monica da estação de trem, ao me dar uma nota aleatória de 50 dólares —, sinto-me melhor em relação ao mundo, mas também humilde. Há um elemento de chamada e resposta codificado nessas coisas. Alguém faz uma boa ação para você. O que você vai fazer pelos outros, então? A bondade pode ser contagiosa: e é assim que você desenvolve seu caráter e ajuda a influenciar o caráter das pessoas ao seu redor.

> **MONITORANDO O SEU CARÁTER**
>
> É possível manter um registro de seu caráter por meio de diários (como fizeram Marco Aurélio e Sêneca), meditação e contemplação. Com essas práticas, você será capaz de descobrir onde as coisas vão bem e onde estão deficientes. É por isso que a reputação — ou a avaliação dos outros a respeito de seu caráter — não é tão relevante.

Talvez você possa seguir o conselho de Sêneca sobre dar e receber e começar a praticar a gratidão, bem como dar sem esperar nada em troca. Perceba onde você está se comportando de forma transacional, tratando outra pessoa como um mero veículo para chegar aonde quer ir, e corte o mal pela raiz.

E abandone a mentalidade da escassez, na qual você pensa estar em uma disputa contra outros seres humanos. É mais provável que isso faça você se fechar, ser desconfiado e acumular coisas e recursos para si. Isso é válido tanto em um nível pessoal quanto social.

Como...

Ser imperturbável

"As pessoas não são perturbadas pelas coisas, mas pela visão que têm delas."

— **Epiteto**

"Você tem poder sobre sua mente — não sobre eventos externos. Perceba isso e você encontrará força."

— **Marco Aurélio**

"Você olha para as pústulas alheias quando você mesmo está tomado por inúmeras chagas."

— **Sêneca**

"Por que as pessoas andam tão estranhas ultimamente?", foi a manchete de um artigo no *Atlantic*. As pessoas andavam irritadas em aviões e aeroportos; a conversa ensandecida das redes sociais se espalhava para as discussões da vida real; em seus veículos, motoristas atropelavam pedestres em um número cada vez maior; os índices de consumo de álcool e drogas haviam aumentado. À medida que o mundo saía das restrições da pandemia, a sociedade não voltava ao que costumava ser o normal — as pessoas estavam agindo de forma muito imprevisível (aquele tapa do Oscar!) e... estranha.

"Que diabos está acontecendo? Como os americanos deixaram de aplaudir os profissionais de saúde e passaram a ameaçá-los de morte?", perguntou o *Atlantic*.

Os motivos são complexos, mas os especialistas apontam para o estresse, o rompimento dos laços sociais por conta dos lockdowns e o aumento do abuso de substâncias, o que diminui as inibições, inclusive as morais e sociais.

Os estoicos teriam argumentado que todos esses comportamentos — reagir com violência, ficar com raiva, ameaçar os outros, ser desagradável nas redes sociais — estão sob nosso controle e podem ser administrados. São nossas reações (ou ações), e uma das três únicas coisas que estão totalmente sob nosso controle.

Você poderia argumentar, como fiz durante minhas caminhadas com Andrew, que geralmente as reações surgem rápido demais para serem controladas ou interrompidas. Mas o contra-argumento dos estoicos (e de Andrew) era que, desde que tivéssemos uma mente racional, poderíamos controlar nossas ações e reações.

Mas primeiro vamos analisar um elemento crucial que interage com nossas ações e reações: os julgamentos.

E se tudo fosse apenas... neutro?

Julgamentos tornam a realidade boa ou ruim. É simples assim, e difícil assim. Nós somos — até certo ponto — o que pensamos. Preferimos algumas coisas a outras, e categorizamos e dividimos o universo entre "bom" e "ruim". Esses julgamentos nem sempre representam a verdade objetiva. Nós julgamos de maneira apressada, muitas vezes sem as informações adequadas, ou somos rápidos demais para julgar algo que não se beneficia do nosso julgamento ou que nem mesmo demanda julgamento. Boa parte do que rotulamos como bom ou ruim é, na verdade, neutro, mas nossos julgamentos são poderosos, e determinam a maneira como reagimos às coisas. Sobre os critérios de "bom" e "ruim", Marco Aurélio afirmou: "Você contempla tudo aquilo que não controla e define como 'bom' ou 'ruim'. E assim, quando as coisas 'ruins' acontecem, ou quando as 'boas' não acontecem, é claro que você culpa os deuses e sente ódio pelos responsáveis — ou por aqueles que você decide tornar responsáveis. Grande parte de nosso mau comportamento vem da tentativa de aplicar esses critérios."

Talvez eu ache ruim não ter conseguido a casa que quis alugar, mas por que isso seria ruim? Eu apenas não fui bem-sucedida. Pode haver outra casa no mercado que seja mais adequada para mim. A casa poderia ter um monte de problemas: coisas com defeito, um proprietário negligente, uma infestação de baratas. Mas eu me apresso em julgar que algo (perder o imóvel) é "ruim" sem estar munida de todos os fatos.

SEM CONTROLE, SOMOS DOMINADOS PELA EMOÇÃO

Nossos julgamentos são extremamente importantes, pois eles determinam a maneira como agimos. Usar a *razão* é uma forma de obter algum domínio sobre o manancial de emoções que poderia nos engolir caso não seja controlado. Temos mais de 60 mil pensamentos por dia — alguns ótimos, mas muitos deles inúteis — e precisamos usar a razão para filtrá-los antes de agir. Muitas vezes, ruminamos sobre as coisas que nos preocupam (uma futura reunião com o chefe, por exemplo), mas ruminar não vai mudar o rumo da reunião. A preparação, sim. A ruminação, não. Quando ruminamos e nos tornamos obsessivos, nossos pensamentos são como alimentos industrializados: não fazem bem, não são nutritivos e não fornecem a energia de que precisamos para resolver as coisas. Você não come industrializados o dia inteiro, portanto, não tenha pensamentos industrializados.

Pensamento racional

Os estoicos davam grande importância à nossa capacidade de pensar de forma racional. É um poder inato a todo ser humano, o poder de raciocinar para sair de um estado emocional descomedido e muitas vezes falso.

Epiteto é famoso por ter dito: "O que importa não é o que acontece com você, mas como você reage a isso."

Esse aspecto do estoicismo parecia bastante simples para Andrew, mas me causava muita angústia. Se as emoções fossem tão fáceis de ser controladas pelo pensamento racional, por que havia guerras, divórcios, brigas, violência, disputas, processos judiciais e amizades desfeitas? "Não é tão simples assim!", eu repetia.

Em busca de outra perspectiva, li os escritos da filósofa moderna Martha Nussbaum e seu excelente trabalho sobre desejo e emoções e como eles se encaixavam na estrutura ética dos antigos estoicos.

Em *The Therapy of Desire*, ela escreveu: "As emoções têm uma rica estrutura cognitiva. Está claro que não se tratam de explosões irracionais de afeto, mas de maneiras criteriosas de ver os objetos; e crenças de vários tipos são suas condições necessárias."

A complexidade das emoções e a personalidade única de cada indivíduo em que eclodem podem fazer com que a instrução estoica de controle das reações pareça simplista. Há muitos comportamentos inconscientes que impulsionam as emoções e os julgamentos; desvendar e neutralizar nossas emoções e nossos julgamentos, como aconselhavam os estoicos, é um trabalho e tanto. Essa área do estoicismo reforçou minha intuição sobre alguns aspectos dessa filosofia: a de que ela estabelece um padrão alto, alto demais para muitos de nós, mas nos concede um ideal a ser aspirado e trabalhado.

Mas, antes, vamos dar uma olhada em como podemos começar a alcançar isso por meio do desmantelamento de alguns de nossos julgamentos.

Nossos julgamentos nunca cessam

Nossos julgamentos podem nos causar um enorme sofrimento, porque estamos o tempo todo categorizando as coisas sem nos darmos conta. Nadamos em um mar de negatividade, com nossos vieses cognitivos oscilando para o pessimismo na maior parte do tempo, mas, de acordo com o teste de controle, não é preciso ser assim. Isso porque sempre podemos controlar nossas reações às coisas.

Vamos começar com um dia típico. Você acorda e, dependendo da noite de sono que teve e do dia que terá pela frente, sua mente já vai correr para rotular o que você está sentindo desde o momento em que abriu os olhos. Se dormiu mal, teve sonhos estranhos e sente um nó nas costas, talvez já tenha começado a rotular suas experiências como "ruins".

Você pega o celular, dá uma olhada nas notícias, no tempo e nas redes sociais. Ruim. Ruim. Ruim. Nas notícias — que quase sempre são sobre coisas dando errado no mundo —, você vê que há uma guerra provocando caos e morte. A previsão do tempo é de nuvens e tempestades à tarde. Seu humor vai piorando. Quando essa chuva vai parar? Então, nas redes sociais, você vê que está sendo atacada no X (ex-Twitter) porque uma opinião sua foi mal interpretada. Você se sente imediatamente acuado e na defensiva. Você muda de aba e vê que foi elogiado em um e-mail da equipe por conta de um projeto do qual participou. De repente, você se sente bem. Em seguida, verifica sua conta bancária. Você recebeu! Que bom!

Antes mesmo de encontrar alguém — antes mesmo de sair da cama —, você já fez meia dúzia de julgamentos que mudaram o rumo do seu dia. Mas você precisava mesmo julgar essas coisas? As coisas com as quais nos deparamos não são, na maioria das vezes, totalmente neutras? Não podemos simplesmente reconhecer sua existência e deixar que sigam seu curso sem precisar colocar um rótulo nelas?

Se não formarmos um julgamento a respeito de determinada coisa, é menos provável que a fiquemos remoendo (caso seja "ruim") ou fixados nela, criando apego (caso seja "boa", como elogios de seu chefe ou de um cliente).

Quando fazemos pouco ou nenhum julgamento, ficamos mais propensos a deixar a vida seguir e a vivenciar tudo de forma mais aberta e não reativa. Tarefas, relacionamentos e a mera experiência da vida se tornam muito mais fáceis quando não estamos enchendo cada coisinha com julgamentos. As coisas não ficam emperradas. Não ficamos angustiados e remoendo algo que deu errado na segunda-feira quando já é quinta e o que nos aborreceu passou faz tempo.

É simples assim: quando paramos de rotular as coisas, a vida de repente fica muito mais fácil. Ela simplesmente acontece. Uma coisa dá lugar à outra, e não ficamos estagnados.

Pense em como seu trabalho seria mais fácil se você não julgasse seus colegas como se fossem concorrentes, seu chefe como se fosse um monstro ou o trabalho que lhe foi dado como se fosse um fardo tedioso.

Não julgar as coisas não significa deixar seu cérebro ou sua intuição em casa e se recusar a absorver informações ou indícios; significa apenas que tentamos não julgar *cada coisinha*.

A vida a nosso favor

Os estoicos — assim como os taoistas, iogues e professores espirituais como Eckhart Tolle — acreditam que a vida está a nosso favor, e não contra nós, e que, se resistirmos a ela, perderemos sua tranquilidade e recompensas. Em vez disso, ficamos presos a um padrão negativo de resistência, pessimismo, tensão, conflito e dor.

Segundo Marco Aurélio:

> A verdadeira compreensão é ver os eventos da vida desta forma: "Você está aqui para o meu bem, embora os rumores digam o contrário." E tudo se torna vantajoso quando se encara uma situação da seguinte maneira: você é exatamente o que eu estava procurando. Na verdade, tudo o que surge na vida é o material certo para promover o seu crescimento e o crescimento de todos ao seu redor. Isso, em uma palavra, é arte — e essa arte chamada "vida" é uma prática adequada tanto para homens quanto para deuses. Tudo contém algum propósito especial e uma bênção oculta; portanto, o que poderia ser estranho ou árduo quando toda a vida está aqui para recebê-lo como um velho e fiel amigo?

Os estoicos, em sua sabedoria inata, perceberam a importância de dominar nossa percepção do mundo. Podemos nos perder em nossas mentes críticas. Os estoicos buscavam crenças verdadeiras e objetivas (fazendo uso do poder da racionalidade), e não julgamentos de valor desnecessários.

Quase sempre somos mais severos com nós mesmos

Talvez a forma de julgamento mais tóxica e generalizada seja aquela que despejamos sobre nós mesmos. Não falaríamos com nosso pior inimigo da forma que muitas vezes falamos conosco. Um exemplo: eu estava me sentindo cansada no meio do dia. Era quase Natal e eu havia tido um ano intenso. Poderia fazer uma pausa e dormir por uma hora para me revigorar. Foi o que fiz — mas com muita autocrítica. Quando me deitei na cama e programei o despertador para dali a uma hora, eu me condenei por ser fraca e precisar de um cochilo. Eu me rotulava como preguiçosa por não ser capaz de trabalhar cansada em uma tarde quente; condenava meu corpo e minha mente por me decepcionarem e precisarem de descanso. Foi somente quando acordei me sentindo revigorada que percebi todo o julgamento negativo que havia feito de mim mesma por causa de uma hora de um cochilo totalmente inofensivo. Percebi que precisava me atentar à maneira como andava falando comigo, pois meu julgamento interno havia subido a um nível bem insensível e severo sem que eu percebesse.

Como podemos então aprender a deixar de lado os julgamentos?

Observe suas reações

Nossos julgamentos e reações estão intimamente ligados. Fazemos um julgamento e depois reagimos (ou o contrário: temos uma reação e depois a julgamos). Às vezes, nossas reações são puramente fisiológicas: queimamos a mão na chama, então a retiramos rapidamente do fogão. Outras reações são psicológicas e vêm de nossos julgamentos.

A forma como reagimos depende do fato de considerarmos algo bom ou ruim.

Pense em como você reage às coisas. A maioria das reações é totalmente inconsciente, mas segue um ciclo de ação, reação e contração sem nem mesmo estarmos cientes. A ação é sua: digamos, por exemplo, que você discuta com seu cônjuge ou colega de quarto sobre as tarefas domésticas. *A pessoa não ajuda em nada! Você faz a maior parte do trabalho!* Depois, a reação: a discussão deixa você irritado. Em seguida, a contração: você se retrai e fica remoendo o que foi observado.

Esse é o nosso padrão inconsciente habitual, que se repete em todo conflito. Os estoicos acreditavam que as reações estão sob nosso controle e, portanto, temos a capacidade de quebrar esse ciclo inconsciente de conflito reativo.

Embora não seja possível mudar a forma como as pessoas te tratam, é possível mudar a maneira como você reage.

Controlando suas reações

Você pode controlar suas reações às situações, mas isso nem sempre é fácil.

Digamos que você tenha sofrido um pequeno acidente de carro e o outro motorista perca a cabeça e comece a insultar você. O que está sob seu controle é a forma como você reage. Nessa situação, a melhor reação é manter a calma e não perder o controle. Lembre-se: ação, reação, contração. Você não pode se contrair se não reagir.

Pode-se argumentar que você obviamente vai reagir quando alguém te insultar. Afinal, você não é um robô.

É normal que sentimentos e emoções aflorem. Provavelmente o clima não vai ser bom se, no caso do pequeno acidente de carro, o outro motorista estiver gritando com você. Mas você pode fazer uso do seu bom senso e decidir que, já que não pode controlar o que ele diz ou pensa a seu respeito, não faz sentido se preocupar com isso ou ser reativo.

De qualquer forma, ao te insultar, ele já comprometeu seu caráter, o que é a coisa mais grave que pode acontecer de acordo com os estoicos.

Marco Aurélio disse: "Algo só pode arruinar a sua vida se o seu caráter for arruinado. Caso contrário, você não será prejudicado — por dentro ou por fora."

Como se impedir de reagir a um insulto?

Você se impede de reagir a um insulto ou de ter um comportamento agressivo controlando sua reação emocional. Há duas formas principais de emoção: as que surgem do que os estoicos chamavam de "impressões" e as que surgem dos nossos julgamentos. As impressões geralmente não estão sob nosso controle. Elas têm origem quase fisiológica, como um rubor ou o exemplo do fogão aceso que citei anteriormente. São diferentes de um julgamento, que pode ser controlado.

Uma impressão é uma reação inicial, quase um instinto animal de medo, desconfiança, desejo, inveja ou prazer. Um estoico registraria a impressão, mas depois usaria a razão para superá-la, caso ela perturbasse sua tranquilidade ou não lhe servisse de alguma forma. Assim, se você tem uma reação de medo, digamos, diante de um barulho alto e inesperado, mas depois descobre que é apenas um pneu de carro estourando nas proximidades, você regula sua reação para não sentir medo, o impacto da impressão passa a ser sutil e, como resultado, não há contração. Você não foi tirado daquela zona de tranquilidade que deveria ser o seu estado básico de repouso.

Não se pode controlar as impressões, mas também não se deve reagir impulsivamente a elas, ensinam os estoicos. Epiteto disse: "Lembre-se de que não basta ser atingido ou insultado para ser prejudicado, você deve acreditar que está sendo prejudicado." Ele também falou: "Se alguém consegue provocá-lo, perceba que sua mente é conivente com essa provocação."

É por isso que é essencial que você não responda às impressões de maneira impulsiva. Pare um pouco antes de reagir e verá que é mais fácil manter o controle.

O estoico grego Crisipo comparou as emoções a correr muito rápido. Quando você entra totalmente no ritmo de uma emoção, é difícil parar. A ideia é desacelerar suas emoções — ou pelo menos tomar consciência delas à medida que vão surgindo — e, ao desacelerá-las, reformular ou reavaliar seu julgamento. Os estoicos chamam essa técnica de "reenquadramento".

Por exemplo, você poderia pensar — ou julgar — que um colega que resmungou depois de você cumprimentá-lo pela manhã não gosta ou está insatisfeito com você. Quantas vezes fazemos isso? Provavelmente com mais frequência do que imaginamos. Essa reação negativa ao resmungo pode ser seu julgamento inicial. O estoicismo pede que você desacelere totalmente a emoção e o julgamento e os reenquadre. Você tem mesmo informações suficientes para saber se o cumprimento seco se deve a algo que você tenha feito? É possível que não tenha nada a ver com você? Talvez o seu colega estivesse tendo um dia terrível, ou tivesse brigado com o companheiro logo antes de ir para o escritório, ou talvez tenha uma reunião de trabalho importante, envolvendo algumas conversas complicadas sobre determinado contrato? Você não sabe o que está acontecendo com essa pessoa — mas muitas vezes nos apressamos em fazer um julgamento. Fazemos com que tudo gire em torno de nós.

Talvez você seja como eu e esteja sempre brigando mentalmente com as pessoas pela maneira como elas olharam ou falaram com você. Esses pensamentos, sem base em qualquer informação real, geralmente surgem porque sou muito rápida em julgar uma situação.

As consequências podem ser péssimas. A menos que reavaliemos um julgamento inicial, ficamos presos a essas crenças equivocadas e às primeiras impressões confusas que circulam em nossas cabeças. Talvez você carregue esse mau julgamento com você por horas, arruinando o seu dia e deixando-o paranoico e inseguro. Talvez você seja grosseiro com outros colegas de trabalho porque está preocupado com essa suposta ofensa. "Roger me odeia", você dirá a si mesmo, quando na verdade Roger pode ter passado a noite em claro com o filho doente e à tarde tem uma reunião com o sindicato sobre a redução de suas horas de trabalho. Roger nem mesmo *te viu* quando você deu "oi".

Um julgamento apressado pode causar emoções negativas. Além de carregar uma história falsa sobre seu colega o dia inteiro e criar um inimigo em sua cabeça, você também perturbou sua tranquilidade de maneira significativa. Um estoico evita fazer julgamentos precipitados para manter a tranquilidade. É menos provável que você seja perturbado internamente se não sair por aí rotulando tudo o que cruza seu caminho.

Sêneca sabia disso quando disse que "o que importa não é o erro cometido, mas como ele é recebido". Marco Aurélio também escreveu sobre como os resultados de um julgamento equivocado podem nos causar dor. Ele disse: "Se você está angustiado com alguma coisa externa, a dor não se deve à coisa em si, mas à sua avaliação dela; e isso você tem o poder de revogar a qualquer momento." Portanto, recupere o seu poder!

> **USANDO A RACIONALIDADE E PENSANDO À FRENTE**
>
> À primeira vista, é fácil imaginar que negar ou suprimir um sentimento pode causar algum problema psicológico no futuro. No entanto, essa técnica não é tanto sobre suprimir sentimentos, e, sim, sobre usar a racionalidade para avaliar se dar atenção ao sentimento levará ao sofrimento.

O que acontece se você não julgar uma situação?

Sem julgamento, ocorre a aceitação de uma situação como ela é. Os julgamentos podem causar resistência, o que leva a uma falta de aceitação do momento presente.

Sem julgamentos, evitamos o ciclo do "deveria ter": meu chefe *deveria ter* me dado um aumento, ou meu marido *deveria ter* me ajudado no jantar. Em vez disso, simplesmente aceitamos a situação — o momento presente — como ela é. A aceitação do momento presente, sem julgamentos, comparações ou medo, pode ser transformadora. De repente, não estamos lutando contra a vida, desejando que ela fosse diferente e rejeitando o que temos. Marco Aurélio escreveu (em uma de minhas frases favoritas): "Aceite as coisas às quais o destino o une, e ame as pessoas com quem o destino o aproxima, mas faça isso com todo o seu coração."

O que devemos julgar?

Para isso, vamos analisar novamente o teste de controle. Não temos controle sobre a maneira como as outras pessoas agem nem sobre suas reações, portanto, é improvável que nosso julgamento sobre elas seja útil ou eficaz. Julgar outra pessoa não garante que ela mude seu comportamento, já que o comportamento dela não depende de nós. Além disso — como todos nós sabemos —, podemos sentir quando alguém está nos julgando, e isso pode ser muito desagradável.

Em vez de tentar controlar os outros, um estoico tentaria persuadir alguém a regular seu comportamento ou agir como um modelo para que a outra pessoa possa se espelhar ou copiar comportamentos diferentes.

Um possível exemplo: você mora com alguém que bebe demais. Essa pessoa costuma se embebedar algumas noites por semana e arruinar os planos que você fez para a noite por estar bêbada demais para fazer qualquer coisa. Como consequência, você vai para a cama chateado e agitado.

Você pode julgar essa pessoa por beber (seria difícil não julgar!). Mas você *não* tem controle sobre o consumo de álcool dessa pessoa: isso depende dela. Você pode convencê-la de que beber demais faz mal (isso é tanto um julgamento quanto um fato), mas o melhor que pode fazer é ser um modelo de comportamento correto. Se estiver criticando alguém que bebe enquanto você também bebe uma ou mais garrafas de vinho por noite, é improvável que isso incentive essa pessoa a parar ou diminuir o ritmo.

Em vez disso, um estoico recomendaria não julgar algo que não depende de nós. A única coisa a ser julgada é aquilo que *depende de nós* — isto é, nossas próprias ações.

Sem sermos muito severos ou nos punirmos, a única pessoa que você deve julgar é você mesmo. Afinal, você é quem conhece melhor o seu caráter, e você, mais do que ninguém, deve ter uma compreensão clara do que fez, por que agiu de determinada maneira e quais foram as consequências de suas ações.

Epiteto fez um resumo disso quando falou: "Não temos conhecimento das histórias por trás das ações das pessoas, portanto, devemos ser pacientes com os outros e suspender o julgamento, reconhecendo os limites de nossa compreensão."

Por mais difícil que seja, você não deve permitir que o consumo alcoólico de outra pessoa o perturbe. Você certamente pode tentar persuadi-la a não beber, mas, depois disso, não adianta se ressentir, discutir ou ficar remoendo sobre o comportamento dela. As pessoas só podem controlar diretamente suas próprias ações, não as ações dos outros.

Quais critérios você deve usar para julgar?

Tentar encontrar a verdade da questão — e olhar além de nossos julgamentos subjetivos — é a chave para viver na realidade.

Marco Aurélio escreveu: "Tudo o que ouvimos é uma opinião, não um fato. Tudo o que vemos é uma perspectiva, não a verdade."

Como ser guiado pela razão, e não por desejos ou julgamentos? Como viver na realidade, e não em um mundo de fantasia? Como estar acordado, e não dormindo? Como ver o mundo como ele realmente é, e não como você quer vê-lo?

A maneira como vemos e processamos o mundo ao nosso redor difere de pessoa para pessoa. Eu vejo o mundo do meu ponto de vista, ele flui através de meus sentidos e, portanto, tudo o que experimento é por meio da minha percepção. Isso é tão automático — essa percepção de que tudo que julgo é em relação a mim mesma —, que nem sequer questiono minha perspectiva. Nossos pontos cegos individuais demonstram o quanto somos de fato centrados em nossas experiências de mundo. Vemos a nós mesmos como a estrela do show; nossa percepção informa como o show se desenrola, e as pessoas ao nosso redor são nossas coadjuvantes ou figurantes nos dramas de nossas vidas.

Pensamos tão pouco sobre nossas percepções que ficamos chocados ao perceber que cada pessoa anda por aí considerando que *ela* é a estrela do show e que somos apenas coadjuvantes na vida *dela*. Todos vivem com sua própria visão da realidade. Não é de admirar que seja difícil se conectar de verdade com as pessoas; é fácil se sentir deslocado ou alienado, ou se sentir frustrado e decepcionado quando as outras pessoas não nos tratam de acordo com *nossas* percepções e expectativas.

É importante levar em conta a noção de percepção por vários motivos.

Sua percepção pode estar equivocada
Sua percepção pode estar equivocada — e, como resultado, você não vê o mundo como ele é, e sim de acordo com alguma posição ou projeção incorreta que você mantém. Pode ser esse o caso em relacionamentos assimétricos: situação não rara em que você investe mais na outra pessoa do que ela em você. Você pode achar que determinada pessoa é um amigo especial ou dona de uma compreensão única a seu respeito, ou que seu relacionamento com ela é mais intenso e íntimo do que o de outras amizades — mas daí tem o choque de descobrir (com mais frequência do que imaginamos) que a outra pessoa nem pensa tanto em você! Suas realidades estão completamente desalinhadas. Embora ela compartilhe o estrelato no seu show, você mal entra em cena no dela. Um estudo realizado por Abdullah Almaatouq e seus colegas do Media Lab do Massachusetts Institute of Technology em 2016 mostrou que apenas metade das nossas amizades é recíproca: "Ao analisar diversos experimentos com pesquisas autorrelatadas sobre relacionamento, descobrimos que existe a expectativa de que a grande maioria das amizades seja recíproca, enquanto, na verdade, apenas cerca de metade delas é de fato recíproca. Essas descobertas sugerem uma profunda incapacidade das pessoas em perceber a reciprocidade da amizade, talvez porque a possibilidade de uma amizade não recíproca desafie a imagem que temos de nós mesmos." A culpa por esse ponto cego foi atribuída, em cheio, à percepção equivocada.

Sua percepção pode não ser compartilhada
A compreensão de que as pessoas ao nosso redor podem interpretar o mundo com percepções muito diferentes — algumas delas equivocadas, outras corretas — pode nos ajudar a transitar pela vida em comunidade com mais habilidade. Isso nos ajuda a entender melhor as divergências em nossa sociedade: em tudo, desde a divisão do trabalho doméstico e a criação dos filhos até a vacinação compulsória e os resultados das eleições.

Na era das fake news e da desinformação generalizada que afeta o cerne da democracia e a própria noção de verdade, examinar nossas crenças e percepções — revirando-as e expondo-as à luz — é mais importante do que nunca. O mesmo vale para a compreensão de que outras pessoas têm percepções e realidades diferentes, e que agem de acordo com elas. Ou seja, agem como se a visão que possuem da realidade fosse a correta. Podemos entender e talvez ser mais compassivos com o próximo se pudermos ver de onde partem suas ideias, mesmo que as premissas sejam falsas ou algo de que discordamos. Podemos aplicar a razão e a clareza em suas percepções e assim chegar à verdade.

Percepções podem ser mudadas
Você pode mudar sua experiência de mundo ao perceber que suas percepções e seu lugar aqui podem ser alterados e aprimorados ao ajustar seu foco e sua visão. Pergunte: quanto da realidade é impregnada por nossas emoções e nossos julgamentos? "As coisas por si só não são nem boas, nem más; o pensamento é o que as torna desse ou daquele jeito",* escreveu Shakespeare em *Hamlet*, ecoando um princípio estoico. As percepções podem ser alteradas com o acréscimo de novas informações ou por meio de uma autoavaliação rigorosa, que elimina as fantasias e os desejos que você possa ter. Esse processo envolve avaliar os possíveis julgamentos e emoções sobre determinada situação ou pessoa que talvez você não esteja vendo com clareza.

Pense em quando foi a última vez que teve uma queda por alguém. É provável que você tenha começado pensando que aquela era a pessoa mais bonita, mais inteligente e mais espirituosa que já conheceu. Mas, quando a paixão passa, nossas percepções mudam — e o objeto do desejo cai do pedestal. Começamos a perceber que ela só fala de si o tempo todo, ou que tem um nariz torto. Seja como for, a pessoa ainda é a mesma, mas suas percepções mudaram. O mesmo acontece em muitos relacionamentos românticos que se baseiam no enaltecimento das qualidades do outro por meio da imaginação. Quando o truque da imaginação — ou da percepção — falha, o relacionamento também pode falhar.

Quando você se compromete de verdade a avaliar sua percepção através da racionalidade e da razão, o resultado é semelhante a adquirir um

---

* Tradução de Carlos Alberto Nunes *(Shakespeare de A a Z*, seleção de Sergio Faraco, Porto Alegre: Ed. L&PM, 1998).

novo par de óculos com um grau maior e mais preciso. Você simplesmente consegue ver as coisas melhor. Tudo fica mais claro, inclusive o caminho a seguir. Quando vemos as coisas com clareza, também podemos ver uma saída ou maneira de superar uma situação difícil.

Como muitas das coisas que discutimos até agora, mudar nossas percepções para torná-las mais alinhadas com a realidade — e menos alinhadas com nossa experiência subjetiva — envolve direcionar nossa atenção consciente para uma determinada situação e examinar nosso pensamento — incluindo nossos preconceitos e motivações.

Deixe a vida acontecer

Ter consciência da realidade é não sobrecarregar nossa percepção com questões pessoais, desejos, vontades, histórias, identidades de grupo e queixas — é deixar que a vida simplesmente aconteça e fazer um balanço dela por meio de nossa razão.

Não é isso o que acontece com a maioria. A realidade se desdobra, mas fica estagnada. Nós a sobrecarregamos com nossos julgamentos; temos um subconsciente poderoso que influencia nossos pensamentos e ações; temos lembranças e gatilhos; temos desejos ou queremos mais do momento presente do que aquilo que ele nos dá; temos reações, projeções e antigas feridas que são reabertas.

Criamos histórias em torno das coisas ou das pessoas; e são as histórias, e não as coisas em si, que criam nossas perturbações ou nossos desejos. Sêneca disse: "Não é a atividade que perturba as pessoas, são as falsas concepções das coisas que as deixam loucas."

Essa "falsa concepção" de que Sêneca falou é a história que carregamos em nossa cabeça. Ou, como disse o poeta irlandês W.B. Yeats, em "The Circus Animals' Desertion", "foi o próprio sonho que me encantou". Essa história, esse sonho ou esse encantamento não passaria em nenhum teste de racionalidade. É uma fantasia. Marco Aurélio escreveu: "Recupere seus sentidos, chame a si mesmo de volta e desperte mais uma vez. Agora que percebe que eram apenas os sonhos a lhe perturbar, veja essa 'realidade' da mesma forma que vê seus sonhos."

Evitando o sofrimento ao conhecer a realidade

Diferentes filosofias e religiões incorporaram em seus ensinamentos os problemas e perigos de nossas percepções individuais e equivocadas.

Grandes mestres espirituais conheciam o sofrimento que poderia resultar de percepções desalinhadas com a realidade (ou com a natureza).

O padre jesuíta Anthony de Mello disse que uma das mudanças mais importantes que uma pessoa pode fazer é reconhecer a "realidade" em vez de existir na fantasia de uma percepção subjetiva. Ele disse: "Acorde. Quando você estiver pronto para trocar suas ilusões pela realidade, quando estiver pronto para trocar seus sonhos por fatos, você encontrará tudo. É nesse momento que a vida finalmente se torna significativa. A vida se torna bela."

Não é isso o que todos nós queremos? Que a vida seja bela?

Ver o mundo como ele é de fato (o que De Mello chamou de "realidade"; o que Aurélio chamou de "despertar") é uma parte fundamental do estoicismo. Como Marco Aurélio escreveu em seu diário: "A primeira regra é manter um espírito tranquilo. A segunda é olhar as coisas de frente e conhecê-las como elas são." (Ou como Michael Cunningham escreveu em *As horas*, em um eco do estoicismo: "Olhe bem a vida. Sempre olhe bem a vida. E veja-a como ela é. Entenda-a, finalmente. Ame-a pelo que ela é e, então, deixa-a partir.")

Olhar para a realidade de uma situação, ter discernimento, clareza e encarar as coisas como elas são é a chave para um sofrimento menor, não maior. Temos medo da dor de encarar as coisas como elas são, principalmente se for uma realidade capaz de nos assustar ou desfazer uma fantasia que tínhamos a respeito de nossas vidas. Um exemplo comum nesse caso pode ser o diagnóstico de uma doença com prognóstico ruim: talvez três meses de vida. Quem quer digerir essa notícia de maneira nua e crua?

Não seria melhor dourar a pílula? Receber opiniões esperançosas? Mas uma situação difícil exige coragem, não diluição da realidade. Precisamos saber qual é a realidade e depois enfrentá-la com coragem e sabedoria (e a sabedoria nunca floresceu sem a verdade), e assim superar uma situação difícil.

A realidade não pode nos prejudicar

Muitas vezes não queremos ver a realidade porque achamos que ela pode nos ferir ou perturbar. Mas isso não vai acontecer. É libertador parar de viver em um mundo de fantasia; no fim das contas, *reconhecer a realidade* causa menos sofrimento. Quando encaramos a realidade, não há surpresas nem aborrecimentos, pois tudo está diante de nós. Retirar as lentes da ilusão e ver que o mundo contém sofrimento, mas também alegria, perda, mas também ganho, morte, mas também vida — e que estaremos sujeitos a todas essas coisas —, é a chave para essa clareza.

Quando nos comprometemos a encarar a realidade, descobrimos que ficamos menos surpresos ou chateados com as coisas, porque as encaramos como são, graças à nossa percepção clara. "Como é ridículo e estranho ficar surpreso com qualquer coisa que aconteça na vida", diz Marco Aurélio a respeito da clareza que ilumina.

Os critérios a serem aplicados quando julgamos a nós mesmos

É assim que devemos ver a realidade, mas e quanto à maneira como nos vemos? Bem, de forma igualmente clara e realista — porém, devemos avaliar o nosso progresso e a nós mesmos de acordo com um conjunto interno de princípios. Os estoicos julgavam a si mesmos segundo os princípios estoicos. Eles se perguntavam: estou alinhado com a natureza? Estou utilizando ou cultivando as quatro virtudes — sabedoria, temperança, justiça e coragem? Estou tranquilo? Uso a razão? Qual o estado do meu caráter?

Para julgar a si mesmos de maneira efetiva (e não fazer julgamentos negativos de forma automática e irrefletida), os estoicos se dedicavam a exercícios como escrever diários, contemplação e autoavaliação.

Todas as noites, Sêneca escrevia em seu diário, examinando seu dia, a maneira como agiu e se poderia melhorar. E Marco Aurélio era conhecido por registrar seus pensamentos e observações em um diário intitulado "Pensamentos para mim mesmo" (*Meditações*). O diário era uma autoinvestigação para descobrir como seu próprio caráter resistia aos testes do dia de acordo com princípios estoicos.

Pessoas de todo o mundo e ao longo da história têm recorrido às *Meditações* em busca de consolo, orientação e clareza.

Equilibrando emoções e razão

Concordo com a filósofa Martha Nussbaum: as emoções são complexas e não apenas "explosões irracionais de afeto". Também concordo com Andrew (e Crisipo), no sentido de que desacelerar as reações e os julgamentos nos leva a ter reações mais racionais do que instintivas. Isso pode ser muito benéfico para nós, para o próximo e para a sociedade como um todo. Precisamos de menos pessoas raivosas e reativas no mundo, não mais. (Falarei mais sobre a raiva no próximo capítulo, "Como ficar calmo", pois os estoicos dedicaram muito tempo e energia analisando-a.)

Diminuir a velocidade de uma resposta emocional não é a mesma coisa que ignorar fortes sentimentos intuitivos ou ser desprovido de emoções. Os estoicos se esforçavam para experimentar emoções como alegria e contentamento, mas tomavam o cuidado de tentar encontrar um equilíbrio. Eles questionavam os julgamentos negativos que podem levar a emoções perturbadoras. Não seria melhor remover as emoções perturbadoras? Não seria preferível ter uma vida rica em positividade e alegria, e pobre em negatividade e sofrimento? Isso é possível, se você tentar dominar seus julgamentos.

Quando ficamos atentos aos nossos julgamentos, temos menos chances de nos aborrecermos — e uma maior probabilidade de mantermos o tão desejado estado de tranquilidade. Como já discutimos, a tranquilidade era muito importante para os estoicos. Eles viviam em tempos brutais, e muitas coisas não estavam sob o controle do indivíduo. Mas os estoicos gregos e romanos, pensadores altamente sofisticados, reconheciam que, caso mantivessem um estado de tranquilidade, acontecimentos que estivessem fora de seu controle não os perturbaria ou machucaria, e eles poderiam aproveitar ao máximo sua preciosa vida aqui na Terra.

Os estoicos também procuravam viver na realidade, não em um mundo de fantasia. Eles reconheciam que nossas mentes e nossa imaginação criavam falsas feridas sobre as quais nos detemos: ofensas ou insultos imaginados, queixas e ressentimentos que já passaram há muito tempo (como o exemplo de interpretar mal o cumprimento hostil de um colega). Como disse Sêneca, "sofremos mais na imaginação do que na realidade". O quanto sofremos, na verdade, depende de nós.

Maldito desejo

O maior problema que eu enfrentava em relação aos julgamentos era o desejo. Somos programados biológica, inconsciente e neurologicamente para desejar determinadas coisas. O desejo pode ser forte, até avassalador, e toda a racionalidade do mundo talvez se torne insignificante quando tentamos afastar alguns deles, especialmente os românticos e sexuais. E ainda há a questão: será que queremos mesmo superá-lo? Martha Nussbaum questionou, não sem razão, como é possível ter uma vida apaixonada se você desconfia das paixões: "É possível viver no reino da razão, da forma como os estoicos o entendem, e ainda ser uma criatura de admiração, pesar e amor?"

Eu queria ser uma criatura de admiração, pesar e amor. Caso contrário, a vida não vale a pena ser vivida.

No fim da vida, deveríamos estar exaustos de amor: exaustos por termos vivido não com cuidado, mas de coração totalmente aberto. Como conciliar uma vida apaixonada com a insistência do estoicismo na racionalidade?

Podemos tentar treinar nosso cérebro racional para que ele seja o primeiro a responder, mas até que ponto isso pode ser realista *o tempo todo*?

E a primeira vez que você vê o amor da sua vida, ou o sentimento que surge quando seu filho nasce e você tem a certeza de que mataria por ele se fosse necessário?

De toda forma, acho que o uso estoico da racionalidade pode ajudar a diminuir o sofrimento decorrente do desejo, mas não consegue erradicá-lo por completo. Somos mais complicados do que isso. Sonhos, impulsos estranhos, intuição, lapsos de linguagem, comportamento inexplicável: tudo aponta para uma área fervilhante, sob a consciência, que resiste à aplicação da racionalidade.

O pensamento racional não é nosso único sistema operacional em ação. O *comportamento inexplicável* faz parte da condição humana. Não somos IA (ainda), capazes de programar todos os aspectos problemáticos de nossas reações e de nossos desejos, embora os antigos estoicos tenham tentado, de forma brilhante, projetar uma versão inicial de um sistema que nos ajuda a sermos menos suscetíveis às dores, rejeições e vulnerabilidades do amor e às mudanças repentinas e negativas da sorte.

Houve um grande avanço na neurociência, no conhecimento da química cerebral e na psicologia desde que os estoicos formularam seu sistema há milhares de anos. O desejo é um impulso poderoso, com frequência biológico, capaz de superar com facilidade o pensamento racional. Quantas vezes você ou seus amigos acabaram ficando com um parceiro terrível e inadequado porque a parte racional de seu cérebro foi derrotada pelo desejo? Crisipo recomendou que desaceleremos nossas reações, para que a racionalidade tenha fôlego e espaço para entrar. Mas e quanto à nossa natureza humana? É parte de nossa natureza amar como loucos e sofrer intensamente.

Utilizo a abordagem estoica para a racionalidade e, sem dúvida, tenho moderado muito mais meus julgamentos desde que embarquei nessa jornada. Mas, em relação ao desejo e ao amor, sou uma estoica imperfeita.

Não se trata apenas de amor e atração sexual, mas também do pesar. Trataremos do luto na Parte 3, mas a parte animalesca de nossa natureza e nossos corações selvagens e indisciplinados podem ser difíceis de domar. Então surge a pergunta: apesar de toda a dor do amor e do luto, nós gostaríamos que fosse diferente?

Parte 2
A VIDA E SEUS ABSURDOS

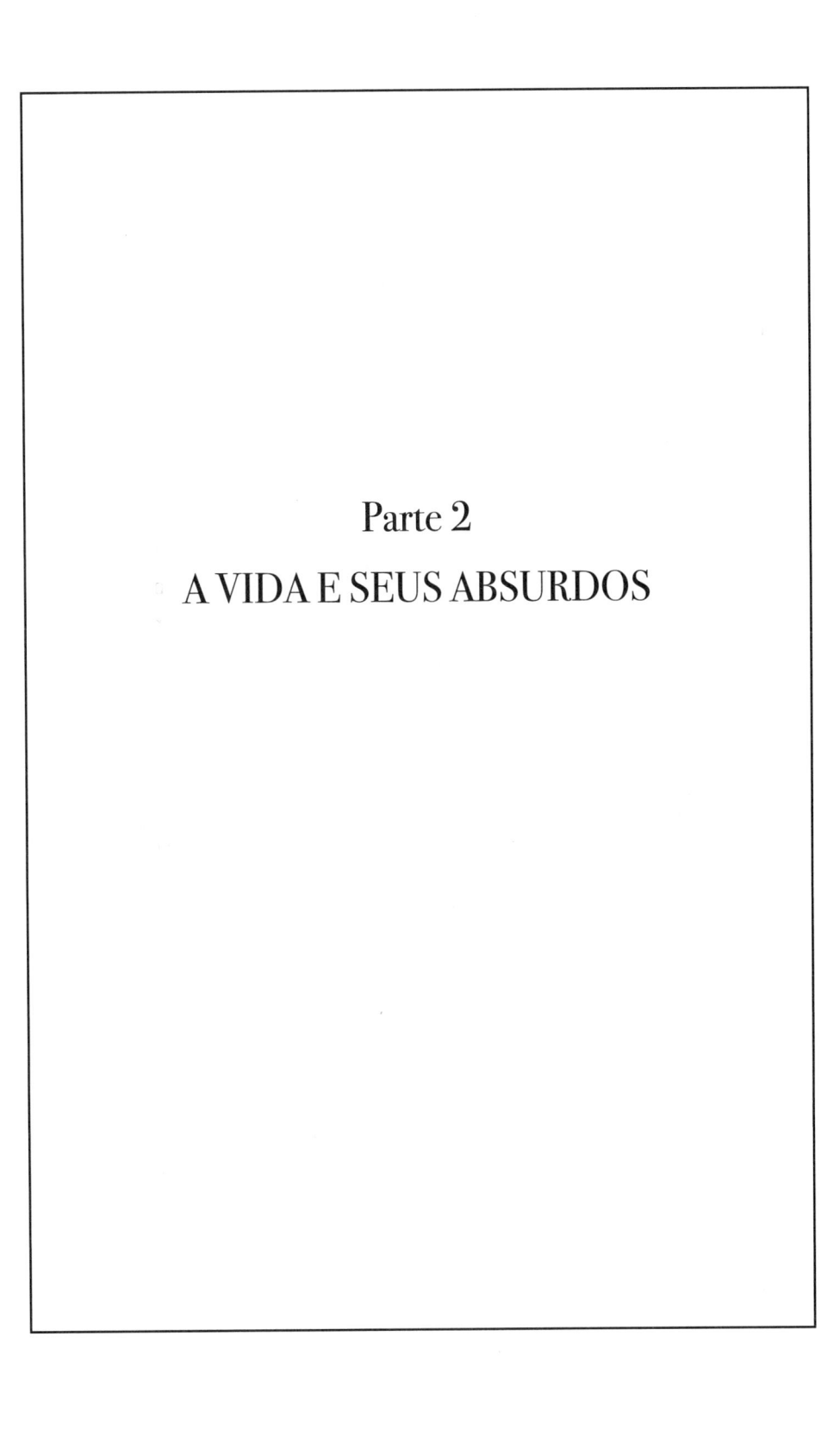

"Não existe um caminho fácil da Terra para as estrelas."

— Sêneca

"Olhe para o passado, com seus impérios inconstantes que se ergueram e caíram, e você também poderá prever o futuro."

— Marco Aurélio

"Quando achar que foi prejudicado, aplique esta regra: se a comunidade não foi prejudicada por isso, eu também não fui. E, caso tenha sido, a raiva não é a solução. Mostre ao infrator onde ele errou."

— Marco Aurélio

A vida estava mudando. Os estoicos me ensinaram que ela sempre muda e também a seguir com a mudança. Deixei a casa em Tamarama, com sua banheira no quintal, a imponente árvore de eucalipto, o maço de sálvia queimado no corredor e os inquilinos que tocavam órgão de fole. O contrato de sublocação estava chegando ao fim e era hora de voltar para casa em Victoria. A mudança estava no ar, o clima era de que talvez a pandemia estivesse desacelerando (não estava) e a vida voltaria ao normal (não voltaria). Eu sentiria falta da praia e das caminhadas estoicas improvisadas na companhia de Andrew — mas ele também estava se mudando para longe da praia.

Para cada coisa há um tempo.

Eu precisaria trilhar essa nova etapa da jornada estoica por conta própria. Nas palavras de Hécato, filósofo estoico grego cujos escritos agora existem apenas em fragmentos: "Você me pergunta que progresso fiz? Eu comecei a ser amigo de mim mesmo."

Eu estava entrando na cadência do estoicismo. Já havia dominado o básico e agora aplicava a teoria à minha própria vida. Tinha começado a ser amiga de mim mesma.

Logo notei mudanças na forma como via o mundo e lidava com o estresse, mas elas eram sutis, imperceptíveis para quem estava de fora. Mesmo assim, houve mudanças.

Comecei a analisar as coisas sob um olhar estoico e levava sempre comigo um caderno de anotações para poder desenhar um fluxograma do teste de controle toda vez que me sentisse ansiosa com alguma coisa ou precisasse tomar uma decisão. E mantive os indiferentes preferíveis em mente quando começava a me apegar a coisas que poderia perder a qualquer momento.

Mas ainda lutava para controlar minhas emoções. Desejo ainda era desejo — e nem todo o estoicismo do mundo mudaria isso. Mas agora eu sabia até onde o desejo poderia levar: ao apego, a querer algo ou alguém que estava fora do meu controle, a ter minha tranquilidade perturbada. Quando o desejo se manifestava, eu tentava empregar a racionalidade estoica (a água para o fogo do desejo) e encontrava algum grau de desapego.

Com o passar dos meses, também notei que meu temperamento começou a se equilibrar. Esse amadurecimento se relacionava à idade ou ao estoicismo? De qualquer forma, estava ficando mais calma. Mas, na maior parte do tempo, o estoicismo ainda não era algo natural para mim. Eu precisava me esforçar muito, me lembrar de usá-lo, voltar ao essencial e à teoria. Tudo era um pouco desajeitado e, na maioria das vezes, eu me sentia como uma criança tentando aprender a andar de bicicleta.

Em que momento, eu me perguntava cansada, fazemos a transição da prática esporádica do estoicismo para nos tornamos de fato *estoicos*?

Além de postar citações estoicas no Instagram e conversar sobre a filosofia com Andrew, eu realmente não compartilhava muito do estoicismo com outras pessoas desde a época do meu grupo de WhatsApp em 2019. Mas então, em meados de 2021, minha amiga e colega de trabalho Jo ficou muito doente. Que fique bem claro: MUITO DOENTE MESMO. No mês anterior, ela não estivera se sentido muito bem: "Alguma coisa misteriosa no estômago", contou. Sydney estava em lockdown em 2021, e nós duas havíamos saído para caminhar por Redfern e Surry Hills, no ponto em que nossos raios de 10 quilômetros se cruzavam. Era inverno, fazia frio e o céu no final da tarde estava monocromático, entre o branco e o cinza. Depois de ouvir sobre como tinha sido horrível no hospital, nós conversamos sobre nossas vidas encolhidas no confinamento: o que estávamos lendo, cozinhando, pensando, assistindo, maratonando. Tudo parecia tão apagado quanto o céu. Durante a caminhada, Jo parecia um pouco pálida e caminhava devagar, mas, fora isso, parecia bem.

Ao voltar para casa após a caminhada, Jo começou a sentir fortes dores e teve de ser levada de volta ao hospital. Após uma semana de exames, descobriu-se que ela tinha câncer de intestino e precisava operar e, em seguida, fazer quimioterapia. Jo era uma pessoa saudável de 36 anos, e essa notícia terrível veio do nada. Por ser uma pessoa muito querida em nossa redação e figura popular nos meios de comunicação de Sydney, todos que conheciam Jo ficaram incrédulos e chocados. Embora não pudéssemos nos reunir pessoalmente, nossa comunidade se mobilizou: as pessoas cozinhavam para ela, entregavam presentes, deixavam cerveja para o namorado dela, mandavam livros e alguns talvez até rezassem por ela. O que eu poderia fazer, além de me sentir impotente? Talvez eu pudesse... me oferecer para ensiná-la sobre estoicismo? (Embora, como ficou claro, ela tivesse muito a me ensinar pela experiência que viveu.)

Mas, ainda assim, hesitei. Será que alguém com uma cirurgia de grande porte marcada, seguida de seis meses de quimioterapia, queria mesmo ouvir o que alguns caras que morreram há quase 2 mil anos disseram? E será que serviria de consolo? Muito do estoicismo era severo e inflexível. Alguém sofrendo, com dor, isolada (a covid-19 nos impedia de visitá-la) e deitada em uma cama de hospital, cercada por outras pessoas que também sentiam dor, não necessariamente ficaria animada com o estoicismo. Afinal de contas, não seria uma distração, pelo contrário: desafiaria Jo a confrontar a realidade de sua situação.

Ensinar o estoicismo a Jo também contradizia algo que Epiteto dissera: "Não explique sua filosofia; incorpore-a." Os antigos estoicos, ao contrário dos cristãos, não gostavam de ser proselitistas em relação às suas crenças. Melhor seria nunca mencionar o estoicismo e apenas seguir em frente sendo um estoico, dessa forma os outros aprenderiam com você ao imitá-lo, e não ouvindo um sermão seu.

E, além disso, eu não era estoica; pelo menos, ainda não. *Eu tentava*, mas era difícil. Talvez alguns tutoriais sobre estoicismo pudessem ajudar a nós duas?

Jo disse que se interessava em aprender sobre o estoicismo, por isso, na maioria dos dias em que esteve no hospital, e depois em casa se recuperando, eu gravava uma mensagem de voz no WhatsApp e enviava para que pudesse ouvir quando quisesse. Cada mensagem continha uma lição estoica, começando pelo teste de controle, passando para os indiferentes preferíveis e depois para o enfrentamento dos contratempos, e alguns macetes mais voltados para a vida moderna: como lidar com o FOMO ("fear of missing out", ou medo de ficar de fora) e encontrar sua cidadela ou fortaleza interior quando se está em uma ala lotada de um hospital público. Aqui estão alguns trechos de nossa conversa no WhatsApp:

Terça-feira, 3 de agosto, 19h13
Brigid: Oooi, Jo, aqui é a Brigid. Vou te mandar umas liçõezinhas estoicas para você ouvir quando tiver vontade — mas a primeira coisa que eu quero falar é sobre o teste de controle.

Terça-feira, 3 de agosto, 22h35
Jo: Eu adorei, inclusive acho que podia ser um podcast.

Quarta-feira, 4 de agosto, 8h47
Brigid: Bom dia, Jo. Como estão as coisas? Esta mensagem é só o básico do teste de controle... Vamos dar uma olhada no caráter, o que eles queriam dizer com isso. Os estoicos acreditavam que era possível trabalhar o caráter, mudá-lo, e acreditavam que um bom caráter compreendia as quatro virtudes...

Sexta-feira, 6 de agosto, 7h
Brigid: Bom dia, Jo, espero que você esteja bem e que tenha dado tudo certo na cirurgia. Já me contaram que foi um grande sucesso. Agora... o estoicismo. Já falamos sobre o teste de controle, o caráter e as virtudes, e hoje vamos falar dos indiferentes preferíveis.
Os estoicos dizem que é preferível querer ser saudável, rico e que as pessoas pensem bem de você, mas essas três coisas estão além do nosso controle, e, embora seja bom tê-las, elas podem ser tiradas de você a qualquer momento. É importante descobrir de verdade aquilo que você pode e o que não pode controlar, e, se não puder controlar, não deve se preocupar com isso. Saúde, riqueza e reputação fazem parte da categoria de coisas que estão fora do seu controle total.

Domingo, 8 de agosto, 8h05
Jo: Já me atualizei, estou adorando.

Segunda-feira, 9 de agosto, 10h57
Brigid: Oi, amiga, como tem passado? Eu estou em casa, prestes a escrever para a minha coluna: esta semana é sobre a Indonésia. Pensei em falar um pouco sobre ataraxia e por que é tão importante manter a tranquilidade. Isso significa estar livre de angústia, preocupação e homeostase emocional...

Terça-feira, 10 de agosto, 10h03
Jo: Eu não odiei a ideia da indiferença aos problemas de saúde (da gravação de sexta-feira). Acho que é isso que estou tentando fazer. Tipo, é impossível não ficar um pouco triste e irritada. Mas acho que tem sido essencial aceitar o que está acontecendo para manter a calma. Está tudo muito além do meu controle. Além disso, acho que ficar o tempo todo perto de outras pessoas doentes faz com que pareça menos injusto: não sou melhor nem mereço mais saúde do que qualquer um desses pobres coitados.

Quarta-feira, 11 de agosto, 11h58
Brigid: Oi, Jo. Espero que você consiga pegar solzinho hoje: o tempo está bom lá fora. Pensei que a gente podia dar uma relaxada — temos falado de coisas pesadas — e conversar sobre algo um pouco mais leve: a contemplação. Os estoicos não inventaram a contemplação, mas a utilizavam bastante. Os estoicos mais conhecidos tinham o hábito de escrever diários: para eles, era uma forma de relembrar o dia e avaliar a maneira como haviam agido, em vez de registrar o que outras pessoas fizeram com eles. Digamos que você e eu tivéssemos discutido na redação, brigado ou coisa do tipo. Se você fosse uma estoica, naquela noite, você escreveria sobre si mesma no diário... Faria um inventário de suas próprias ações. Você não escreve sobre a outra pessoa, porque não pode controlar as ações dela, então precisa se concentrar em si mesma, no que fez e o que poderia fazer melhor...

E assim foi o vai e volta dessa nossa conversa pelo WhatsApp, uma forma de nos conectarmos apesar das barreiras levantadas pelo nosso isolamento.

Descobri que uma das estranhas alegrias de ajudar outras pessoas é que geralmente, como efeito secundário, você acaba ajudando a si mesmo. Como aconteceu aqui, as mensagens de voz estoicas que enviei para Jo durante todo o mês de agosto e início de setembro acabaram me esclarecendo alguns elementos práticos do estoicismo, como o teste de controle.

Eu havia tomado a decisão de não enviar mensagens sobre morte e luto para Jo. A situação dela era muito séria e, como você verá mais adiante, tentar aplicar os ensinamentos estoicos sobre o luto e a morte quando estamos no meio de um turbilhão pode ser complicado.

Mas, para Jo — no hospital, com câncer, durante uma pandemia —, coisas como o teste de controle acabaram sendo muito úteis para ajudá-la a avaliar com o que deveria ou não se preocupar.

🏛

Quando o inverno deu lugar à primavera e as pessoas começaram a sair de suas casas para fazer piqueniques ao ar livre em pequenos grupos, passei a me perguntar como a filosofia poderia ser aplicada não apenas às grandes questões, mas também às menores. Como alguns dos problemas do dia a dia poderiam ser resolvidos se fôssemos todos um pouco mais estoicos? Será que haveria menos ansiedade? E quanto à raiva que vi aumentar ao meu redor (e ocasionalmente em mim mesma)? Poderia haver menos abuso de substâncias? O estoicismo poderia ajudar a erradicar o FOMO (o verdadeiro flagelo da era do Instagram)? E quanto à inveja? E o desejo de fama? Ou até mesmo os distúrbios alimentares? Será que algo de 2 mil anos atrás poderia ajudar a solucionar problemas que eu considerava extremamente modernos?

Como...

Ficar calmo

"Qualquer pessoa capaz de irritá-lo torna-se seu mestre. Só é possível irritá-lo quando você se permite ser perturbado."
— **Epiteto**

"É muito melhor curar-se do que buscar vingança por conta de uma ferida. A vingança desperdiça muito tempo e o expõe a muito mais feridas do que aquela que a provocou. A raiva sempre dura mais do que a dor. É melhor seguir o caminho oposto. Alguém acharia normal devolver o chute a uma mula ou a mordida a um cachorro?"
— **Sêneca**

Era 2018, e estávamos dirigindo para o aeroporto de Denpasar, na Indonésia. Foi um pesadelo. Vi quase três batidas, mas ninguém buzinava. Havia centenas de carros e motocicletas amontoadas em uma estrada terrível, esburacada e estreita, mas as ruas eram, na verdade, razoavelmente tranquilas.

"Onde está a fúria no trânsito?", perguntei ao motorista.

"O que é a fúria no trânsito?", ele quis saber.

Hahaha. *O que é fúria no trânsito?*

Contei a ele a versão comportada. "É uma coisa que temos na Austrália. Se você cortar alguém, ou não der a vez, ou se não notar o carro, ou estiver dirigindo muito devagar — essa pessoa te avisa gritando, xingando, buzinando, perseguindo, tentando te assustar, te atropelar ou te matar."

"Ah, não, as pessoas podem se irritar com outros motoristas, mas não falam nada."

Lembrei-me de quando um antigo colega meu foi agredido e teve as pernas quebradas em Sydney depois de gritar com um motorista que quase o atropelou em cima da faixa de pedestres. O fato de ele ter gritado enfureceu tanto o motorista que ele saiu do carro e o espancou. Meu colega ficou incapaz de andar por vários meses e precisou usar cadeira de rodas.

Isso é fúria.

Chegamos ao aeroporto de Denpasar, e as filas para o embarque eram longas. O casal australiano atrás de mim estava agitado e irritado. Com idade em torno de sessenta anos, eles se empurravam, ansiosos e rabugentos. Xingavam as filas que andavam mais rápido e os indonésios que estavam muito lentos na verificação dos passaportes. O marido estava com raiva da esposa porque ela tinha escolhido aquela FILA LENTA. Eles iriam perder o voo? Não: estávamos todos no mesmo voo para Melbourne, que partiria em algumas horas. Eles ficaram reclamando, bufando e criticando um ao outro. Eu podia sentir a tensão emanando dos dois.

Em tudo isso — fúria no trânsito, explosão de raiva nas filas ou ira descontrolada contra alguém que está em seu espaço —, há um enorme senso de se ter direito às coisas. Exigimos que os outros não nos causem desconforto. E se o fizerem — mesmo que seja o pequeno e passageiro desconforto de cruzarem nosso caminho —, algumas pessoas entram em uma espiral de fúria e violência aparentemente irrefreável.

A fúria também tem efeitos em cascata. A vítima da fúria pode reagir na defensiva e entrar no drama gritando ou batendo de volta. Ou pode levar o choque e a agressividade para o seu dia e perder o controle e gritar com outras pessoas. A raiva se espalha, afetando muitos outros em um efeito cascata tóxico.

No entanto, achamos normal que as pessoas estejam com raiva. Vivemos em uma sociedade raivosa, em uma era raivosa. Os últimos anos têm sido notáveis pelos níveis coléricos cada vez mais altos — em toda parte. Todos os dias, a raiva é exibida em casa, na rua, nas estradas ou nos noticiários.

Em Bali, lugar que visito duas vezes ao ano, é raro ver os habitantes ficarem com raiva. O motorista me diz que isso se deve ao fato de haver uma forte cultura de "preservação da dignidade" na Indonésia. Não pega nada bem perder o controle, começar a gritar com as pessoas, fazer um escândalo e constranger os outros em público. Você só acaba envergonhando a si mesmo. Mas, em casa, a raiva nunca está longe de vir à tona. Na Indonésia, a raiva pode ser manifestada em particular, mas não é tão mal contida como na Austrália.

Nos últimos anos, pisamos no acelerador da raiva como nunca; o que era uma emoção extrema, agora é normalizada. Está nas ruas, em casa, em nossas telas. Não há como fugir da raiva. Ela não desaparece, apenas forma essa espécie de ruído de fundo. De acordo com o *Washington Post*, "estamos, na verdade, vivendo em uma grande incubadora da raiva".

Essa era raivosa atingiu um novo patamar com a pandemia. Afinal, a raiva é uma forma de expressar medo e ansiedade, e muitos de nós passamos alguns anos nos sentindo como se não estivéssemos mais no controle (embora um estoico dissesse que esse controle que você acha que perdeu nunca foi seu, para começo de conversa).

Com a falta de controle, surge o medo e, com o medo, a raiva. A raiva pode ser uma maneira de dizer "chega".

Você pode achar que sua raiva é justificada, que estamos vivendo em tempos extraordinários e que esses tempos extraordinários exigem uma resposta extraordinária.

Mas isso não é verdade. De acordo com os estoicos, a raiva nunca é justificada.

Não importa a forma que ela assuma, a raiva tem consequências terríveis para você e para os outros, mas está sob seu controle interrompê-la — e viver uma vida mais tranquila e pacífica.

Abstenha-se do prazer agora para evitar a dor depois

"Nenhuma praga custou mais à raça humana do que a raiva", escreveu Sêneca há quase dois milênios.

Em *De Ira* (*Sobre a ira*), ele ofereceu conselhos terapêuticos para a prevenção e o controle da raiva que ainda hoje são altamente aplicáveis.

Sobre a ira é uma obra cheia de nuances. Afinal, os estoicos também reconheceram que, quando o veneno da raiva é liberado, há também certa dose de prazer nessa liberação. Mas esse prazer tem um preço: principalmente para o seu caráter, que pode ser deformado e corrompido pela raiva. É melhor abster-se da liberação e não pagar um preço maior no futuro.

Os estoicos acreditavam que a raiva era uma espécie de "insanidade temporária", e que nos causava mais danos do que o evento que estaríamos tentando superar.

Quando se tem um amigo desleixado

Considere o eterno problema do mau amigo. Todos já tivemos pelo menos um; talvez até tenhamos sido um. É aquela amiga desleixada que nunca liga para você, raramente promove eventos sociais e some da sua vida quando você mais precisa dela. Você percebe que faz semanas que ela não liga e que, nas últimas quatro vezes, foi você quem organizou o jantar e dirigiu até o lado dela da cidade. Você sente que a amizade é desequilibrada e injusta, e fica remoendo isso, cada vez mais irritada com o passar dos dias. Por outro lado, ela não faz ideia da sua dor. A raiva aumenta. Você fica tão irritada e ressentida com sua amiga que continuar calada parece intolerável: você precisa dizer a ela o que pensa!

Mas a sua raiva com a situação provavelmente irá causar um estrago muito maior a você do que a negligência dela. As consequências de permanecer com raiva de sua amiga — como enviar uma mensagem de texto agressiva ou gritar com ela ao telefone — provavelmente farão com que você se sinta bem por um ou dois segundos, mas com certeza você vai desligar o telefone e se sentir mal. Com a raiva no comando, a conversa também pode se intensificar — e ela ou você podem trazer à tona todas as mágoas e todos os ressentimentos do passado. Um problema pequeno (o desleixo de sua amiga) de repente se transforma em um problema muito maior, e você acabará tendo que gastar mais energia reparando a amizade depois de perder a cabeça do que se tivesse apenas expressado suas necessidades e suas mágoas de uma forma mais tranquila.

Na verdade, muito tempo depois da briga e de as duas terem parado de se falar — mas ambas ainda estarem magoadas e com raiva —, é provável que vocês se esqueçam do motivo da briga. Isso é o que os estoicos chamavam de "sofrer duas vezes". O primeiro sofrimento é inevitável: você não tem controle se sua amiga vai ligar ou não para você; isso depende dela. Mas o segundo sofrimento — sua reação raivosa, manifestada através de uma briga ou de um e-mail, ou apenas alimentando o sentimento de raiva — está *sob seu controle*. Você é a única culpada por esse sofrimento. Você o escolheu.

Como Sêneca questionou: "De que adianta... tornar os problemas mais pesados ao lamentá-los?"

O que você deve fazer, então? A resposta estoica para a situação é não abordar o assunto com a sua amiga enquanto estiver com raiva. Na verdade, primeiro você deve evitar sentir raiva. (Veremos em breve como fazer isso.) Você também pode tentar persuadir sua amiga a se comportar de maneira diferente, mas não espere que ela o faça.

Então, por que ficamos tão irritados?

Aristóteles — que antecedeu os estoicos gregos em algumas décadas — acreditava que o motivo da raiva é retribuir o sofrimento. Ele via a raiva como uma das emoções humanas mais complexas, e que pode ser tanto uma força perigosa, capaz de perturbar a ordem social, como também um meio de expressar descontentamento e desejo de vingança quando uma injustiça é cometida. Ele acreditava que as duas coisas precisavam ser ponderadas, e que a raiva deveria ser administrada apenas esporadicamente. Disse: "Qualquer um pode ficar com raiva, isso é fácil; mas ficar com raiva da pessoa certa, no grau certo, na hora certa, com o propósito certo e da maneira certa, não está ao alcance de todos e não é fácil."

Já os estoicos eram menos ponderados em relação à raiva, e acreditavam que, em sua forma bruta e primitiva, ela não tinha lugar. Para eles, as expectativas irreais em relação ao mundo são a essência da raiva.

Grande parte dos ensinamentos estoicos sobre a raiva falam sobre como controlá-la.

Você poderia dizer: "Tudo bem você afirmar que a raiva é ruim, mas ela surge de forma tão rápida que não tenho tempo de controlá-la."

Ou talvez: "Sim, eu reconheço que a raiva é ruim, mas, quando sofro uma injustiça, expressar a raiva pode ser muito bom."

Ou ainda: "Como posso enfrentar a injustiça e todos os problemas do mundo se eu anular minha raiva?"

Todas essas questões preocupavam os estoicos, que, sob muitos aspectos, viviam em uma época tão raivosa quanto a nossa.

Quando Sêneca escreveu *Sobre a ira*, ele já havia sido atormentado por problemas sérios de saúde, que impuseram uma longa convalescença no Egito, havia caído em desgraça com o imperador Calígula e fora banido de Roma para a Córsega (depois de ter que implorar pela própria vida, alegando que a saúde precária provavelmente o mataria de qualquer forma), e foi acusado (talvez falsamente) de adultério. Sêneca tinha motivos para sentir raiva, mas lutou contra esses impulsos usando a razão e a virtude.

Em *Sobre a ira*, Sêneca atuou como filósofo/médico, diagnosticando o problema (raiva) e, em seguida, fornecendo os remédios. Esses remédios são válidos até hoje.

Sentir raiva não é da nossa natureza

Os estoicos acreditavam que nossa natureza como seres humanos é boa em sua essência e que somos seres sociais e comunitários, que devem viver juntos, em harmonia. (Como Marco Aurélio escreveu: "As pessoas existem umas para as outras.")

A raiva, com sua afirmação de direitos e regalias individuais, rompe esse contrato social.

Sêneca, expandindo essa ideia, escreveu: "O homem nasceu para o apoio recíproco, e a raiva, para a destruição recíproca: um ama a sociedade; o outro, o afastamento. Um gosta de fazer o bem, o outro, de fazer o mal; um ajuda até mesmo os estranhos, o outro ataca até mesmo os amigos mais queridos. Um está preparado para o sacrifício em nome dos demais, o outro, para se lançar ao perigo, desde que leve os outros consigo."

Então, o que fazer quando alguém nos deixa irritados? Na verdade, é simples. Sêneca disse: "Somos homens maus vivendo entre homens maus; e apenas uma coisa pode nos acalmar: devemos concordar em sermos leves uns com os outros."

Essa única frase — "devemos concordar em sermos leves uns com os outros" — aponta para um entendimento recíproco. Todos nós devemos abaixar nossas armas, *ser leves uns com os outros* e principalmente não nos irritarmos.

E na incubadora da raiva de hoje em dia, onde tudo parece se esvair de forma tão rápida e é difícil encontrar gente de cabeça fria, precisamos, mais do que nunca, nos acalmar.

Então, como podemos controlar nossa raiva?

Você pode argumentar que "expressar raiva faz bem, então deve ser natural".

Aquilo que parece natural na raiva vem de sentimentos legítimos: a sensação de que alguém nos prejudicou, ou que alguém que amamos foi prejudicado, ou que estamos vulneráveis e podemos nos ferir, ou que estamos em sofrimento. O que é a fúria no trânsito ou sentir raiva de um mau motorista senão uma manifestação desse sentimento de que o mau motorista poderia ter matado ou ferido alguém, e que estar no caminho dele faz com que você se sinta assustado e vulnerável?

Essa liberação tem um custo enorme: ela destrói sua tranquilidade e prejudica seu caráter. É melhor renunciar a essa liberação e não pagar um preço maior no futuro.

Mas como você renuncia a essa liberação?

Como esperado, os estoicos sistematizaram uma reação à raiva, para que os alunos pudessem aprender a reagir às situações com calma e usando sua racionalidade.

Resista à raiva desde o início
Ataque rapidamente, aconselhou Sêneca. Assim que sentir que a raiva está surgindo, você precisa combatê-la. Ele escreveu:

> O melhor plano é rejeitar de imediato os primeiros estímulos à raiva, resistir às suas manifestações iniciais e tomar cuidado para que ela não o traia. Pois, se ela começa a nos conduzir, será difícil voltar a uma condição saudável, já que a razão de nada vale quando é permitido que a paixão adentre a mente. E, futuramente, ao receber de nosso livre-arbítrio certa autoridade, a raiva fará o que bem entender, e não apenas aquilo que você permitir. O inimigo, repito, deve ser enfrentado e expulso na linha de fronteira mais externa, pois, ao adentrar a cidade e passar pelos portões, ele não permitirá que seus prisioneiros delimitem sua vitória.

Verifique sua resposta emocional
Como evitar, então, a reação a um insulto ou a um comportamento agressivo sem ficar com raiva? Controlando sua reação emocional. Como discutimos no capítulo anterior, há duas formas principais de emoção: as que surgem do que os estoicos chamavam de "impressões" e as que surgem de nossos julgamentos.

Manter o controle sobre as emoções é difícil. Quando alguém o agride, o esforço para resistir à agressão pode parecer quase sobre-humano. Mas, assim como um músculo é exercitado, é possível controlar sua raiva (e todas as suas emoções) por meio da consciência. Você se torna consciente quando uma emoção surge (muitas vezes você pode senti-la surgir em seu corpo na forma de tensão ou de uma contração) e se pergunta se é uma impressão — ou seja, uma reação fisiológica quase inconsciente, como pular ao se assustar. Ou sua emoção seria o resultado de um julgamento? Quando você rotula algo como bom ou ruim, isso é o resultado de um julgamento.

Ao não associar uma emoção ou julgamento a um problema, ou ao adiar ou alterar um julgamento, você está mudando ou ajustando sua percepção da questão. Tudo isso está ao seu alcance, desde que você esteja ciente e examine o julgamento que aplica a uma situação.

("Pensar é difícil. É por isso que as pessoas julgam", disse o psicanalista Carl Jung.)

Adiar um julgamento é um truque cognitivo; você simplesmente desacelera seu pensamento para ficar mais consciente dos julgamentos que faz.

Você deve se lembrar que Crisipo comparou as emoções a correr muito depressa. A ideia era desacelerar suas emoções — ou, pelo menos, tornar-se consciente delas à medida que forem surgindo — e, ao desacelerá-las, reformular ou reconfigurar seu julgamento.

Marco Aurélio disse: "Livre-se disso, tome a decisão de parar de pensar nas coisas como ofensas e sua raiva desaparecerá imediatamente. Como se livrar desses pensamentos? Percebendo que você não foi realmente prejudicado por tais ações."

Pergunte a si mesmo: eu fui prejudicado?
Tenho uma nêmesis no X (ex-Twitter). Eu desperto a ira nela. Não nos conhecemos pessoalmente, mas quase sempre que posto alguma coisa peculiar, ela fica furiosa e me responde com provocações raivosas, me acusando de ser estúpida, insensível ou privilegiada. Sempre fico tentada a morder a isca, mas o que não gosto nela, eu não quero ver em mim. Por isso permito que poste o que quiser sobre mim (não posso controlá-la; só posso controlar minha reação) e me lembro do conselho de Marco Aurélio: "Livre-se disso, tome a decisão de parar de pensar nas coisas como ofensas e sua raiva desaparecerá imediatamente."

Também me lembro das lições estoicas sobre mortalidade e tempo. Estamos morrendo todos os dias e o tempo é precioso. Ficar presa a uma briga idiota ou a uma discussão interminável e sem solução com uma desconhecida na internet é desperdiçar um tempo precioso.

O teste de controle e a raiva

Ao lidar com a raiva, recorra ao teste de controle. Lembre-se: descubra o que você pode controlar e concentre-se nessa área em vez de tentar controlar coisas que estão fora de seu domínio. Quando temos uma falsa noção do quanto podemos controlar determinada coisa é que ficamos frustrados e com raiva por estarmos assustados (de forma consciente ou inconsciente) com nossa falta de controle. Poderíamos ficar com raiva de um motorista na estrada que se enfiou na nossa pista. Ele já saiu da pista há muito tempo, mas ainda estamos com raiva e irritados, mesmo que não possamos fazer nada a respeito e o motorista já tenha ido embora.

Ou talvez a raiva seja uma forma mais disfarçada de medo. Digamos que haja demissões na sua empresa; com medo, você se torna cada vez mais controlador no trabalho e vira um péssimo colaborador, acumulando projetos, não compartilhando ou deixando de ser prestativo porque, no fundo, está com medo de perder o emprego. A raiva assume muitas formas diferentes, incluindo atitudes controladoras, violência, bullying e a necessidade de estar certo o tempo todo.

Outro exemplo é ficar irritado com a política de outro país. Veja a eleição presidencial dos Estados Unidos em 2016. Os resultados provocaram muita raiva nos círculos progressistas, mas, para alguém que não é americana e não tem direito a voto naquele país, passei tempo demais sentindo raiva durante os anos em que Trump estava no cargo. Eu sentia raiva quando conferia o X (ex-Twitter); sentia raiva quando via seus discursos no noticiário; sentia raiva ao ler artigos sobre Trump; sentia raiva de suas políticas. Durante aqueles quatro anos, é provável que eu tenha desperdiçado centenas de horas e uma quantidade enorme de energia em algo que não era capaz de controlar: eu não podia votar contra ele. Deixei-me levar pela raiva quando meu tempo poderia ter sido gasto de forma mais produtiva, trabalhando nas causas do meu próprio país.

Pergunte a si mesmo: estou ficando com raiva de algo que posso mudar e que está sob meu controle?

Se for o caso, isso não é uma carta branca para ficar com raiva. Nada é. Mas é um sinal de que você pode tentar se envolver com algo de forma produtiva.

Lembre-se de que há apenas três coisas que você pode controlar:

- seu caráter;
- a maneira como trata os outros;
- suas ações e reações.

Lidando com a raiva

Expresse-se
Evitar a raiva não é sinal de passividade. Na verdade, você pode afirmar a si mesmo e seus princípios de uma forma que transmita uma mensagem, mas não perturbe sua tranquilidade. Por exemplo, há alguns anos, quando eu morava em Melbourne, meu teto começou a vazar. O apartamento de cima tinha um aquecedor com defeito e a água estava pingando no meu apartamento. Era domingo, e minha vizinha parecia relutante em pagar um encanador. Ela parecia não dar importância ao fato de que meu teto corria o risco de desabar e disse que ligaria para um encanador pela manhã. Fiquei irritada com sua falta de preocupação com o meu apartamento. Um calor subiu pelo meu corpo. Ao falar com ela, senti minha respiração ficar mais curta e a raiva surgir. Mas, em vez de expressá-la em uma explosão de fúria, esperei que passasse e falei com firmeza e educação, insistindo para que ela chamasse um encanador, depois de explicar o que podia acontecer com o meu apartamento. Assumir um tom firme e explicar as consequências foi suficiente para incentivar minha vizinha a agir. Não foi preciso apelar para gritos e xingamentos, o que teria envenenado um relacionamento até então neutro e feito com que minha vizinha se pusesse na defensiva e deixasse de cooperar, e talvez a tornasse até mesmo uma inimiga.

Tome cuidado com as emoções que de início se manifestam como raiva e que não são comunicadas em um relacionamento. Elas podem aparecer na forma de irritação, passivo-agressividade, ressentimento, autopiedade, mau humor ou como inúmeras maneiras de punir a outra pessoa. Em vez disso, espere o furor da raiva passar e então expresse seus sentimentos de maneira racional.

> **CULPA E VERGONHA**
>
> A raiva dirigida a si mesmo pode se transformar em culpa ou vergonha. Essas emoções não tinham utilidade para o estoicismo (elas se tornaram populares mais tarde, com a ascensão do cristianismo). O estoicismo tinha uma visão clara sobre o caráter: você tem controle sobre o seu. A vergonha não possui valor; se seu caráter é deficiente, trabalhe duro para mudá-lo e deixe que as virtudes sejam seu guia.
>
> Como disse Marco Aurélio: "Não perca mais tempo discutindo sobre como um bom homem deve ser. Seja um." Seja também uma boa mulher. Ou simplesmente uma boa pessoa.

Evitar as redes sociais

Os estoicos viam a raiva como algo contagioso, ou seja, a raiva de outra pessoa poderia infectar você caso fosse disseminada em uma multidão. E onde as multidões se reúnem hoje em dia? Na internet. Mais especificamente, nas redes sociais.

Claro, os estoicos não precisavam lidar com redes sociais, mas eram seres sociais que refletiam sobre como a multidão poderia incitar emoções fortes, como a raiva. (Eles teriam se encantado com uma ferramenta que permite que o mundo inteiro converse entre si.) Os estoicos eram muito conscientes da importância de não serem vítimas desse contágio. Os filósofos eram alvos frequentes: por exemplo, os jurados condenaram Sócrates à morte por envenenamento com cicuta em 399 a.C., por "corromper os jovens".

Não podemos controlar a raiva de outras pessoas, mas com certeza podemos controlar a nossa.

Uma das medidas positivas que podemos tomar para administrar nossa própria raiva é deixar de acessar as redes que incentivam a amplificação da raiva. O X (antigo Twitter) e o Facebook são as duas plataformas mais tóxicas nesse sentido. As pessoas passam o dia todo envolvidas em embates mesquinhos na internet, muitas vezes em nome da justiça social ou de alguma causa com a qual se alinham, mas não percebem que o "trabalho" que fazem nas redes enriquece apenas a plataforma e tem muito pouco impacto no mundo real para além de suas linhas do tempo. (Ainda assim, alguém já mudou de opinião nas redes sociais após ser convencido a ter outra visão? É muito raro.)

Não seja sensível
Sêneca acreditava que, se formos muito sensíveis, mimados ou protegidos, seremos mais propensos à raiva, pois teremos um senso de direito superdesenvolvido ou estaremos acostumados à deferência ou ao conforto excessivo.

Muitas coisas parecerão insuportáveis por não sermos casca-grossa o bastante. Podemos nos irritar com o que Sêneca chamou de "trivialidades vulgares", como uma bebida ou uma refeição mornas num restaurante que não é do nosso agrado, e nos enfurecermos com os garçons.

Sêneca advertiu contra a "raiva (que) dura mais do que o dano causado a nós" (ou seja, o dano causado por uma refeição que está um pouco fria) e afirmou que é menos provável que sintamos raiva se abandonarmos nosso senso de direito e ficarmos confortáveis com o desconforto.

Quanto mais acostumados estivermos com o desconforto (consulte o capítulo "Como lidar com desastres"), menos perturbados e irritados ficaremos quando as coisas não forem cem por cento tranquilas ou perfeitas.

Em seus ensinamentos, os estoicos aplicavam vários exercícios práticos para que seus alunos se acostumassem com o desconforto. Esses exercícios incluíam a tentativa de adaptar nosso corpo e mente a situações desconfortáveis. Isso pode incluir não calçar sapatos e andar em uma rua quente ou muito fria, não usar um suéter quando fizer frio lá fora, não levar um guarda-chuva, dormir no chão ou comer alimentos simples e sem tempero a uma temperatura morna.

Em essência, o que os estoicos estavam discutindo era o fortalecimento da resiliência.

Essa resiliência protegia os estoicos quando o pior acontecia. Quando o filósofo estoico Musônio Rufo foi exilado pelo imperador Nero, ele disse que "nada impede uma pessoa exilada de ter virtude, coragem, autocontrole ou sabedoria". Em vez de sentir raiva por ter sido exilado, ele viu os benefícios. Além de poder exercitar suas virtudes, o exílio também serviu como um retiro para a saúde: "Outras pessoas cujos corpos foram arruinados por uma vida luxuosa recuperaram a saúde como resultado do banimento", disse.

O estoico moderno William Irvine acredita que, na Modernidade, as pessoas são tidas como incapazes por políticos e psicólogos. "Uma pessoa resiliente se recusa a desempenhar o papel de vítima... Ela pode não ter controle sobre ser alvo de alguma injustiça, mas possui um considerável controle de sua reação ao se tornar esse alvo. Ela pode deixar que isso arruíne seu dia ou sua vida; ou pode procurar maneiras de contornar os obstáculos."

Essa pessoa não perde seu tempo sentindo raiva e remoendo a injustiça; em vez disso, ela vê o que pode ser salvaguardado da situação.

Não fique curioso para saber o que as pessoas dizem a seu respeito
Evite ter curiosidade sobre sua reputação, pois você pode descobrir algo que irá despertar sua raiva, aconselhou Sêneca em *Sobre a ira*. Esse conselho envelheceu bem e pode ser lido como um aviso sobre os perigos de pesquisar a si mesmo no Google ou numa rede social. Nada de bom pode vir disso, e com certeza sua tranquilidade será perturbada.

"Não é do interesse de ninguém ver tudo ou ouvir tudo. Muitas ofensas podem passar despercebidas, e a maioria não atinge em cheio quando o homem não está ciente delas", escreveu Sêneca. "Quer evitar perder a paciência? Resista ao impulso de ser curioso. O homem que tenta descobrir o que foi dito contra ele, que procura desenterrar fofocas maldosas, mesmo quando intimamente envolvido, está destruindo sua própria paz de espírito. Certas palavras podem ser interpretadas de maneira que parecerão ofensivas..."

Não olhe o celular nem os e-mails de seu parceiro, mesmo que vocês tenham um relacionamento excelente e de confiança. Você com certeza irá encontrará algo incômodo — e que será facilmente mal interpretado — se olhar com bastante atenção. Lembre-se da importância de manter a mente tranquila.

Adie, adie, adie
Sêneca disse: "A melhor cura para a raiva é a espera, de modo que a paixão inicial gerada por ela possa se dissipar, e a névoa que envolve a mente possa diminuir ou se tornar menos espessa."

Essa técnica milenar do adiamento funciona. Basta não deixar a emoção tomar conta, tampouco as palavras saírem mais rápido do que sua mente racional consegue acompanhar. Você precisa pisar no freio.

Portanto, respire fundo algumas vezes quando sentir fisicamente a raiva surgindo (você vai saber porque seu coração dispara, sua pulsação acelera e você sente seu rosto aquecendo ou sua respiração ficando mais curta). Esses poucos segundos de pausa são cruciais para que você consiga se dar algum espaço, de forma que sua mente racional possa acompanhar suas emoções.

Além de respirar fundo, você também pode se retirar do local, desligar o telefone (depois de explicar que está muito emotivo para continuar a conversa) ou responder à mensagem de texto ou ao e-mail que te irritou, mas colocar a resposta na pasta de rascunhos.

Com isso você ganha um tempo precioso para deixar que suas emoções esfriem e encontrar uma maneira de sair da interação sem que você ou a outra pessoa sejam prejudicados.

Se a sensação física da raiva ameaçar dominá-lo, lembre-se de que mesmo a sensação de raiva mais intensa e poderosa passará rapidamente.

Sêneca disse: "Algumas das afrontas que desnortearam você serão menos intensas em uma hora, não em um dia, e outras desaparecerão por completo; se o adiamento que você buscou não surtir efeito, ficará claro que o julgamento agora reina, e não a raiva. Se deseja determinar a natureza de qualquer coisa, confie no tempo: quando o mar está revolto, não é possível ver nada com clareza."

Utilize a energia da raiva sem ficar com raiva
A raiva contém muita energia e, por isso, sua sensação pode parecer boa, talvez porque estivéssemos apáticos ou paralisados antes de ela chegar. Uma explosão de raiva pode ter um extraordinário efeito de limpeza, como uma tempestade de fogo que atravessa uma densa floresta. É claro que, como sabemos, o que na hora parece purificador pode ter consequências terríveis. Então o segredo é usar a energia da raiva de forma positiva.

Podemos usar a energia da raiva para criar mudanças e nos catapultar para fora de uma situação insalubre ou de um relacionamento tóxico, mas sem de fato explodir com a outra pessoa. Em vez disso, usamos a sensação ou o sentimento de raiva como um sinal de que as coisas talvez precisem mudar em nossas vidas. A raiva torna-se então uma espécie de intuição ou um guia. Podemos sentir a raiva e ainda assim usar as técnicas recomendadas por Sêneca, como o adiamento, para não reagir. Mas o poderoso sentimento inicial — quando analisado friamente sob a luz do dia por nossa mente racional — pode fornecer pistas sobre o que nos deixava insatisfeitos, frustrados ou precisando mudar. Não sentir raiva *não* é o mesmo que tolerar besteiras. O impulso da raiva contém mensagens importantes. A sensação inicial pode indicar ações que precisamos tomar, como nos afastar de uma situação ou pessoa, terminar um relacionamento, mudar de emprego ou de equipe. Ela também pode estimular um envolvimento maior com questões sociais, se a raiva que sentimos for em relação a uma falha no sistema ou no *status quo* (os movimentos Black Lives Matter e #MeToo são excelentes exemplos de como a raiva em relação ao *status quo* pode ser usada como combustível para a luta por mudanças sociais).

A RETIDÃO É PERIGOSA

A raiva também pode conter um elemento de retidão, o que dá mais combustível à emoção. A retidão exige que o outro saiba que você está certo e ele, errado.

Fazer com que a outra pessoa esteja "errada" é uma forma de justificar nossa raiva, mas, se olharmos a situação do ponto de vista dela, a maioria nunca vê suas ações como totalmente erradas. É provável que, do lado de lá, sempre exista uma justificativa para a maneira como ela agiu. Ninguém realmente se vê como "vilão" — nem mesmo os vilões. Muitos terão um motivo ou justificativa para agir da forma que agem e, se você disser que estão errados, é improvável que se considerem assim, e sempre vão ficar na defensiva. Nessas posições entrincheiradas, nenhum dos lados está inclinado a ceder, gerando então um impasse. Marco Aurélio aconselhou:

> Se o que eles fazem é o certo, não há motivos para reclamar; se não é certo, deve ter sido involuntário, não intencional. Porque, assim como "ninguém nega a verdade de forma deliberada", como afirmou Sócrates, poucas pessoas tratam a outra mal com intenção. É por isso que essas pessoas negativas se sentem insultadas se alguém as acusa de serem injustas, ingratas, perversas ou de ofenderem de alguma forma os seus vizinhos: elas simplesmente não percebem que estão agindo errado.

Masculinidade tóxica

Marco Aurélio escreveu muito sobre a raiva em suas *Meditações*, pois era uma questão que procurava controlar em sua própria vida. Ele reconheceu que o que faz um "homem de verdade" não é a raiva, e sim a capacidade de manter a calma. Essa capacidade exige mais força e autocontrole do que ceder ao prazer fácil, ainda que destrutivo, de extravasar a raiva e a frustração nos demais.

"Tenha à mão esse pensamento ao sentir um ataque de raiva se aproximando: ficar furioso não é viril. Pelo contrário, a gentileza e a civilidade são mais humanas e, portanto, mais masculinas. Um homem de verdade não cede à raiva e ao descontentamento, e pessoas assim têm força, coragem e resistência — ao contrário dos que se irritam e reclamam. Quanto mais próximo um homem estiver de uma mente calma, mais próximo ele estará de sua força", escreveu.

Fingir estar com raiva

Pais e professores sabem mais do que ninguém dos benefícios de fingir estar com raiva. Essa raiva é usada para enviar uma mensagem para aqueles que talvez precisem de orientação ou disciplina (como crianças), mas a pessoa que transmite a mensagem deve garantir que sua tranquilidade não seja perturbada. Fingir raiva é uma forma de manter a tranquilidade e o autocontrole intactos e, ao mesmo tempo, transmitir uma mensagem forte. Pode ser que seu filho tenha tirado o cinto de segurança enquanto você dirigia ou que um aluno esteja arremessando coisas nos colegas e perturbando seriamente a aula. Nesses casos, você precisa transmitir uma mensagem da maneira mais eficaz possível. O comportamento em questão não deve ser tolerado. A raiva falsa pode ajudar nesse sentido, mas ela não deve ser usada ao conversar com um colega ou parceiro. É mais provável que isso desperte a raiva neles e leve a uma escalada da situação.

Justiça social

Como conciliar o ato de evitar a raiva com a busca por mudança social? Essa é uma pergunta que me fiz com frequência enquanto estudava o estoicismo.

Na verdade, é provável que tenha sido o assunto mais recorrente quando Andrew e eu discutíamos os méritos do estoicismo. Ambos víamos grandes limitações nessa filosofia no que se refere a medidas para promover maior justiça social.

De que adiantava erradicar a raiva se isso o torna completamente passivo e incapaz de lutar por mudanças? Como combater a injustiça se você estiver ocupado demais cultivando a tranquilidade? É a mesma crítica que alguns fazem em relação ao budismo: o desapego implica poder relaxar e ficar em paz, mas e quanto ao nosso dever para com as pessoas ao redor? E quanto ao papel que devemos desempenhar para promover a mudança social?

Depois de dois anos debatendo estoicismo e mudança social, chegamos a um entendimento de que evitar a raiva e a adoção de políticas progressistas não precisavam ser mutuamente excludentes. Na verdade, é mais provável que você seja um agente de justiça e mudança eficaz ao canalizar as técnicas estoicas, incluindo o controle da raiva. O controle da raiva permite que você construa consensos e alianças, e comunique sua posição de forma clara e convincente, sem exaltações; ter uma mente racional permite que você trace um curso de ação para que a mudança seja alcançada da forma mais pacífica e eficaz possível.

Os antigos estoicos tinham bastante presença na política. Eles acreditavam que os seres humanos eram animais sociais interdependentes, e que todos eram iguais: incluindo homens e mulheres, escravizados e pessoas livres. Essas crenças relativamente progressistas (para a época) — a compreensão primordial de que somos seres sociais, bem como o fato de a "justiça" ser uma das principais virtudes estoicas — significam que mudança social é algo que pode ser incorporado à filosofia estoica.

Uma mente racional

Como disse Marco Aurélio: "Quanto mais próximo um homem estiver de uma mente calma, mais próximo ele estará de sua força."

Uma das razões pelas quais os estoicos se esforçavam tanto para evitar a raiva era o fato de ela distorcer a racionalidade. Por exemplo: você está assistindo a um jogo de futebol no estádio e alguém não olha por onde anda; pisa no seu pé, depois se vira, derrama bebida em você e nem sequer pede desculpas! Se você estiver pensando racionalmente, talvez aceite o fato de que foi um acidente, se enxugue, repare na falta de educação do espectador e depois deixe para lá, já que você não tem controle sobre a educação das pessoas. Talvez nunca mais pense no incidente e esqueça o ocorrido cinco segundos depois. Mas e se a raiva — ou sua prima ainda mais intensa, a fúria — entrar em cena para defender você e o sofrimento causado pela bebida derramada e pela falta de desculpas? A raiva dirá: "Não está me vendo aqui, não?" (Ou algo muito pior.)

E agora, provocado, o desastrado pode ficar na defensiva e jogar uma cerveja inteira em cima você, atirar o copo na sua cara ou te bater.

Nesse momento, sua mente racional foi completamente dominada por uma onda irracional de raiva. Você pode ser expulso do jogo de futebol ou ir parar no tribunal. Seu dia — e talvez sua vida — seria arruinado por você ter cedido à raiva.

Mas você sempre teve a opção de usar uma coisa que já estava lá: sua racionalidade.

Você também pode ser irritante

Marco Aurélio também precisou lembrar a si mesmo que é inútil excluir ou demonizar alguém que o irritou, porque, se o seu semelhante cometeu um erro ou agiu de maneira exaltada, provavelmente você também se comportou assim.

"Você mesmo não é diferente deles e perturba as pessoas de várias maneiras", escreveu. Essa é uma grande lição sobre como não assumir uma posição moral superior. Mesmo que controle sua raiva, perceba que você pode ser irritante para outras pessoas, assim como outras pessoas podem ser irritantes para você. Quando isso acontece, fazemos como Sêneca sugeriu e "concordamos em ser leves uns com os outros".

Como...
Ser moderado

"E enquanto nada o satisfizer, você mesmo não poderá satisfazer os outros."

— Sêneca

"Coma apenas para aliviar sua fome; beba apenas para saciar sua sede; vista-se apenas para evitar o frio; abrigue-se apenas para se proteger do desconforto pessoal."

— Sêneca

Minha relação com o álcool tem sido longa e intensa. Tive algumas noites boas, seguidas de alguns dias bastante ordinários (cortinas fechadas, uma lata cheia de Coca-Cola na cabeceira da cama, o estalo seco da cartela de paracetamol) tentando dormir para afastar aquela sensação de tontura e cansaço.

Até pouco tempo atrás, eu vivia alegremente de acordo com a máxima de Winston Churchill: "Aproveitei mais o álcool do que ele se aproveitou de mim."

Mas agora o álcool está se aproveitando de tudo o que pode sem restrições.

Recentemente, me vi sentada no quintal da casa da minha amiga Susie, extremamente mal-humorada por ter dormido apenas quatro horas na noite anterior.

"Não entendo; eu nem bebi tanto assim e acordei no meio da noite — 2h23 da madrugada, para ser exata — e não consegui voltar a dormir. Parecia que eu estava digerindo um tijolo."

Isso vinha acontecendo muito ultimamente. O álcool estava me destruindo. Mesmo depois de uma pequena dose, no dia seguinte, eu me sentia pronta para ir para uma clínica de reabilitação.

Sempre pensei que só cortaria o álcool depois que eu fosse presa, ou dissesse alguma coisa terrível a alguém importante, ou rolasse de um lance de escadas, mas a realidade estava se revelando mais prosaica. Eu simplesmente não conseguia processar o álcool da mesma forma que antes. Acordava em horários estranhos, me sentia mal. Depois de beber na sexta-feira, tinha ressacas que duravam até a quarta seguinte. Era como se meu corpo, depois de anos desfrutando da bebida, tivesse simplesmente... parado.

A mudança foi tão brusca que comecei a me perguntar se cada pessoa tem uma quantidade certa de bebida a ser consumida ao longo da vida e se eu já havia acabado com a minha parcela inteira antes de completar meus anos.

"Precisamos encontrar uma alternativa", disse Susie. "Por isso eu andei pensando em... nangs."

"Nangs?"

"Sim, nangs."

Nangs (óxido nitroso) é o que os adolescentes de Bondi inalam nos parques públicos depois que anoitece. Em minhas caminhadas pela praia, eu encontrava os recipientes vazios amontoados debaixo das árvores. Mas não tínhamos mais idade para aquilo havia muito tempo.

"Não, não vamos usar nangs", falei. Procurei em minha mente a dose mais confiável (ou talvez confiavelmente não confiável) de dopamina que pudesse levantar meu ânimo sem destruir meu corpo. Nada me ocorreu, exceto talvez microdosagem ou cerveja sem álcool. Nada, exceto talvez... moderação? Talvez eu pudesse desfrutar das coisas que costumava desfrutar em grandes quantidades, mas agora em quantidades muito menores.

Moderação, moderação... Eu enrolava a palavra desconhecida em minha língua. Talvez moderação fosse a resposta. Mas como diabos eu faria isso?

🏛

Como quase *todo mundo* que conheço, fui criada em uma cultura de bebedeira. Minha adolescência em uma pequena cidade litorânea foi como um borrão eletrizante de festas quando os pais não estavam em casa, um duvidoso licor de melão japonês em um cercado na fazenda de alguém sob a luz da Via Láctea, o primeiro gole de uísque em um parquinho perto dos trilhos da ferrovia, um vermute doce do armário de bebidas dos pais, vinho do Porto com soda no parque de camping, noites quentes de verão em praias que pareciam o paraíso e tinham cheiro de maresia e algas marinhas.

Depois, a faculdade. O nível seguinte. Rituais e jogos envolvendo bebida desde o momento em que entramos no pátio naquele dia quente de fevereiro, com o ar carregado do cheiro de eucalipto. Três anos se passaram em um borrão de jantares formais, vinho do Porto barato, quantidades generosas de cerveja, dias de ressaca com aulas perdidas — atrasados para o almoço, debruçados naquelas enormes mesas redondas para contar as fofocas da noite anterior.

Depois, um escritório de advocacia no interior. As pessoas bebiam muito. As noites de quinta e sexta-feira eram passadas em um pub local, perto do porto, onde os policiais, os criminosos e os advogados iam para desopilar.

Depois, o jornalismo. Os anos em Sydney. Você quer conquistar um espaço entre os experientes repórteres de fatos criminais, os fotógrafos exclusivos, os atarefados editores de seção? Quando se é jovem e não se tem nenhuma moeda de troca a oferecer aos veteranos, você sempre pode oferecer uma bebida e ouvir as histórias deles no pub.

Os anos se passaram. E passaram. E passaram mais um pouco.

Eu achava que no futuro alguém me daria um tapinha no ombro, me levaria para uma sala silenciosa e de tons neutros (com um Diploma de Moderação pendurado na parede), me faria sentar e diria: "Você está agora em uma fase da vida em que precisa ser mais moderada. É assim que se faz."

Esse dia nunca chegou. A doutrinação, o longo estágio e a formação que tive em consumo excessivo de álcool (e eu passei! Passei com louvor em todos os testes de consumo excessivo!!) nunca se repetiram quando o assunto era moderação.

Ninguém nunca me disse: "A moderação é mais ou menos assim."

É claro que você poderia dizer, com razão: "Sua trouxa! Você não precisa ser avisada! Basta pegar mais leve! Pare de beber tudo o que vê pela frente! E pare de comer o que bem entender, quando bem entender!"

Mas, no caso da moderação, falar é mais fácil do que fazer. Além disso, ela nunca é realmente divulgada. Ao contrário de uma dieta em que você faz uma mudança abrupta e muda completamente seu regime (sem carboidratos! sem açúcar! sem laticínios! vegana! suco verde!) e obtém resultados rápidos que atendem à necessidade de gratificação imediata, a moderação é lenta e constante. Ela não faz parte da indústria capitalista do bem-estar e, portanto, não nos é empurrada goela abaixo até que, seduzidos — ou desiludidos —, entreguemos nosso cartão de crédito para um curso de moderação.

Nos anos que se seguiram ao jejum com chá de ervas chinesas, quando tive uma perda de peso drástica (e depois o ganho subsequente), participei de uma série de iniciativas de saúde empolgantes, mas de curta duração, que me deixaram sem dinheiro e não forneceram resultados sustentáveis.

As iniciativas incluíam uma academia com personal trainer, onde eu tinha aula com um personal *todos os dias;* jejum e dieta cetogênica com supervisão de um nutricionista, em que eu comia uma única refeição rica em gordura por dia e nada mais; e um aplicativo com o qual tinha muito trabalho para calcular os macronutrientes de tudo o que colocava na boca.

Mas e se eu desse uma chance à moderação? À entediante, trabalhosa e pouco atraente e sensata moderação?

Porque havia alguém por perto para me ensinar moderação. Na verdade, havia muitas pessoas (embora todas estivessem mortas). Eles eram, obviamente, os estoicos, que consideravam a moderação tão importante para seu modo de vida que a transformaram em uma virtude e a chamaram de temperança. Eles rotulavam o prazer — incluindo o consumo de álcool e comida sofisticada — como um indiferente preferível.

Por que eles fizeram isso?

Os estoicos romanos viveram em uma época não muito diferente da nossa no que se refere a hedonismo, à abundância e ao excesso. Os romanos adoravam se divertir! Como resultado, os estoicos pensaram e escreveram muito sobre como resistir às tentações e praticar a moderação. Alimentos exóticos — frutas silvestres, mel, caças raras, gelo e especiarias picantes — vinham de todo o império e chegavam à capital em uma versão primitiva de um programa de milhas. O álcool e a comida, mais do que qualquer outra coisa, alugavam um triplex imenso na cabeça dos estoicos. Algumas das lições mais duradouras do estoicismo dizem respeito à moderação.

Mas antes de começar, há uma ressalva em relação à moderação, que é o fato de que nem todo mundo consegue ser moderado. Isso não se deve a uma falha de caráter, e sim a uma série complicada de fatores, incluindo questões relacionadas ao ambiente em que vivem, química cerebral e propensão ao vício que não teriam sido compreendidas pelos estoicos na época. Algumas pessoas não têm um "botão de desligar" quando se trata de beber (ou de outros hábitos viciantes), e de acordo com o velho ditado dos Alcoólicos Anônimos: "Uma bebida é demais, e vinte não satisfazem." Para esse grupo de pessoas, a moderação é difícil, se não impossível, e o melhor caminho (estou falando de álcool aqui) é a abstinência.

🏛

Das quatro virtudes estoicas, a moderação (ou temperança) é a que parece mais modesta e alcançável. Mas se provou ser, pelo menos para mim, uma das mais difíceis de dominar. A coragem costuma ser reativa e instintiva, surgindo em arroubos dependendo das circunstâncias, nos atirando para os trilhos de um trem para resgatar um bebê ou nos fazendo mergulhar no mar para salvar um turista que está se afogando. A sabedoria é adquirida aos poucos, geralmente com o passar dos anos; embora possa ser conquistada com dificuldade, é um músculo que se desenvolve com o passar do tempo, até se tornar uma segunda natureza. Não é preciso ter uma enorme força de vontade diária para ser sábio. A justiça vem da natureza (o conceito de justiça natural, ainda hoje ensinado nas faculdades de Direito, tem suas raízes nos princípios estoicos) e podemos reconhecê-la e exercitá-la ao entrarmos em sintonia com ela. Além disso, repito, não é preciso ter força de vontade.

Mas e a moderação? Essa virtude aparentemente simples é a mais difícil de dominar. O trabalho nunca acaba! Para sermos moderados, precisamos resistir ao canto da sereia da abundância, que está por toda parte no mundo de hoje, assim como estava na sociedade romana. Devemos ignorar nossos olhos que veem o prato tentador e delicioso, ignorar nosso estômago roncando, devemos ignorar os aromas divinos e as respostas fisiológicas involuntárias, incluindo o estímulo das glândulas salivares (a água na boca), e dizer não para a anfitriã que já está enchendo nossos pratos com carnes ou guloseimas. Temos que colocar a mão sobre o copo para interromper o amigo generoso que nos serve a bebida, e devemos, em vez disso, "estender a mão e pegar uma porção modesta", como aconselhou Epiteto. E devemos fazer isso dia após dia, refeição após refeição.

Não é apenas em relação a alimentos e bebidas que a moderação é uma virtude. A virtude da temperança pode ser estendida a todos os hábitos que causam alguma dependência: redes sociais, drogas, televisão, internet... Moderar, moderar, moderar.

Por que a moderação é importante?

Coma qualquer coisa em excesso e seu corpo irá reclamar; você vai se sentir mal, um pouco enjoado ou desequilibrado. Pense nas vezes que exagerou no chocolate ou comeu um pacote inteiro de salgadinhos de uma só vez. A sensação pode ser boa na hora, mas, quando sair do estado de fuga, olhar para as embalagens vazias e observar a reação do seu corpo, você não vai se sentir bem. Há tanto a sensação física de estar cheio demais quanto a sensação psicológica de culpa, vergonha e arrependimento.

E ainda assim, de alguma forma, não aprendemos.

Veja o consumo de álcool, por exemplo. Bastaria acordar com dor depois de uma noitada intensa. Com a cabeça no vaso sanitário na manhã seguinte, nós juramos que aquela "foi a última vez", mas com frequência essa promessa é esquecida na sexta-feira seguinte e a situação se repete. Isso pode se prolongar por anos, enquanto o corpo e o organismo são consumidos aos poucos com a indulgência constante e excessiva.

Podemos tomar medidas corretivas, mas elas também podem ser extremas demais. Já me privei completamente de certas coisas antes, mas, em uma repetição dos excessos descritos em outras partes deste livro, equilibrei a privação com farras hedonistas a fim de alcançar uma forma tresloucada de homeostase (mas homeostase mesmo assim). Existir em estados tão extremos traz consequências ao corpo. Mas moderar talvez seja estar em um estado contínuo ou quase contínuo de homeostase sem ter que depender de estados extremos para alcançar o equilíbrio. Como resultado, o corpo e a mente não são perturbados por terem de lidar com muito ou pouco, e a tranquilidade torna-se um subproduto natural.

O estoico moderno Donald Robertson escreveu no Medium sobre como comer e beber como um estoico. Uma das principais inspirações de Robertson para seu artigo no Medium é Musônio Rufo, que tinha muitas opiniões sobre comida. Ele escreveu:

> Musônio ensinou que os estoicos deveriam optar por alimentos *baratos*, de fácil obtenção e que fossem bastante nutritivos e saudáveis para um ser humano. "Comer de forma saudável" pode parecer senso comum, mas os estoicos também achavam que poderíamos perder muito tempo comprando e preparando refeições sofisticadas, quando refeições simples e nutritivas podem ser facilmente preparadas com poucos ingredientes disponíveis.
>
> Musônio recomenda o consumo de vegetais e grãos em vez de animais abatidos. Ele sugere frutas e legumes que não exigem muito tempo de cozimento, bem como queijo, leite e favos de mel.

Os estoicos não eram vegetarianos estritos, mas tampouco comiam muita carne.

Outros hábitos estoicos de alimentação e bebida destacados por Robertson:

- evitar comida gourmet;
- comer devagar e com atenção;
- escolher alimentos nutritivos em vez de adocicados (portanto, frutas em vez de doces), fortalecendo o corpo em vez de agradar o paladar;
- dividir alimentos — e não pegar uma porção maior do que a necessária.

O jejum também foi adotado pela comunidade estoica e, como você aprendeu no capítulo "Como lidar com desastres", ficar sem comer é uma importante lição estoica para treinar o corpo e a mente para possíveis privações ou futuras mudanças de cenário (no final de sua vida, Sêneca comeu muito pouco, preferindo figos e frutas de sua propriedade).

Os estoicos acreditavam que a moderação era a chave para se sentir bem, pensar melhor e ter uma boa aparência. Eles perceberam que a moderação não servia apenas para evitar ressacas e a sensação de estar empanzinado, mas que sua prática se disseminava para diversas outras áreas e comportamentos. Seja moderado com a comida e a bebida e, em seguida, exercitando os músculos do autocontrole, você descobrirá que a moderação se espalha para outras áreas da vida que podem ser indisciplinadas ou desequilibradas de diversas formas: como a propensão a fazer qualquer coisa em excesso, seja trabalho, esporte, alimentação ou sono.

O estoico romano Musônio Rufo escreveu que a temperança se inicia e estabelece suas bases no autocontrole ao comer e beber, e que a moderação era um bom exercício para o autocontrole em outras áreas da vida. "Se fôssemos medir o que é bom pelo prazer proporcionado, nada seria melhor do que o autocontrole; se fôssemos medir o que deve ser evitado pela dor causada, nada seria mais doloroso do que a falta de autocontrole", escreveu.

Quanto é suficiente?

Se você perguntasse a um estoico o que significa moderação, ele diria que é preciso consumir o suficiente para viver e ser saudável, mas não mais do que o necessário. "Suficiente" é comer o que é necessário para aliviar o desconforto físico da fome e dar ao corpo a força para fazer o que é preciso durante o dia. É uma questão de comer para viver, em vez de viver para comer.

Sêneca escreveu: "Agarre-se, então, a essa regra de vida plena e saudável, que consiste em satisfazer o corpo apenas na medida do necessário para ter uma boa saúde. O corpo deve ser tratado com mais rigor, para que não desobedeça à mente. Coma apenas para aliviar sua fome; beba apenas para saciar sua sede; vista-se apenas para evitar o frio; abrigue-se apenas para se proteger do desconforto pessoal."

O que ele queria dizer é: coma e beba o suficiente para saciar a fome e a sede, mas seja rigoroso e não exagere no combustível. É muito parecido com o conceito japonês do *hara hachi bun me*. Significa "comer até estar 80% satisfeito". Isso teve início com Confúcio e ainda é seguido na cidade de Okinawa, onde as pessoas usam esse conselho como uma forma de controlar seus hábitos alimentares. Curiosamente, Okinawa tem uma das menores taxas de doenças cardíacas, câncer e derrame, e é famosa por seus idosos centenários.

O vício pode destruir a racionalidade

Há muito mais a ser recomendado em relação à virtude da moderação do que apenas o bem-estar — ou o equilíbrio — em seu corpo. Não exagerar também permite que você pense melhor, veja o mundo com clareza, tome decisões racionais e não seja escravizado por apetites ou desejos que precisam ser saciados repetidas vezes (também conhecido como vício). A moderação é uma forma de recuperar seu domínio sobre uma fonte ou força externa difícil de controlar.

O ciclo da indulgência excessiva seguida de arrependimento não é apenas confuso para o corpo (e muitas vezes contraproducente para determinadas metas, como a perda de peso), como pode também perturbar a mente e levar a vícios e apegos. Uma vez que o vício pode comprometer o pensamento racional, um estoico aconselharia que você evitasse todos eles.

Sêneca escreveu sobre a perda de racionalidade decorrente do excesso de bebida: "A crueldade geralmente vem depois da bebedeira, pois a mente sã do homem é corrompida e se torna selvagem. Da mesma forma que uma doença persistente torna os homens impacientes e irritáveis, fazendo com que enlouqueçam ao menor obstáculo aos seus desejos, os episódios contínuos de embriaguez também bestializam a alma."

Os estoicos não foram os primeiros a pregar a moderação. Há um entalhe na frente do templo de Delfos que diz "nada em excesso", e Sócrates ensinava que um homem deve saber "como escolher o meio e evitar os extremos de ambos os lados, na medida do possível".

O influente filósofo grego Aristóteles, que antecedeu os estoicos (e que foi ensinado por Platão, que, por sua vez, foi aluno de Sócrates), estabeleceu seus princípios de moderação sob a bandeira do "meio-termo". O meio-termo está entre dois estados de extremidade e privação. O extremo da coragem é a imprudência, e, do outro lado, está a covardia. A pessoa sábia vive no meio.

Os benefícios da moderação — ou uma versão do meio-termo — também podem ser encontrados nos fundamentos do taoismo. A moderação no taoismo não é apenas um comportamento desejável, mas uma prática espiritual. "Martelar uma ponta até que fique afiada/Não fará com que ela dure", diz o Tao Te Ching.

A moderação pode mantê-lo tranquilo

As pessoas passam a vida inteira, muitas vezes de forma inconsciente, oscilando de um extremo a outro, da compulsão alimentar à bulimia, da indulgência excessiva à abstinência total. Elas adoram um drama! Mas, se a tranquilidade é um dos principais ingredientes para se ter uma vida boa, ela será perturbada pela oscilação entre esses dois extremos. Como ficar tranquilo quando se está no auge de uma ressaca, sofrendo de ansiedade pelo que disse na noite anterior ou se sentindo agoniado e em abstinência ao negar uma taça de champanhe comemorativa ou um pedaço de bolo no seu aniversário?

Eu já caí na armadilha — como muitos — de saborear algo, seja uma bebida, seja uma comida deliciosa, enquanto, ainda de boca cheia, pensava no que iria comer em seguida! Minha mente se antecipa. Gosto tanto de café que fico planejando quando tomar a segunda xícara enquanto ainda estou bebendo a primeira.

Moderação, autocontrole, temperança — como queira chamar — é a condição ideal para que a tranquilidade floresça, pois você não fica o tempo todo distraído por querer *mais*.

Moderação em relação à comida e bebida *não* é o mesmo que abstinência. Na verdade, pode significar tomar um drinque ou comer um pedaço pequeno de bolo, em vez de ingerir grandes quantidades de álcool que o farão sentir-se instável, inseguro e fora de controle ou comida o bastante para deixá-lo enjoado ou desconfortável.

Observe o quanto de sua força vital, sua energia e seu foco, seu divertimento e sua atenção ficam desequilibrados quando você se permite demais ou se priva por muito tempo.

Um guia estoico para beber

Ficar bêbado, tentar não ficar bêbado, limitar o consumo de álcool, ter dias certos para não beber, tentar manter o juízo, criar regras e exceções às regras relacionadas à bebida: todas essas questões preocupavam bastante os antigos estoicos. Alguém deveria escrever um livro chamado *Os antigos: eles são como nós!*.

Os antigos estoicos pensavam muito sobre a bebida e como o seu excesso poderia violar algumas de suas regras de vida. A dependência do álcool e de outras drogas pode levar ao vício, o que prejudica não apenas a racionalidade e o autocontrole (como já discutimos), mas pode também degradar o caráter.

Então como os antigos estoicos bebiam?

De acordo com Donald Robertson: "O historiador Diógenes Laércio, um 'doxógrafo' que registrava as opiniões dos filósofos gregos, diz que os estoicos normalmente bebiam vinho com *moderação*, mas não se permitiam ficar bêbados. Estobeu, outro doxógrafo, nos diz que os estoicos classificavam o amor excessivo pelo vinho como uma doença, embora, curiosamente, também considerassem doentio *odiá-lo* em demasia."

Como o controle do consumo de álcool é um problema antigo, muito comum e *muito humano*, os estoicos desenvolveram alguns truques para ajudar na moderação.

Pratique dizer não
Para a prática da moderação — em relação ao consumo de álcool, digamos —, existe uma antiga técnica estoica excelente, que envolve negar uma taça de vinho que lhe é oferecida, como forma de treinamento para dominar seu desejo por aquilo que anseia.

Epiteto também incentivou os alunos a não serem avarentos quando alguma comida ou bebida lhes fosse oferecida. Ele usou um banquete como exemplo em uma analogia sobre benefícios da moderação — não apenas em relação à comida, mas na vida:

> Lembre-se de que você deve se comportar como em um banquete. Trouxeram algo para você? Estenda sua mão e pegue uma porção modesta. Passou por você? Não pegue. Ainda não chegou? Não anseie por isso, espere que chegue até você. O mesmo vale para filhos, esposa, cargo, riquezas; e em algum momento você será digno de banquetear-se com os deuses. E se você for capaz de aceitar somente as coisas que lhe são apresentadas, e até mesmo dispensá-las, então você não apenas será digno de banquetear-se com os deuses, mas também de governar com eles.

Mas há outro elemento nos ensinamentos de Epiteto sobre o vinho: se não estiver bebendo, não se vanglorie disso.

"Quando alguém bebe apenas água ou adota alguma outra prática ascética, ele aproveita todas as oportunidades para proclamar: 'Não bebo nada além de água.' [...] Homem, se beber água lhe traz algum benefício, então beba; caso contrário, você está agindo de forma ridícula", disse Epiteto.

Hahaha. Epiteto certamente era conhecedor de uma verdade que vem de longa data: a única coisa quase tão ruim quanto um bêbado chato é alguém que lhe chateia por *não beber*.

Portanto, beba a água, exerça o autocontrole, mas, pelo amor de Deus, não fique insistindo nisso.

POR QUE A MODERAÇÃO É TÃO IMPORTANTE PARA O PLANETA?

Não são apenas os nossos corpos que podem se beneficiar da moderação: o planeta também pode.

Há alguns anos, estive em Kimberley, no norte da Austrália, a convite de Bruno Dann, um proprietário tradicional — na Austrália, os aborígenes e nativos do Estreito de Torres são considerados os proprietários tradicionais soberanos do território. Certa manhã, descemos até o rio para pegar nosso jantar. Os caranguejos de manguezal estavam praticamente pulando para fora do rio. Pegamos vários com facilidade e saímos com o suficiente para que cada pessoa ganhasse um. Mas minha mente ocidental e gananciosa ficou confusa. "Por que não pegamos mais, Bruno?", perguntei. "Poderíamos comer o resto depois."

A ideia de levar mais do que o necessário era um anátema para ele. Bruno explicou que o único motivo para conseguirmos pegar os caranguejos de manguezal naquele dia foi o fato de que quem esteve ali antes de nós levou apenas o que precisava em vez de trazer caixas de isopor ou coolers para "estocar". A natureza, disse ele, fornecerá o necessário se você não for ganancioso e não esgotar seus recursos.

As culturas tradicionais sabiam disso: compreendiam que a natureza é um recurso finito e que, se você fosse ganancioso ou não tivesse moderação, os demais ficariam sem — e, futuramente, você também.

Bruce Pascoe, em *Dark Emu*, escreveu: "Se quisermos tentar entender a filosofia indígena, temos que começar com a profunda responsabilidade com a terra."

A moderação, tanto em nível pessoal quanto coletivo, é o caminho natural das coisas. A natureza prospera quando tudo está em equilíbrio — quando pegamos apenas o suficiente, aquilo de que precisamos, e nada mais.

Lembre-se do que comida e bebida boas de fato *são*
Você lê uma coluna de vinhos ou visita a adega de um vinhedo e se deixa levar pelas descrições evocativas daquele vinho? Sai de lá com uma caixa de *pinot noir* porque o sabor era quase poesia?

Marco Aurélio nos lembrou de forma bastante brutal que vinhos finos são apenas uvas mofadas, carnes deliciosas são cadáveres de animais e sexo é apenas fricção e movimento.

> Como é bom, quando se tem carne assada ou algo do tipo diante de você, fixar em sua mente que esse é o corpo morto de um peixe, esse é o corpo morto de um pássaro ou porco; e, novamente, que o vinho de Falerno é apenas o suco das uvas, e que sua túnica de bordas púrpura é simplesmente o pelo de uma ovelha embebido em sangue de marisco! E que o ato sexual não passa da fricção de uma membrana e de um jato de muco expelido. Como essas percepções são boas para se chegar ao âmago da coisa real e penetrar através dela, para que você possa vê-la como é! Essa deve ser sua prática ao longo de toda a vida: quando as coisas tiverem uma aparência muito plausível, mostre-as nuas, veja sua mediocridade, dispa-as da imagem arrogante que têm de si mesmas.

Se reenquadrarmos as coisas com as quais nos empanturramos ou às quais nos entregamos, como carcaças de animais cozidas, por exemplo, elas se tornarão menos atraentes para nós.

Em nossa cultura, a alta gastronomia é comercializada como algo desejável, e comer em restaurantes de luxo é um sinal de status. Da mesma forma, as empresas de bebidas alcoólicas comercializam o etanol aromatizado com açúcar como um produto sofisticado e desejável, que serve como porta de entrada para a diversão, a amizade, o sexo e o glamour. Assim como Marco Aurélio, você deve ver essas substâncias como o que de fato são.

Você ainda pode beber e se divertir

Os estoicos não eram contra o ato de beber em si, e grandes quantidades de vinho com frequência eram servidas nos banquetes que eles organizavam e frequentavam. Os romanos antigos bebiam vinho todos os dias, e Sêneca era conhecido como um grande apreciador de vinhos finos e proprietário de grandes vinhedos. (Afinal, ele era podre de rico.)

Como seres sociais, os estoicos acreditavam que era importante não se esconder se os outros estivessem bebendo. Não fique em casa, acompanhando toda a diversão pelo Instagram. Você deve participar das festividades e comemorações e se divertir — basta não perder o controle. Junte-se à festa, mas não perca a cabeça! Sêneca aconselhou: "Permanecer seco e sóbrio quando a multidão está bêbada e vomitando denota grande coragem; mas demonstra-se maior autocontrole ao recusar-se a se abster e ao aceitar fazer o que a multidão faz, porém de maneira diferente, sem ficar em evidência e sem se fundir à multidão. Pois é possível se divertir sem extravagâncias."

E, de vez em quando, saia do sério
Havia exceções a essa regra do "quase sempre sóbrio", o que, para mim, faz muito sentido. Elas permitem lapsos de autocontrole quando as circunstâncias assim exigem. Os estoicos viam que, às vezes — quer dizer, raramente —, ficar bêbado poderia desbloquear alguma coisa. Pense nas vezes que você esteve deprimido e preso em seus próprios pensamentos. Talvez você tenha levado um fora ou perdido o emprego. Sempre há um amigo bem-intencionado que tentará fazer com que você tire o moletom, vista algo mais elegante e vá tomar umas doses para "afogar as mágoas". Eles dirão que você precisa de uma sacudida. Às vezes, uma noitada na cidade pode realmente ser o remédio de que você precisa para mudar de ritmo.

Isso não é tão diferente do que aconselham os estoicos. Sêneca pensava que, às vezes:

> [...] devemos beber até a embriaguez, não para nos afogarmos, apenas para nos molharmos no vinho, pois o vinho lava os problemas e os desaloja das profundezas da mente, agindo como um remédio para a tristeza da mesma forma que atua em algumas doenças. O inventor do vinho é chamado de Liber, não pela licença que ele dá às nossas línguas, mas porque liberta a mente da escravidão das preocupações e a emancipa, a anima e a torna mais ousada em tudo o que ela se propõe.

Embora o trecho dê a entender que os estoicos jogassem tudo para o alto, isso está de acordo com o restante de sua filosofia. Moderação, autocontrole, disciplina e, de vez em quando, caso você precise se soltar, vá em frente. Trata-se de controlar o uso da substância, em vez de a substância controlar você.

Como...

Estar nas redes sociais

"Eu rio daqueles que acham que podem me prejudicar. Eles não sabem quem sou, não sabem o que penso, não podem sequer tocar nas coisas que são realmente minhas e com as quais eu vivo."
— **Epiteto**

"Começo a falar somente quando estou certo de que o que vou dizer não é melhor não dito."
— **Catão**

Em minhas caminhadas com Andrew, uma das minhas queixas recorrentes eram as agressões que eu sofria nas redes sociais. Aquilo — na linguagem estoica — afetava minha tranquilidade. As agressões das redes assumiam várias formas: alguém falava mal de mim no X (antigo Twitter) e logo em seguida eu recebia de conhecidos as capturas de tela desses tuítes (Por quê? Para quê? Aquilo era o equivalente digital de me entregar um cocô de cachorro recém-produzido e dizer "aqui, talvez você queira dar uma olhada nisso"); ou eu publicava um tuíte mal redigido, mal recebido e mal interpretado, e logo sofria o choque de um súbito ataque digital (um tuíte idiota que eu havia postado foi interpretado equivocadamente como uma convocação pelo fechamento de todas as universidades; outro, que culpava Donald Trump por eu não ir à academia e, por causa disso, não ter forças para abrir potes, foi tema de um quadro de zombaria na Fox News).

Andrew faria pouco caso e me lembraria de que as opiniões de terceiros fazem parte do pacote — o pacote, no caso, era o fato de eu ter uma coluna semanal no *Guardian Australia* sobre a qual as pessoas teriam opiniões. Aquele era o pacote, mas agora, com o estoicismo, eu tinha as ferramentas. Não podia controlar o que os outros pensavam de mim e, a não ser que eu abandonasse as redes sociais ou a minha coluna, as opiniões de terceiros estavam fora do meu controle.

Era melhor aceitar que a pressão nas redes sociais fazia parte do trabalho e ter mais cuidado com aquilo que publico, mas também criar uma casca grossa para ignorar os haters.

Aos poucos, isso começou a acontecer.

Meu número de seguidores no X (antigo Twitter) aumentou, mas agora eu faço longas pausas nessa rede social desativando minha conta, e sempre uso o botão "silenciar" quando acho que alguém vai me irritar. O melhor é não me envolver tanto e usar a plataforma apenas para obter notícias e fofocas da imprensa, e promover minhas matérias.

Mas uma coisa é certa: qualquer pessoa que utiliza as redes sociais hoje em dia precisa ter um plano sobre como usá-las e monitorar não apenas as informações que obtém através delas, mas também seu estado de espírito depois de passar muito tempo on-line.

As redes sociais se alimentam de fortes emoções

Hoje em dia, não há nada mais garantido para perturbar e baixar o nível de nossa tranquilidade do que nossas interações nas redes sociais. Na vida real, as coisas acontecem na velocidade humana, mas na internet tudo é veloz e furioso. Seja por causa de uma opinião de que você discorda, da sua própria opinião que é contestada ou de informações que te deixam irritado, passional, estimulado ou deprimido, os algoritmos das mídias sociais são projetados para fornecer conteúdos e pontos de vista que garantem uma reação que irá atrair e manter a nossa atenção.

O conteúdo que provoca uma reação emocional intensa é provavelmente o conteúdo que irá viralizar nas redes, o que significa que as chances de ele acabar aparecendo em nossos feeds, inflamando paixões e emoções fortes, são maiores. É difícil não se deixar levar, principalmente quando todo o sistema é projetado para atrair e capturar nossa atenção pelo maior tempo possível. Os gigantes das redes sociais não querem que você largue o celular e passe o dia ao ar livre com os amigos ou com os filhos; eles querem você ligado no celular, na plataforma: engajado no trabalho não remunerado de fornecer conteúdo, reações, engajamento e o seu tempo.

A menos que queiramos ter um relacionamento doentio e viciante com as redes — e levar essa infelicidade, tensão, polarização e distração para nossa vida "real" —, precisamos estabelecer uma maneira consciente de interagir com elas.

Essas plataformas *são* de fato úteis — conectam pessoas, estimulam novas ideias e elevam novas vozes —, mas, como qualquer coisa que vicia e desperta nosso cérebro animal, elas precisam ser tratadas com cautela.

Seria de imaginar que uma filosofia desenvolvida milhares de anos antes das redes sociais entrarem em cena não teria utilidade para lidar com elas, mas o estoicismo tem várias dicas e ferramentas úteis para usar a internet com sabedoria.

Certifique-se de só agir com base em informações confiáveis

Se houvesse redes sociais na Grécia ou Roma antigas, é claro que Zenão, Crisipo, Epiteto, Sêneca e todos os demais teriam utilizado. Em sua forma pura, a rede social é uma excelente maneira de conectar as pessoas, criando uma comunidade que reproduz aquilo que era mais físico nos degraus do pórtico pintado (a Stoa, que dá nome ao estoicismo) em Atenas ou uma rede de conexões e diálogos que teriam existido entre as escolas filosóficas da época.

Imagine Zenão chegando à cidade após o naufrágio, sua carga de corante púrpura arruinada; preso em um lugar que não conhece. Ele tem algum tempo livre e quer aprender filosofia, e poderia então postar: "Estou preso em Atenas por um tempo e aceito recomendações de um bom filósofo. Que não seja muito caro!!! Por favor, compartilhem!!!" Esse seria o bom funcionamento de uma rede social, um lugar no qual podemos buscar e encontrar informações úteis e confiáveis.

Os perigos da desinformação

Mas os estoicos eram cuidadosos com as informações que os guiavam. Eles valorizavam o pensamento racional e agiam com base em informações sólidas, levando em conta a situação como um todo, em vez de agir de forma precipitada ou partindo de um momento de pânico e ansiedade. As redes sociais podem ser um poço de desinformação, opiniões, incitação de pânico moral e sinalização de virtude, que, em conjunto, obscurece fatos e informações adequadas.

Não é possível julgar algo de forma racional se você estiver munido de informações ruins. A primeira coisa a ser questionada quando consumimos informação nas redes sociais é: isso me fornece informação de qualidade ou é desinformação? Se for desinformação ou não vier de uma fonte reconhecida, desconsidere-a.

Epiteto poderia estar se referindo às redes sociais quando disse:

> Boa parte do que passa por entretenimento legítimo é inferior ou tolo, e apenas atende ou explora as fraquezas humanas. Evite se juntar à multidão que se entrega a esses passatempos. Sua vida é muito curta e há coisas importantes a serem feitas. Seja criterioso quanto às imagens e ideias que permite entrar em sua mente. Se você mesmo não escolher os pensamentos e as imagens a que se expõe, outra pessoa o fará, e ela pode não ter a melhor das motivações. Nada é mais fácil do que cair na vulgaridade sem que se perceba. Mas não há necessidade de isso acontecer se você decidir não desperdiçar seu tempo e atenção com bobagens inúteis.

NÃO PRECISA TER UMA OPINIÃO SOBRE TUDO

Pergunte a si mesmo: por que você precisa se manifestar sobre todos os assuntos do momento? Por que precisa expor suas opiniões sobre energia nuclear, vacinas contra a covid-19, índice de desemprego, política migratória, reality shows, o novo elenco de *Survivor*, bitcoin, o mais recente caso de pessoa desaparecida? Você certamente não é especialista em todas essas coisas. Por que o mundo precisa ter sua opinião sobre tudo? (Ou como o comediante americano Bo Burnham pergunta em seu especial *Inside*: "Tenho uma pergunta para vocês. Humm... É... necessário? É necessário que todas as pessoas deste planeta expressem todas as opiniões que têm sobre todas as coisas que acontecem, tudo ao mesmo tempo? Será que é... necessário? Ou, refazendo a pergunta, será que alguém pode... calar a boca?")

Existe uma outra maneira.

Você não tem como controlar, por exemplo, as capacidades nucleares da França, mas as pessoas tuítam sobre coisas assim como se tivessem esse controle. Essas coisas não estão pedindo para serem julgadas por você. Deixe-as em paz.

Se há um conselho estoico que tornaria o mundo de hoje um lugar melhor é o de Marco Aurélio: "Você sempre tem a opção de não ter uma opinião." Nestes tempos de polarização, quantas brigas entre amigos, colegas ou familiares poderiam ter sido evitadas se as pessoas apenas guardassem suas opiniões para si?

A indignação é contagiosa

Já aconteceu de você entrar na internet, às vezes logo pela manhã, com a mente calma e tranquila, e logo ser tragado pela mais recente indignação do dia? Talvez alguém que tenha expressado a opinião errada e esteja sendo cancelado ou humilhado publicamente, ou talvez uma injustiça ocorrida em algum lugar do mundo sobre a qual tenha muita gente postando nas redes sociais. Seja o que for, os algoritmos das redes sociais podem criar um círculo vicioso que retroalimenta e amplifica a indignação, e, antes que você se dê conta, já está pedindo o cancelamento de alguém ou mostrando a sua indignação em nome dos cidadãos de algum país distante.

Sêneca poderia estar falando sobre os ataques em massa e a cultura do cancelamento nas redes sociais atuais ao escrever isso em suas *Cartas de um estoico*:

> Misturar-se à multidão é prejudicial; não há ninguém que não torne algum vício atraente para nós, ou que não o estampe em nós, ou que não nos manche inconscientemente com ele. Certamente, quanto maior for a multidão com a qual nos misturamos, maior será o perigo.

Recolha-se para dentro de si mesmo tanto quanto puder. Associe-se àqueles que farão de você um homem melhor. Receba bem aqueles que você mesmo pode tornar melhor. O processo é recíproco, pois os homens aprendem enquanto ensinam. Suas boas qualidades devem estar voltadas para dentro.

Para quem usa as redes sociais, os estoicos aconselhariam o comedimento, não se vangloriar demais e não as usar como plataforma de autopromoção contínua. "Em público, evite falar demais e com muita frequência sobre suas realizações e proezas, pois, por mais que você goste de contar suas proezas, não é tão agradável para os outros ficarem a par das suas atividades", disse Epiteto.

A virtude estoica da moderação será muito útil ao interagir com as redes sociais.

Você não precisa estar certo

Muito da pressão e da energia nas redes sociais vem das pessoas agindo de forma binária: "Eu estou certo e você está errado." Quanta energia é gasta na tentativa de vencer uma discussão, humilhar alguém ou se agarrar a uma posição muito estimada que talvez não lhe sirva mais?

Se nos livrássemos de nossa necessidade de estarmos sempre certos, as redes poderiam ser o que elas foram por um breve momento na metade dos anos 2000: um lugar de humor, piadas, diversão, compartilhamento de notícias, comentários interessantes, recomendações de livros e músicas, atualizações das notícias de última hora. Hoje, elas são um lamaçal partidário, uma vez que nos separamos em tribos que utilizam essas plataformas para travar batalhas ideológicas até a morte.

A sabedoria — uma das quatro virtudes estoicas — vem da capacidade de absorver pontos de vista diferentes dos seus e interagir com eles. Vem também da evolução e do aprendizado constante.

"Se alguém é capaz de me mostrar que o que penso ou faço não está certo, mudarei com prazer", disse Marco Aurélio, que possivelmente teria sido ótimo no X (antigo Twitter). "Pois busco a verdade, pela qual ninguém jamais foi verdadeiramente prejudicado. Prejudicada é a pessoa que continua em seu autoengano e ignorância."

Lidando com insultos

Se você recebe uma ofensa ou uma indireta pelas redes sociais, no trabalho ou em uma festa, é provável que o resultado seja o mesmo: sua tranquilidade será perturbada. A ofensa é como uma pedra sendo jogada na calma piscina de nossa mente: seus efeitos se propagam e podem criar tensão e perturbação contínuas.

As ofensas podem despertar nossa raiva, nosso desejo de vingança, nossa ânsia em retrucar ou a necessidade de estar certo. Todas essas coisas prejudicam o caráter, portanto, como de costume, os estoicos pensavam muito em como lidar com as ofensas, de forma que pudessem seguir com a vida sem aquele estresse a mais.

A resposta estoica aos insultos é inteligente e hilária. E, séculos depois, suas técnicas ainda funcionam para insultos nas redes sociais ou na vida real.

O insulto é verdadeiro?
Era feriado, havia transporte público gratuito e a cidade estava lotada. Eu estava correndo da estação Circular Quay para o terminal de balsas de Manly, com quatro minutos para descer dois lances de escada em meio a uma aglomeração apertada, que andava devagar. O estresse tomou conta: eu não poderia perder aquela balsa, não poderia perder o almoço. Então, usando meus cotovelos ossudos, me esgueirei pela multidão, atingindo uma transeunte nas costelas com mais força do que o planejado. Não me orgulho disso. O fato de eu estar disposta a ferir fisicamente uma desconhecida para ter tempo de almoçar era um reflexo negativo do meu caráter. A mulher soltou uma série de xingamentos dirigidos a mim enquanto passava por ela, incluindo o fato de que eu era mal-educada e agressiva.

Quando somos insultados, a primeira estratégia estoica é fazer uma pausa e se perguntar: esse insulto é verdadeiro?

Nesse caso, era verdadeiro. Eu fui mal-educada e agressiva. Portanto, o insulto não foi perturbador. O que me perturbou durante a maior parte do dia foi eu ter sido mal-educada e agressiva, e o meu caráter ter sido prejudicado pelo meu comportamento. Eu não me preocupei com o insulto.

O ofensor estava bem-informado?
Epiteto disse que, quando somos insultados, é preciso fazer uma pausa e considerar a veracidade do insulto. Ele é baseado em desinformação ou ignorância? Ou é verdadeiro?

Se for uma desinformação, podemos ignorar o insulto ou corrigir o ofensor.

Correções
Se eu errar alguma informação em uma matéria e alguém me disser que me equivoquei (acontece o tempo todo com jornalistas) — e talvez me digam isso de forma dura e provocativa, por exemplo, "como você é burra, errou a taxa de desemprego" —, é possível aceitar a correção e considerá-la útil. Apenas ignore o julgamento de valor contido na correção e seja grato por alguém ter chamado a atenção para um erro que você cometeu e que pode ser corrigido. Não deixe que seu ego interfira trazendo a necessidade de estar certo o tempo todo. "Rejeite a sensação de dano e o próprio dano irá desaparecer", disse Marco Aurélio.

Sentir pena de quem ofende
Recentemente, minha casa foi infestada por ratos. Havia uma praga, e os ratos da minha região tinham comido todas as iscas envenenadas em tempo recorde e ainda não tinham morrido. Eu podia ouvi-los arranhando as paredes à noite, e, certa vez, um deles saiu do meu sapato pouco antes de eu tentar calçá-lo. Que nojo!

Postei sobre isso e recebi uma resposta de uma desconhecida raivosa que morava mais ao norte, um lugar que sofrera uma enchente que deixara muitas pessoas desabrigadas.

Ela respondeu: "Sinceramente, isso é insensível pra caralho. Pelo menos você tem uma casa para poder ser infestada por ratos."

Depois de superar o choque de receber uma resposta tão bizarra e agressiva, esperei e decidi não responder. "A melhor resposta para a raiva é o silêncio", disse Marco Aurélio. Ele também afirmava que insultos infantis deveriam ser motivo de pena, e não de raiva.

Use o humor

Os antigos estoicos eram famosos por usar o humor para desviar dos insultos.

Catão estava defendendo um caso quando um inimigo cuspiu em seu rosto. Em vez de se irritar, ele limpou o cuspe com tranquilidade e disse: "Juro a qualquer um que me perguntar que está errado quem diz que você não sabe articular uma opinião." Hahaha. Boa, Catão.

Epiteto aprovava o humor autodepreciativo. Ele aconselhava desarmar o ofensor dizendo coisas como: "Se você me conhecesse bem, não teria escolhido esse defeito, na verdade sou muito pior do que imagina. Talvez você seja um ofensor incompetente."

MANTENDO A CALMA

Quando Catão foi agredido em uma casa de banho, em vez de ficar com raiva do homem ou puni-lo, ele simplesmente respondeu, ao ser perguntado sobre o ocorrido: "Não me lembro de ter sido atingido."

Quando simplesmente ignoramos quem nos ofende, nós o privamos do poder de nos ver chateados. Se seguimos em frente como de costume, ele ficará desconcertado e desestabilizado.

Proteja-se tanto dos elogios quanto das críticas

Parte da manutenção de sua tranquilidade on-line envolve não procurar elogios nem se envolver com trolls ou haters.

Quando comecei a escrever minha coluna para o *Guardian Australia*, alguns dos comentários que recebi eram desagradáveis. Agora, a maioria dos meus artigos aparece sem a possibilidade de as pessoas comentarem, por isso não recebo muito do feedback negativo inicial que realmente contaminou minha confiança em mim mesma e em meu trabalho. Mas era preciso equilibrar isso: se não é possível ver os feedbacks negativos, também tenho que me proteger do feedback positivo e da bajulação. Receber uma coisa sem a outra gera uma espécie de feedback deturpado, e me forneceria uma opinião desequilibrada sobre mim mesma.

(Já o feedback dos meus editores é diferente. A função deles é criticar ou elogiar meu trabalho — e me ajudar a elaborá-lo da melhor maneira possível. A crítica pode fornecer informações valiosas e é um componente essencial do crescimento, mas o ataque dos trolls da internet não deve ser confundido com a crítica construtiva.)

Minha decisão de me envolver o mínimo possível com elogios ou críticas externas me trouxe uma deliciosa sensação de liberdade criativa, para criar não com a multidão em mente, mas com minha própria bússola interior. A criação vem de um lugar onde me sinto livre.

Você não precisa ser escritor ou ter trabalhado com o público para tirar uma lição valiosa disso. Ser indiferente à opinião dos outros (principalmente daqueles que não nos conhecem) significa que você é capaz de ser fiel à sua natureza: um aspecto fundamental do estoicismo. E, da mesma forma que não devemos nos envolver com elogios ou críticas dirigidas a nós, tampouco devemos distribuir ataques.

O problema da bajulação

Os estoicos reconheciam um lado sombrio na bajulação: muitas vezes, ela esconde uma verdade e disfarça uma motivação secundária. "Não devemos culpar ou lisonjear ninguém", aconselhou Epiteto. Se formos inundados de elogios, menores serão nossas chances de tentar melhorar ou nos aprimorar.

Sêneca, em suas *Cartas de um estoico*, escreveu sobre a lisonja:

> O maior empecilho é que rapidamente ficamos satisfeitos com nós mesmos. Se encontramos alguém que diga que somos pessoas boas, cautelosas e com princípios, nós aceitamos. Não nos contentamos com um elogio moderado, mas acreditamos que temos direito a qualquer bajulação descarada que nos seja oferecida. Concordamos com aqueles que afirmam que somos os melhores e mais sábios, embora saibamos que muitas vezes eles proferem muitas falsidades; ficamos tão satisfeitos que queremos ser elogiados por uma virtude que é o oposto de nosso comportamento. Um homem ouve ser chamado de "o mais misericordioso" enquanto está infligindo tortura, "o mais generoso" enquanto saqueia, e "o mais abstêmio" em meio à embriaguez e à luxúria. E assim não queremos mudar, porque acreditamos que já somos excelentes.

Os estoicos argumentariam que a opinião que os outros têm a nosso respeito na verdade não é da nossa conta. "Se alguém me despreza, isso é problema dele", escreveu Marco Aurélio. E como a opinião da pessoa está além do nosso controle, não faz sentido nos preocuparmos. Tudo o que importa é como tratamos os outros, nosso caráter e se agimos de acordo com a nossa natureza.

Indiferença às opiniões dos outros

Hoje, com as redes sociais, temos basicamente dois "eus" que conduzimos mundo afora. Nos últimos quinze anos, nós dobramos o esforço necessário para sermos humanos. Há o nosso eu real, que existe no mundo físico, e o nosso eu on-line. Além do trabalho de nossas vidas reais, o trabalho de nossos eus on-line é incessante. Criar, defender, promover e proteger nossos avatares é um trabalho não remunerado exaustivo e interminável.

Isso se torna ainda mais preocupante com suspensão das normas que regem a nossa conduta em situações presenciais. É muito mais provável que encontremos abuso, racismo, sexismo, julgamentos e ódio na internet do que nas ruas, mas ninguém nos ensina a navegar nesse mundo ou a ser resiliente diante de um ataque digital. Tudo isso é muito novo. Assim como os ataques, parte da ansiedade gerada pela internet vem da questão performática: a pressão para ser engraçado, descolado, correto, inteligente e atraente. Você é tão bem-sucedido quanto a sua última postagem. Você é tão atraente quanto o número de curtidas que recebe. Mas quanto mais você pratica o estoicismo, mais indiferente você se torna à opinião dos outros sobre você. Buscar a aprovação de terceiros deixa de ser uma meta, porque você agora sabe que não pode controlar a opinião deles a seu respeito, e que vincular sua autoestima e felicidade à visão que outra pessoa tem de você está fadado a ser perturbador e incerto.

Como...

Ser feliz com o que se tem

"Um homem sábio é aquele que não se entristece com aquilo que não tem, mas se regozija com o que tem."

— **Epiteto**

"Não se entregue a sonhos de ter o que não tem, mas reconheça as principais bênçãos que possui, e depois agradeça ao lembrar de como as desejaria se não fossem suas."

— **Marco Aurélio**

Em junho de 2021, tive a sorte de encontrar um lindo apartamento. Era pequeno, com apenas dois cômodos e meio, mas ficava na Baía de Sydney, com uma janela com vista para o mar na sala de estar. À noite, eu podia ouvir os pássaros marinhos e a água batendo na ponta do jardim. Eu tinha acesso a uma piscina privativa da baía e, em dias quentes, eu me deitava na grama e me refrescava pulando do trampolim.

Meu apartamentinho era um refúgio. Eu estava feliz... por um tempo. Aos poucos, fui conhecendo meus vizinhos; certo dia, um deles, Paul, me convidou para entrar no apartamento *dele*. Localizado na parte da frente do prédio, a vista de Paul era muito melhor do que a minha. Enquanto eu tinha apenas uma fatia da baía, ele possuía a torta inteira. Eu tinha um pedacinho de visão da baía, mas, como morava na parte de trás do prédio, minha janela ficava mais distante, e a maior parte da vista era uma parede de tijolos marrons. Quando voltei ao meu refúgio, foi com um pouco menos de alegria do que quando saí. Sim, eu ainda possuía uma vista *parcial*, mas gostava um pouco menos da minha casa depois de compará-la com a do meu vizinho.

Depois, uma outra vizinha, a Lisa, me convidou para entrar em seu apartamento, que era ainda mais palaciano do que o de Paul. Tinha vista para a Baía de Sydney e era o dobro do tamanho. Meu apartamento em comparação parecia uma quitinete.

Mais uma vez, comecei a gostar um pouco menos do meu pequeno lar. Aquilo era uma coisa que eu precisava cortar logo de cara. Ficar insatisfeita de uma hora para outra com algo que antes me enchia de alegria era um sinal não de que o objeto estava mudando, mas de que *eu* estava mudando. Eu entrava em um ciclo do que os psicólogos chamam de adaptação hedônica, no qual minha felicidade com meu pequeno apartamento atual se dissipava e tudo o que eu queria era um apartamento maior. E eu não ficaria satisfeita até conseguir.

A arte de ser feliz com o que se tem é uma das maiores lições da filosofia estoica — e também da vida.

Epiteto disse que a riqueza não consiste em ter grandes posses, mas em ter poucas necessidades. E que "a essência da filosofia é que um homem deve viver de modo que sua felicidade dependa o mínimo possível de causas externas". Mais anticapitalista, impossível.

Lembra da ideia que discutimos na Parte 1? A tranquilidade vem da capacidade de controlarmos nossa felicidade — ou seja, não escolher como objeto de nossa felicidade algo que esteja essencialmente fora de nosso controle.

Desejar obter um apartamento à beira do porto com uma vista melhor estava, em parte, dentro do meu controle. Mas pense no que seria necessário para conseguir. Um deles precisaria ficar disponível (havia apenas alguns no meu prédio e nenhum dos moradores parecia disposto a abrir mão do seu) e eu teria que ter condições de pagar por ele. Uma rápida pesquisa on-line revelou que os moradores dos apartamentos melhores estavam pagando muito mais do que eu. Eles pagavam tão caro pelo privilégio da vista que, com meu salário atual, mesmo que houvesse um apartamento disponível, eu não teria condições de arcar. Portanto, teria que deixar um emprego que eu amava e que me deixava muito feliz e conseguir outro emprego com remuneração melhor. Isso era possível — mas essa etapa estava de fato fora do meu controle. Um novo emprego teria que surgir e uma banca de entrevistadores teria que decidir oferecê-lo a mim. E ainda havia o risco. Ao aceitar um emprego por dinheiro, e não por felicidade, eu colocaria em risco a tranquilidade de trabalhar em uma empresa com a qual me identificava e na qual tinha uma forte comunidade de amigos e colegas.

Era muito risco e esforço para basicamente sessenta centímetros a mais de espaço na janela com vista para o mar. Não seria melhor continuar desfrutando do lugar que eu tinha, cujo preço eu podia pagar sem nenhuma dificuldade financeira e tensão (o que, por sua vez, também prejudicaria minha tranquilidade)?

Os estoicos sabiam da devastação que a adaptação hedônica poderia causar em nossa tranquilidade e desenvolveram técnicas para impedir que esses desejos insaciáveis de ter sempre mais exercessem um domínio desnecessário e tornassem a vida mais estressante. Em sua sabedoria, eles sabiam que, muitas vezes, aquilo que desejamos pode na verdade arruinar nossas vidas de maneiras que não levamos em consideração: ao tentar obter mais, temos que trabalhar mais (você quer passar a vida toda trabalhando?) ou, motivados pela ganância, sucumbimos à tentação do crime ou da corrupção. Pense em todos os crimes de colarinho-branco cometidos porque os criminosos queriam férias melhores, um relógio mais caro ou um carro de maior prestígio. Melissa Caddick, criminosa de colarinho-branco de Sydney, convenceu seus pais idosos a hipotecarem a casa para que ela pudesse investir o dinheiro deles. Em vez disso, ela comprou um diamante. Sua cobiça por bens materiais arruinou sua família, os amigos que investiram com ela e, por fim, a si mesma — ela está desaparecida, presumivelmente morta. Assim como o ladrão que levou a lâmpada de Epiteto, o desejo de possuir mais ou melhores bens pode arruinar o caráter.

Mas, primeiro, o que é adaptação hedônica?

A adaptação hedônica, ou a esteira hedônica, acontece quando a alegria e a adrenalina inicial daquilo que é novidade desaparecem e passamos a querer mais e melhores novidades para atingir o mesmo nível de felicidade. Esse processo de adaptação é típico e normal; quando a novidade daquilo que antes era desejado se esgota, nós nos acostumamos e incorporamos essa nova coisa ao cenário regular de nossas vidas. Existem razões evolutivas consistentes para que sejamos programados para desejar coisas novas: não é uma falha de projeto. Se nossas reações emocionais não diminuíssem com o tempo, não seríamos capazes de diferenciar estímulos mais significativos (eventos novos e importantes) de estímulos menos significativos (eventos passados que deveriam ficar em segundo plano). Sem a possibilidade de nos acostumarmos a novos estímulos, ficaríamos sobrecarregados de emoções e incapazes de mudar ou sobreviver.

Mas, sem dúvida, nós ampliamos demais nossos níveis de adaptação hedônica: peças de roupa *fast fashion* que são usadas uma ou duas vezes e vão parar em aterros sanitários; móveis e utensílios domésticos baratos e sem durabilidade de lojas como Ikea ou Kmart que precisam ser substituídos todos os anos; a tecnologia mais recente que é rapidamente substituída como um incentivo para que os consumidores comprem mais produtos de que não precisam. Temos abundância, mas tudo é ligeiramente vagabundo e sucateado.

Paul Theroux escreveu seu romance *A costa do mosquito* na década de 1980, mas o consumismo que seu personagem despreza no trecho a seguir já atingiu patamares inéditos: "Comemos quando não estamos com fome, bebemos quando não estamos com sede, compramos o que não precisamos e jogamos fora tudo o que é útil. Nunca venda a um homem o que ele quer — venda o que ele não quer. Finja que ele tem oito pés, dois estômagos e dinheiro para torrar. Isso não é ilógico — é perverso."

E também terrivelmente triste. A bela e sensível superfície da Terra, nossos magníficos e complexos oceanos são agora o lugar onde toda a porcaria de plástico barato que usamos por tão pouco tempo vai descansar... para sempre.

Essa destruição do nosso único planeta é em parte resultado da adaptação hedônica, a mesma força destrutiva que também cria um distúrbio interno tão imenso que passamos os melhores anos de nossas vidas trabalhando para podermos comprar mais e mais coisas novas. Parece que não percebemos (ou, o que é mais deprimente, nós *percebemos*) que as coisas que passamos nossas vidas acumulando vão, na verdade, agravar os problemas do planeta, e que a próxima geração terá de fazer a limpeza.

"Sempre há mais a ser feito"

Os filósofos entendiam como a esteira hedônica poderia nos deixar em um estado frequente de insatisfação, pois o prazer dos novos bens, pessoas e experiências acaba se esgotando com o tempo. Epicuro, que fundou a escola epicurista de filosofia na Grécia Antiga na mesma época do estoicismo, refletiu muito sobre o assunto.

Ele acreditava que havia alguns desejos essenciais, como a necessidade de comida, bebida e abrigo. Mas também poderíamos ser reféns de desejos vazios, como a necessidade de fama ou sucesso. São metas que nunca se cumprem, pois sempre parece haver mais coisas para fazer ou pessoas mais bem-sucedidas do que nós, e assim a impressão é de que nunca alcançamos nada. Podemos desacelerar essa esteira hedônica ao reconhecer quando determinada coisa é apenas um desejo vazio e ao tomar medidas para deixar de almejá-las.

Você pode argumentar que resistir à esteira hedônica era mais fácil para as pessoas na Antiguidade, já que elas não estavam sujeitas à enxurrada de mídia e publicidade que enfrentamos hoje. Não só nos outdoors e nos anúncios dos jornais e da televisão, mas nas telas em todos os lugares, em nossos bolsos, nos acompanhando em nossos dias de trabalho, que também trazem publicidade direcionada para esferas até então intocadas pelo comércio. No momento atual da história, pode ser muito difícil até mesmo saber que estamos sendo alvo de determinada propaganda, quanto mais ser capaz de resistir à publicidade. Mas, se passarmos a adotar um ponto de vista estoico, a consciência, como muitas coisas no estoicismo, é fundamental; se estivermos cientes da resposta hedônica e formos capazes de controlar nossos desejos à medida que eles surgem, avançaremos um pouco na retomada de nosso poder.

Apesar de não enfrentar o bombardeio da publicidade e dos produtos de consumo, a era greco-romana também tinha bens e itens de prestígio altamente valorizados. As pessoas costumavam fazer compras ridículas — urnas decorativas, vinhos ou mesas de mármore, por exemplo — e gostavam de exibi-las aos amigos. Alain de Botton, em *As consolações da filosofia*, observou que Sêneca gostava em especial de mesas de cedro com pernas de mármore, e que teria encomendado quinhentas delas para um banquete.

Mas, como a maioria dos seres humanos, assim que os romanos obtinham os bens que tão desesperadamente desejavam, eles se cansavam deles e passavam a querer algo mais. Em *Cartas de um estoico*, Sêneca advertiu: "Por fim, acabem então com todos esses bens traiçoeiros! Eles parecem melhores para aqueles que os anseiam do que para aqueles que os obtiveram."

O que ele quis dizer foi que a alegria está mais presente na expectativa dos bens (ou, como você provavelmente já experimentou, na expectativa das férias ou de um pacote da Amazon que está para chegar) do que na experiência da posse em si.

No período romano, um exemplo notável de competição entre as elites eram os disputadíssimos banquetes. Além de oferecerem carnes de caça, frutos do mar e especiarias de todo o Império Romano, os anfitriões competiam servindo pratos exóticos e exagerados, como arganaz recheado e ensopado de língua de papagaio. Uma enorme quantidade de papagaios era criada e abatida para esse prato. Os banquetes duravam horas e incluíam diversos pratos e vinhos. Os homens comiam deitados, para digerir melhor suas refeições. As pessoas se endividavam para bancar essas orgias culinárias. Um epicurista famoso, Apício, supostamente se suicidou porque estava falido depois de oferecer muitos banquetes luxuosos.

Marco Aurélio, para quem o dinheiro não era problema, tentava moderar qualquer desejo por coisas materiais — inclusive banquetes extravagantes — lembrando-se do que eles realmente eram. Como vimos no capítulo "Como ser moderado", ele reenquadrava a comida e a bebida à sua frente como corpos mortos e suco de uvas mofadas.

Eu também fiz esse exercício e me lembrei de que teria de mudar minha vida e trabalhar dia e noite para conseguir sessenta centímetros a mais de janela e um banheiro um pouco maior para tomar banho. Lembrei que eu poderia ter uma vista para o mar ilimitada — e de graça — se ao menos saísse de casa.

Oriundos de uma época de riqueza, decadência e hedonismo não muito diferente da nossa, os antigos entendiam bem a esteira hedônica e a necessidade de se proteger dessas forças (ou pelo menos estar consciente delas).

Eles elaboraram algumas estratégias para ajudar.

Indiferentes preferíveis
Como você deve ter percebido no capítulo "Como lidar com desastres", nunca sabemos quando teremos uma mudança de cenário ou qual será o resultado de uma perda. Por isso, os estoicos tentaram se preparar para perdas inesperadas através da doutrina dos indiferentes preferíveis.

Uma razão para resistir à esteira hedônica — e à atração por novos objetos, bens, pessoas e experiências — é que muitas dessas coisas estão fora do nosso controle. Como já exploramos, tais coisas — incluindo riqueza, bens, propriedades e aquilo que não é tangível, como elogios, um bom relacionamento, fama e boa reputação — estão fora de nosso controle e, portanto, devem ser vistas como indiferentes.

É mais importante manter a tranquilidade do que passar o tempo todo planejando como conseguir mais dinheiro para adquirir uma propriedade mais valorizada, uma casa com uma vista melhor ou um carro de maior prestígio.

Você pode arruinar o seu presente ao fazer hipotecas para obter um bem material futuro que talvez nunca venha a possuir. E mesmo que gaste todo o seu tempo trabalhando para comprar um Lexus, um estoico diria que você pode morrer a caminho da concessionária, tendo então desperdiçado o pouco de vida e liberdade que ainda tinha ao viver no futuro e não apreciar o que já tem. Como vimos no capítulo "Como ser mortal", o tempo é a única moeda realmente valiosa e insubstituível.

Como disse Sêneca:

> Deixar as coisas para depois é o maior desperdício da vida: cada dia é roubado à medida que chega, e nosso presente é negado com promessas de um futuro. O maior obstáculo à vida é a expectativa, que se apega ao amanhã e perde o hoje. Você organiza o que está sob

o controle do Destino e abandona o que está sob o seu. O que você procura? Para qual objetivo você se empenha? Todo o futuro está na incerteza: viva imediatamente.

Visualização negativa

Para interromper o ciclo de adaptação hedônica, os estoicos adotaram a visualização negativa.

O objetivo da visualização negativa não é nos assustar ao pensarmos que podemos perder as coisas que tanto desejamos e cobiçamos, e sim nos convencer de que tudo o que temos é "emprestado" e pode ser perdido a qualquer momento. Portanto, um ótimo apartamento, um parceiro bonito, um emprego interessante e de prestígio, uma joia rara: nada disso é nosso para sempre. No caso da adaptação hedônica, quando se trata de relacionamentos, trocar o parceiro por alguém melhor é particularmente preocupante, pois *você* é quem fica vulnerável a ser trocado por alguém melhor pelo seu parceiro, que segue sua própria esteira hedônica.

Imaginar a perda de algo ou alguém é uma forma de apreciar e desfrutar das coisas que temos atualmente. Podemos não ter essas coisas para sempre (afinal, elas são emprestadas) e, por isso, precisamos apreciá-las enquanto estiverem sob nossa custódia.

Sêneca escreveu: "Lembre-se de que tudo o que temos é 'emprestado' pelo Destino, que de fato pode recuperá-lo sem nossa permissão e sem aviso prévio."

Sempre pode piorar: um exercício de pensamentos negativos

Em relação ao meu dilema de gostar menos do meu apartamento depois de ver os apartamentos dos vizinhos, o exercício de visualização negativa seria algo assim: em vez de cobiçar a vista do apartamento do meu vizinho Paul, imagine não ter vista alguma. Imagine que seu apartamento fica no subsolo, com grades nas janelas que dão para uma viela escura e malcheirosa onde são guardadas as lixeiras.

Como já morei em um apartamento (ou vários) que se encaixa nessa descrição, não é muito difícil imaginar. Houve um em particular em Potts Point. Passei um ano feliz lá, mas parte do apartamento ficava no subsolo e tinha grades na janela. Eu me lembro de acordar em um ambiente sombrio, com apenas um pouquinho de luz entrando pelas janelas, e de não poder abrir a janela nos dias quentes por causa do mau cheiro das latas de lixo. Eu me sinto lembrando de tudo isso e então abro os olhos. E onde estou? Estou no apartamento onde moro atualmente: com uma bela janela que dá para um grande quadrado azul de água e que deixa entrar uma boa quantidade de luz. Abro a janela e sinto o cheiro de água salgada da baía e ouço o barulho dos barcos balançando. E então me encho de gratidão pelo lugar onde moro e agradeço por ter essa abundância quando antes eu só tinha escuridão e lixeiras.

Se ainda morasse naquele apartamento velho e sombrio em Potts Point e estivesse fazendo esse exercício, teria visualizado negativamente outro apartamento em que morei. Esse ficava em Manhattan. Não fiquei lá por muito tempo, mas ele me impressionou por ser absolutamente inabitável. Ficava totalmente no subsolo, era do tamanho de um armário e não tinha uma janela adequada, apenas um pequeno poço de luz que dava para uma grade que se abria para a calçada. Eu podia ver os sapatos das pessoas quando elas passavam. Às vezes achava que via ratos. Eu, com certeza, *ouvia* ratos. Havia muito pouca ventilação e o estresse ao entrar no apartamento era instantâneo, pois ele era incrivelmente claustrofóbico.

Quando eu estava lá e me sentia muito estressada por estar em um espaço tão pequeno, que obviamente não fora projetado para ser habitado, eu fazia a visualização negativa alternativa: no caso, morar no Central Park.

Mesmo em um lugar muito desconfortável, a visualização negativa me deixava grata por ter onde dormir.

E se na verdade eu estivesse dormindo no Central Park, a visualização negativa seria imaginar estar doente e dormir no parque, ou ser atacada enquanto durmo no parque, ou não haver um parque agradável disponível e ter que dormir na calçada.

O exercício funciona como uma boneca russa. Em cada ponto da jornada, você guarda em si uma ideia de um lugar menor e menos agradável. Você pode usar a visualização negativa para imaginar que está em um lugar pior do que o atual. E o sentimento que deve surgir ao encerrar o exercício é a gratidão.

Você pode fazer o exercício em qualquer lugar silencioso, pode fechar os olhos e trazer as imagens à mente. Eu me sentei em meu apartamento que não valorizava como devia e fiz isso. E lá estava eu — mais ou menos dez anos depois — em uma parte deslumbrante do mundo, um apartamento no porto de Sydney, avaliado em cerca de 1,5 milhão de dólares, e ainda precisando praticar a mesma técnica de quando morava em um caixote sombrio e sem janelas.

Isso apenas mostra como a adaptação hedônica é traiçoeira e como temos que nos proteger contra ela.

DEIXE A GRATIDÃO FLUIR

A raiz dessa prática é a gratidão. Quando as coisas que temos já não nos entusiasmam mais e desejamos algo novo, a visualização negativa nos mostrará a verdade da situação: isto é, o que temos era algo que um dia desejamos desesperadamente e pelo qual devemos ser gratos.

Afinal, "não é o homem que tem pouco, mas o homem que deseja mais, que é pobre", disse Sêneca.

Evitar o desejo de ser famoso

Se eu queria ser famosa? Não. Mas eu queria ser *conhecida*: queria ter uma boa reputação por meu trabalho e que essa reputação fosse além dos limites dos meus círculos mais próximos. Ser conhecida além das pessoas que *eu conhecia* era algo motivado pelo ego? Era uma versão local e mais discreta da fama? E, em caso afirmativo, por que eu estava em busca disso? Que mal havia nisso? Será que o desejo deveria ser descartado e, em vez dele, eu deveria seguir o programa estoico de querer apenas as coisas que estivessem sob meu controle?

Uma das coisas que discuti com Andrew ao longo dos anos, mesmo antes do início de nosso interesse pelo estoicismo, foi a necessidade de reconhecimento — e como isso é um fator determinante para a felicidade e a satisfação humana básica.

Seja na Antiguidade, seja agora, a sede de reconhecimento é uma constante, não importa a era. É uma forma de estampar no mundo as palavras "eu estou aqui". A necessidade de ser conhecido pelos outros (ou, na linguagem moderna, de *ser visto*) acontece em círculos concêntricos. Existe a necessidade de ser conhecido e reconhecido por um parceiro íntimo, por sua família, em seu grupo de amigos, no trabalho.

Depois, ainda maior é a necessidade de ser avaliado positivamente pelos conhecidos, e, em seguida, o desejo de ser conhecido e admirado na esfera pública, entre estranhos. Esse último é a "fama"; e o desejo por ela era tão problemático nos tempos estoicos quanto é agora na era moderna, em que as celebridades são adoradas como se fossem deuses gregos.

Embora o reconhecimento possa ser um grande alicerce para nossa autoestima e nos faça sentir valorizados e importantes, o estoicismo tem algumas palavras fortes para aqueles que buscam ampliar essa necessidade básica de reconhecimento na forma da fama.

"O homem sábio pensa na fama apenas o suficiente para que não seja desprezado", observou Epiteto. O sarrafo é baixo. O que ele queria dizer é que você deve buscar tão pouco a fama que não ser odiado já é o bastante. Na opinião de Alain de Botton, a escola epicurista pensava tão pouco sobre a fama que rotulou o desejo por ela como antinatural e desnecessário na lista de coisas importantes para a felicidade. (Além da fama, eles também listavam o "poder" como desnecessário e antinatural, enquanto os amigos, a liberdade, o pensamento, a comida, o abrigo e as roupas eram as coisas mais importantes.)

Tornar-se famoso é algo que está além de nosso controle, o que despertou a suspeita dos estoicos. A fama depende das reações de outras pessoas aos seus talentos, e você não pode controlar essas reações. Como Marco Aurélio escreveu: "Busque a admiração daqueles que você conhece. Pessoas que buscam admiração daqueles que nunca conheceram e nunca conhecerão: faria mais sentido ficarem chateadas por não terem se tornado heróis para seus bisavôs." Hahaha. Essa doeu.

Como a fama é, em sua essência, um fenômeno instável (ela vem e vai), a busca por ela apenas perturbará a sua tranquilidade. E essa perturbação é um preço muito alto a ser pago pelos prazeres fugazes da fama.

A fama o tornará carente e inseguro

As fortunas crescem e diminuem — a única constante no mundo é a mudança.

Você pode alcançar a fama por um breve período, mas não conseguirá realmente aproveitá-la devido à angústia de que ela possa abandoná-lo a qualquer momento. A menos que não se importe em perder tudo da noite para o dia, você nunca conseguirá relaxar totalmente. Você corre o risco de se tornar carente ou inseguro ao tentar se agarrar a ela.

Você pode alcançar a fama, por exemplo, escrevendo o romance mais badalado do ano, para depois ser esquecido quando o próximo escritor badalado surgir. Ou você pode ser escolhido para um reality show e ser reconhecido durante a temporada em que estiver na televisão, para depois ser esquecido e abandonado pelos produtores e pelo público, que antes clamava por você, assim que o próximo grupo de competidores aparecer no ano seguinte. Ou você pode ser CEO de uma grande empresa e ser cortejado pela elite do mercado, mas os convites param de chegar quando você se aposenta e perde o seu antigo status.

Vincular seu senso de felicidade e bem-estar à fama é como tentar praticar *stand up paddle* em mar aberto. As condições estão sempre mudando, e você pode ser derrubado a qualquer momento. Culpar o mar por suas ondas, correntes e marés é inútil. No entanto, achamos que podemos nos agarrar a algo tão instável e dinâmico quanto a fama. Achamos que podemos controlar o mar e as marés da opinião pública.

Os estoicos alertavam para o fato de que, se tentássemos nos agarrar à fama, precisaríamos abrir mão de nosso poder, nos tornar bajuladores e comprometer nosso caráter. Pense nos atores que nunca evoluem, fazendo continuação após continuação do mesmo filme de ação porque querem se agarrar à fama de sua juventude, quando estavam no auge da popularidade.

Como o filósofo estoico moderno William Irvine apontou: "Se buscamos status social, concedemos a outras pessoas poder sobre nós. Tudo que fazemos precisa ser calculado para que elas nos admirem, e temos de nos abster de fazer coisas que possam desagradá-las." Deixar de evoluir e de honrar nosso eu interior pode ser desastroso para o caráter.

Epiteto chegou a dizer que a busca pela fama apenas nos escravizaria, pois seríamos reféns da opinião pública e do sucesso de nossas carreiras. "A fama é apenas a balbúrdia vazia dos loucos", disse ele.

Todos somos capazes de citar uma dúzia de celebridades, e até mesmo alguns políticos, que sofreram de infortúnios, decisões ruins na carreira ou no trabalho, quedas de prestígio ou de reputação, ou simplesmente ficaram esgotados e saíram de moda; e é fácil observar a dor que isso causa à pessoa antes proeminente. Para permanecer sob o olhar público, o famoso precisa estar sempre ativo, elaborando estratégias, tentando medir os ânimos e captar o *zeitgeist* de modo a manter sua posição outrora celebrada. Algumas celebridades, em uma tentativa de se manterem relevantes e famosas, recorrem a comportamentos cada vez mais bizarros e chamativos; outras tentam anestesiar a dor da indiferença do público com drogas, álcool ou outros comportamentos viciantes. Ou então acontece o contrário, e a pessoa famosa se sente aprisionada justamente por aquilo que tanto cobiçava. Tudo o que ela quer é desaparecer. A fama se torna um fardo.

O famoso então se ressente da sua falta de privacidade, de como um tuíte ou uma postagem no Instagram é mal interpretada e se torna uma grande polêmica, ou é assombrado pelo espectro da falta de confiança em seus relacionamentos privados (quantas celebridades, com o coração apertado, esmagado repetidas vezes, leram uma história de uma "fonte confiável" em um jornal de fofocas, que revela tudo sobre elas?).

Os estoicos da Antiguidade, bem antes das redes sociais e das celebridades globais — quando a notícia se espalhava em jantares, banquetes e em salas de aula —, podiam ver, mesmo naquela época — e mesmo sem a internet —, os problemas associados à fama. Eles desconfiavam mais do desejo pela fama do que do desejo por dinheiro. O dinheiro era classificado como um "indiferente preferível", e a presença dele em sua vida podia ser tolerável (desde que você não se apegasse muito). Mas eles viam na fama um atrativo mais traiçoeiro. O dinheiro poderia ser usado para ajudar os outros, mas a fama não tinha o mesmo potencial gerador.

O elemento fundamental da fama é a separação. Você é destacado do bando em virtude de um talento que possui ou de uma sorte absurda ou de uma motivação sobre-humana ou de uma boa aparência ou de uma barriga tanquinho incrível. Mas com essa separação intensa vem não apenas o aplauso (e a inveja que você atrairá), mas a solidão. Os estoicos acreditavam que nos desenvolvemos melhor como animais sociais, como parte de um coletivo — e a fama em si é uma experiência muito individual. Por sua própria natureza, ela nos afasta do coletivo.

Não almeje o legado
Alguns desejam a fama pelas vantagens que ela pode trazer no aqui e agora; outros a querem para poder deixar um legado.

Perseguir a fama póstuma ou garantir que algum tipo de legado seja deixado para as gerações futuras é uma loucura, de acordo com os estoicos. Eles não viam sentido na construção de uma estátua em sua homenagem se você já estiver morto e enterrado. O que importava era o que você fazia enquanto vivo, o seu caráter e se você aproveitava ao máximo o tempo que tinha.

Marco Aurélio, ao seu modo prático e sem rodeios, explicou o conceito de fama póstuma: "As pessoas que se entusiasmam com a fama póstuma esquecem que aqueles que se lembram deles também morrerão em breve. E aqueles que vierem depois também. Até que sua memória, passada de um para outro como uma chama de vela, se apague e se extinga."

Em vez disso: "Dê a si mesmo um presente: o momento atual. Aqueles que buscam a fama póstuma esquecem que as gerações futuras serão as mesmas pessoas irritantes que conhecem agora. E igualmente mortais. O que importa para você se elas dizem *isso* ou pensam *aquilo* sobre você?"

Sim, as pessoas irritantes que você odiava quando estava vivo serão substituídas por outras mais irritantes que continuarão a existir nas gerações futuras. Por que então você se preocuparia em impressionar tais pessoas irritantes sem nome e sem rosto?

Afinal, disse Marco Aurélio, uma vez que estamos mortos, não importa realmente o que acontece. "Alexandre, o Grande, e seu condutor de mulas morreram, e a mesma coisa aconteceu com ambos", escreveu. Ou seja, somos todos alimentos para os vermes. Somos todos devolvidos à natureza.

Como...

Superar o FOMO e as comparações

"Nenhuma pessoa tem o poder de possuir tudo o que deseja, mas tem o poder de não desejar aquilo que não possui e de usar com alegria aquilo que possui."

— Sêneca

"O objetivo da vida não é estar do lado da maioria, mas escapar de se encontrar nas fileiras dos loucos."

— Marco Aurélio

Todas as vezes que converso com amigos mais jovens, eles me contam o que andaram fazendo, mas também o que deixaram de fazer. O debilitante FOMO é muito característico dos *millennials*, mas todo mundo sofre com isso de vez em quando. Não importa onde esteja: o lugar onde você não está é mais divertido.

As redes sociais proporcionaram a todos a intensa e dolorosa capacidade de ver os eventos sociais a que seus amigos compareceram e para os quais você não foi convidado ou não pôde comparecer. É um panóptico de dor. Uma invenção cruel e, ainda assim, de alguma forma, somos viciados nela; de alguma forma, não conseguimos desviar o olhar. Se você nasceu depois de 1995, o mundo sempre foi assim, enquanto que as pessoas que foram jovens na década de 1990 puderam pelo menos ir a festas sem olhar para o celular e ver festas melhores, para as quais não foram convidadas, acontecendo. No passado, quando não havia smartphones ou redes sociais, elas tinham mais chances de se divertir onde estavam.

O FOMO é real e, muitas vezes, pode acabar controlando suas vidas. As pessoas participam de coisas que não querem por causa do FOMO, ou são consumidas pela inveja quando veem uma imagem de um lugar ou festa onde não estão. O FOMO tira o prazer do momento presente e coloca o indivíduo em um estado de inquietação em relação ao que deveria ou poderia estar fazendo. E também há a exclusão social. Somos animais sociais e prosperamos em comunidades, e o pertencimento está profundamente ligado ao nosso bem-estar. As redes sociais e o consequente FOMO provocado por elas são, em parte, uma resposta ao fato de sermos removidos de um grupo, não incluídos e talvez não adequados. O medo de ser deixado de fora da tribo ou excluído da cerimônia (ou, dependendo do período da história, barrado no baile, no festival da colheita ou no concerto) é um medo antigo. Mas agora estamos em uma Sala de Espelhos móvel (obrigada, Instagram) na qual o medo nos segue e distorce tudo.

Embora eu estivesse tentada a colocar o FOMO na categoria dos Problemas Muito Modernos, quanto mais eu lia sobre o estoicismo, mais percebia que o FOMO sempre existiu e que os estoicos tinham métodos para lidar com isso — é claro! Eles previram e se planejaram para uma época em que sentir-se desprezado e deixado de lado seria uma ocorrência comum.

A principal característica das lições estoicas para o FOMO é que, embora algumas delas possam parecer um pouco artificiais, elas foram projetadas para garantir que nossa tranquilidade fosse mantida e que não ficássemos agitados ao sentir o FOMO se aproximar.

Quando você não é convidado

A primeira lição é um pouco difícil de executar. Ela envolve ser uma pessoa elevada — e generosa com os outros.

Epiteto resumiu a essência do FOMO ao perguntar: "Alguém é favorecido antes de você em um entretenimento, ou em um elogio, ou ao ser admitido em uma consulta?" Traduzindo: alguém está na festa em que você não está ou foi elogiado ou socializou com alguns VIPs?

Ele aconselhou: "Se essas coisas são boas, você deve se alegrar por suas conquistas; e, se são ruins, não se entristeça por não as ter conquistado."

Basicamente, se alguém foi convidado para uma festa à qual você não foi, você deve ficar feliz pela pessoa. Isso é um sinal de bom caráter, pois você é capaz de se alegrar pelos outros, mesmo sem ter sido convidado.

A segunda parte disso é: se as coisas que você deseja, mas das quais foi excluído, não são boas para você (mais uma garrafa de vinho, entrar no banheiro para dividir uma carreira de cocaína), então você deve ficar feliz por estar perdendo. Porque a coisa que está perdendo pode prejudicar seu caráter: o grande tabu para os estoicos.

A compensação

Em relação ao FOMO, os estoicos também levantaram a questão da troca. Digamos que um amigo seu tenha ido a um festival de música, fazendo com que o seu FOMO desperte ao ver as fotos dele nas redes sociais — mas observe o que você tem: 200 dólares a mais no bolso por não ter comprado um ingresso, a oportunidade de ter uma boa noite de sono e uma manhã seguinte sem ressaca.

Ao falar sobre compensações, Epiteto (nessa tradução) usou o exemplo da alface — mas substitua "alface" por algo mais divertido: uma festa, um feriado, um festival, um show... "Por quanto é vendida a alface? Cinquenta centavos, por exemplo. Se acontecer, portanto, de outra pessoa pagar cinquenta centavos e levar a alface, ao passo que você, ao não pagar, se ver sem ela, não imagine que a pessoa obteve alguma vantagem sobre você. Pois, assim como ela tem a alface, você tem os cinquenta centavos que não gastou."

Ao deixar de participar de um evento, você não comprometeu sua integridade tendo que bajular a anfitriã ou enaltecê-la — e, portanto, diminuir seu caráter ou criar uma obrigação social. Epiteto escreveu:

Então, no caso presente, você não foi convidado para o entretenimento de tal pessoa porque não pagou a ela o preço pelo qual se vende um jantar. Ele é vendido por elogios; é vendido por comparecimento. Dê a ela, então, o valor, se isso for vantajoso para você. Mas, se você, ao mesmo tempo, não pagar o preço e ainda quiser receber a outra parte, você é insaciável e tolo. Não há nada para você além do jantar? Sim, com certeza há: não elogiar quem você não gosta de elogiar; não tolerar o comportamento dela ao comparecer.

O ensaísta Adam Phillips, um dos principais pensadores no campo da psicanálise, captou a mentalidade estoica quando escreveu sobre FOMO na *London Review of Books*:

A exclusão pode envolver o despertar de outras oportunidades que a inclusão tornaria impensáveis. Se eu não for convidado para a festa, talvez tenha que reconsiderar as outras coisas que desejo: a possibilidade de ser convidado para a festa define os meus desejos por mim, de modo que posso delegar meu desejo aos convites de outras pessoas. O fato de já sabermos ou pensarmos que sabemos o que desejamos é a forma que temos de administrar nosso medo da liberdade. Querer não ser deixado de fora pode nos dizer muito pouco sobre o que queremos, mas nos diz muito sobre como evitamos nosso próprio desejo.

Portanto, em resumo, quando você sentir uma pontada de FOMO, lembre-se desse conselho dos antigos. Em primeiro lugar, ao não ir ao evento, você possivelmente estará perdendo coisas que comprometerão seu caráter, como ficar bêbado demais na festa e fazer papel de idiota. Em segundo lugar, ao perder determinada coisa, você ganha tempo e espaço para se ocupar com outra (ou, pelo menos, economizar algum dinheiro); e, em terceiro lugar, ao não participar de um evento, você evita ter que bajular ou conviver com pessoas de quem talvez não goste muito.

Evite fazer comparações

Se há algo estreitamente ligado ao FOMO é o horror das comparações. Comparar-se com os outros é um caminho certo para a infelicidade.

Pense em quando você estava na escola e depois na universidade. Na escola, todos estavam no mesmo barco, usavam os mesmos uniformes, tinham as mesmas aulas todos os dias e levavam mais ou menos o mesmo tipo de vida. Pode ser que vocês tenham se afastado na época da universidade — mas mesmo na graduação você tem uma experiência semelhante à de seus colegas. O problema começa quando você se forma. Alguns podem viajar ou ir trabalhar em um bar por alguns anos, enquanto outros aceitam empregos corporativos bem remunerados, e outros se casam jovens e formam uma família. De repente, você não se encontra no mesmo caminho que seus amigos. Talvez você sinta que tomou um rumo errado na vida. Talvez sinta que fez escolhas erradas. Você sente FOMO. Você começa a fazer comparações, e isso não é saudável. Isso pode não apenas prejudicar as amizades, mas também arruinar o prazer em sua própria vida. Ao decidir não se comparar com os outros, você se poupa de muito sofrimento ao longo da vida. É um sofrimento que você provavelmente nem sabe que está criando, porque essas comparações surgem de forma inconsciente. Mas, se deixar de lado as comparações, não somente se sentirá melhor em relação à sua vida, como também os outros se sentirão melhor quando estiverem por perto.

Comparando para cima e para baixo

Fazer comparações pode levar a dois caminhos diferentes, e nenhum deles é bom. Se comparar, digamos, o seu emprego com o de um amigo que talvez seja mais bem remunerado, você se sentirá pior consigo mesmo e com seu emprego. Mas, se você se comparar favoravelmente a alguém — um amigo que perdeu o emprego recentemente, por exemplo —, vai se sentir melhor às custas da situação de outra pessoa. Isso cria uma separação e uma divisão onde antes não havia, e significa que você não se vê como um igual em relação ao seu amigo, mas superior (e ninguém quer ser amigo de alguém que se sente superior).

Sentir uma pontada de satisfação quando algo dá errado para um amigo não é um sentimento incomum. Afinal, a frase de Gore Vidal é célebre:

"Toda vez que um amigo é bem-sucedido, eu morro um pouco." Isso pode acontecer porque, de forma inconsciente, você está competindo com seu amigo e acredita que a vida é um jogo de soma zero. Quando seu amigo tem uma perda, você inconscientemente sente que foi poupado da perda ou que não é tão azarado quanto ele. Esses pensamentos não são racionais — mas são comuns.

O oposto da separação é a conexão. Mas nós nos desconectamos quando fazemos comparações. Um amigo verdadeiro nunca se sentiria satisfeito com a derrota de seu semelhante. Pelo contrário: um verdadeiro amigo fica feliz com as vitórias e triste com as perdas de seu colega.

Parte do *schadenfreude* que sentimos, essa alegria pelo infortúnio alheio, não é culpa nossa. É apenas a maneira inconsciente com que fomos programados para ficarmos uns contra os outros.

Esperamos estar nos dias de declínio do neoliberalismo, no qual essas comparações (e o distanciamento que se segue) são incentivadas e até vistas como naturais. Absorvemos a mentalidade de escassez dominante, em que inconscientemente vemos os espólios do mundo — seja boa aparência, porte atlético, talento, status ou dinheiro — como finitos. A vida e os recursos se tornam um jogo de soma zero: nem todos podem obter coisas boas, e, se alguém ganha, outro deve perder. Mas isso não é verdade! Todos podemos vencer, principalmente se, como os estoicos, considerarmos "vencer" como ter sucesso em coisas que estão exclusivamente sob nosso controle, como nosso caráter, a maneira como tratamos os outros e como reagimos às coisas.

Voltando ao teste de controle

Há ainda outros motivos para nos esforçamos em deixar as comparações de lado. E isso nos leva de volta ao teste de controle.

Um estoico rejeitaria até mesmo a tentativa de se comparar, porque tentar obter o que outra pessoa tem está, em grande parte, fora de seu controle.

Lembre-se: você só pode controlar seu próprio caráter, a maneira como trata os outros e a forma como reage — tudo o mais está fora de seu controle, inclusive seu status ou o que os outros pensam de você.

Parte das comparações está ligada ao desejo, que muitas vezes pode levar à infelicidade, já que o objeto de desejo está fora do seu controle. Pense em todas as vezes que esteve em uma situação de amor não correspondido. A dor gerada vem, em grande parte, de um forte e excessivo desejo de estar em um relacionamento com alguém. Mas não temos controle sobre o fato desse amor ser retribuído.

Se você deseja ter um caráter melhor, controlar melhor suas ações ou reações ou tratar melhor os outros, você terá sucesso — mas para qualquer outra coisa você corre o risco de se decepcionar, porque há fatores que estão fora de controle.

Digamos que você queira ganhar tanto dinheiro quanto seu colega de trabalho, pois, comparado a ele, você ganha mal. Você pode tentar ser promovido ou mudar de emprego, mas essas coisas não dependem inteiramente de você, então é provável que sua tranquilidade seja destruída por tentar conquistar algo que não está ao seu alcance. Você não pode controlar o quanto alguém é bom em determinada coisa, e sempre haverá algumas pessoas que são melhores do que você em certas tarefas e outras que são piores. Seria ótimo se você pudesse desistir do jogo da comparação e, em vez disso, se concentrar em sua própria jornada.

Você pode celebrar outras pessoas. Seu ego age como um inimigo nisso, mas ele pode ser domado e colocado sob controle. Precisamos ser capazes de encontrar alegria no sucesso dos outros. Se conseguirmos permitir que isso aconteça, a negatividade perderá seu controle sobre nós e ficaremos livres para viver a vida que desejamos.

Nossa meta é definir o que é o sucesso para nós: essa é a única coisa que podemos controlar. Não podemos controlar os outros.

QUANDO A VIDA SE COMPLICA

A regra de "não fazer comparações" é útil não apenas para as coisas comuns da vida — comparações sobre quem tem o melhor carro ou emprego ou os filhos mais bem-comportados —, mas também para quando a vida de uma hora para outra se torna muito sombria.

> Se você vive se comparando com os outros nos bons momentos, terá muita dificuldade quando as coisas ficarem ruins.
>
> Se você tiver câncer e precisar passar por um longo período de um tratamento brutal ou enfrentar uma árdua recuperação, seria uma tortura ficar se comparando a pessoas que podem estar desfrutando da saúde ou apenas vivendo suas vidas. Nessas circunstâncias, você se tornaria absolutamente infeliz, pois teria uma dose dupla de sofrimento: uma pela doença em si e outra pelas comparações nas quais, em sua cabeça, você se veria em desvantagem em relação aos outros. Você não tem controle sobre a doença em si — seu corpo é uma das coisas que estão apenas sob seu controle parcial —, mas tem o controle de se tornar ou não infeliz ao se comparar constantemente com os outros.

Modelos

É claro que, ao dizer "não faça comparações", eu estou aconselhando você a nadar contra uma corrente muito forte e estabelecida, uma corrente que você provavelmente tem seguido a vida toda. Todos nós nos comparamos com os outros, e fazemos isso sem pensar. Geralmente, a resposta para "quem sou eu?" é revelada quando usamos nossos pares e a sociedade como referência.

As comparações podem resultar em uma aflição psicológica na forma de inveja, ciúme e de um complexo de superioridade ou inferioridade. Mas há uma solução estoica para isso, que permite nos "calibrar em relação aos nossos pares" sem a carga tóxica das comparações: ter um modelo a seguir.

Um modelo a ser seguido satisfaz a necessidade evolutiva de termos alguém diante de nós que possa fornecer uma medida básica do que queremos ser e do que podemos alcançar. Essas pessoas não precisam ser estoicos — podem ser pessoas que você conhece ou não, mas cujo trabalho, filosofia ou vida você admira. Eles nem precisam estar vivos. Marco Aurélio, embora já tenha morrido há muito tempo, foi citado como o modelo seguido por pessoas tão diversas quanto Bill Clinton e Zadie Smith.

Meus próprios modelos são uma mistura de pessoas que chegaram longe em minha área profissional e aquelas que vivem a vida sendo amáveis, generosas e autênticas.

Eu me comparo a eles, mas me esforço para fazer uma comparação positiva, em que não me culpo por não ter alcançado o nível dessas pessoas, mas uso o sucesso delas como inspiração para melhorar.

Hoje em dia, no jornalismo, tenho visto concorrentes surgirem e desaparecerem. Embora minha carreira tenha perdurado, ela teve altos e baixos, e houve muitas ocasiões em que colegas que eram meus pares avançaram rapidamente na carreira, ganharam muito mais dinheiro e desfrutaram de uma maior reputação. Em vez de me deixar levar pela inveja, descobri que é melhor apoiar o sucesso dessas pessoas. É um mercado pequeno, e é melhor não nutrir ressentimentos em relação aos colegas. Você terá muito mais longevidade ao apoiar os outros em vez de ver todos ao seu redor como ameaças. A mentalidade da escassez é falsa e só limita você.

Em vez de adotar essa mentalidade, trato os colegas que se saem bem e que admiro como modelos. Se eles são bem-sucedidos, isso me estimula e me inspira; se eu sinto um bloqueio em meu trabalho, posso pesquisar o nome do meu modelo na internet, ler os seus trabalhos e me sentir revigorada ao retornar ao meu texto. Isso já melhora o bloqueio.

Sêneca deu conselhos sobre como escolher um modelo estoico:

> Escolha alguém cujo modo de vida, as palavras e o próprio rosto a espelhar o caráter que há por trás tenham conquistado sua aprovação. Aponte-o sempre para si, seja como seu guardião ou como seu modelo. Na minha opinião, é necessário que alguém sirva de padrão para que o nosso caráter possa ser medido. Sem uma régua, você não conseguirá fazer com que o torto fique reto.

Como usar as comparações

A melhor comparação é aquela que você faz consigo mesmo. Você está melhor agora do que há um ano? Está lidando melhor com a situação? Você só precisa ser melhor do que si mesmo, ou fazer o melhor possível.

Os estoicos mantinham um diário como veículo para a contemplação e como uma forma de medir o autodesenvolvimento. Ao manter um diário, você pode olhar para trás e avaliar se mudou ou progrediu em relação a um, dois ou dez anos atrás. Um diário lhe dará uma visão clara do que você estava passando naquela época. A única comparação que você deve fazer é com seu passado.

Os diários são um ótimo espaço de catarse, no qual você expressa sentimentos que podem ser crus e feios demais para o consumo público. Talvez você não acredite nisso no momento em que sente, mas os sentimentos perdem a força. É desagradável relembrar o passado em meio a uma grande dor. Mas há uma razão para esquecermos da textura e dos detalhes minuciosos de uma profunda dor física e emocional. Ter uma lembrança permanente e contínua das profundezas do seu desespero seria lembrar a si mesmo por que nunca mais deveria amar ou confiar em alguém novamente. Por isso, a natureza nos deu o esquecimento. O ideal é que um diário ofereça a você uma pequena amostra de sua antiga dor, mas sem desencadear os sentimentos que tinha na época em que passou pelas dificuldades.

Olhar para trás também coloca a dor do passado em contexto. Quando observo o meu passado, fica claro que todo o sucesso de que desfruto agora foi construído com base nos frutos de trabalhos que não deram certo: os romances não publicados, uma série de TV de dezesseis episódios ambientada em uma redação que nunca foi feita, peças que foram escritas, mas nunca apresentadas. Tudo bem. Na verdade, não importa que essas coisas nunca tenham decolado. Elas faziam parte de um aprendizado que só percebi estar recebendo quando ele terminou.

Como...

Superar a ansiedade

"O homem não se preocupa tanto com problemas reais quanto com as ansiedades imaginadas a respeito de problemas reais."
— **Epiteto**

"Os animais selvagens fogem dos perigos que realmente veem e, depois de terem escapado, não se preocupam mais. Nós, no entanto, somos atormentados tanto pelo que passou quanto pelo que está por vir. Várias de nossas bênçãos nos prejudicam, pois a memória traz de volta a agonia do medo, enquanto a previsão a traz prematuramente. Ninguém confina sua infelicidade ao presente."
— **Sêneca**

É o início de 2022, e me vejo no dentista fazendo um molde de protetor bucal para usar à noite e proteger o esmalte dos meus dentes, que está desgastado pelo bruxismo constante.

Isso me deixa um pouco envergonhada. Pensei que estava tranquila, relaxada, *ataráxica*. Na verdade, posso ter andado um pouco ansiosa. Mas foram tempos difíceis!

Não sou a única, o dentista diz. Ele anda ocupado moldando protetores bucais para pessoas ansiosas de Sydney, que vêm tentando eliminar a ansiedade de seus corpos trincando os dentes à noite.

O presidente da sede da Australian Dental Association em Victoria, Jeremy Sternson, disse à ABC que 2021 foi o ano do dente rachado. "Normalmente, víamos um punhado de pacientes desse tipo no período de um ano, mas agora recebíamos três ou quatro deles por dia", revelou. As pessoas chegavam com dores no pescoço, na mandíbula e no rosto, ou com dentes rachados, e os dentistas apontavam o estresse como causa.

🏛

O que se pode dizer a respeito da ansiedade, além de que é praticamente o estado-padrão de quase todo mundo, o tempo todo, agora mesmo? Há anos que não temos trégua (quando foi que começou, 2018? Ou 2014? Ou 2020?), e é rara a pessoa que não tenha experimentado acordar às 4h da manhã, a gangorra de emoções que se manifesta como um pavor físico no estômago, o coração acelerado e a premonição de um ataque de pânico às 22 horas no supermercado, no corredor vazio onde fica o papel higiênico. Também é raro encontrar alguém que não tenha experimentado o medo e o coração apertado, que não fecharam suas abas e desligaram o noticiário porque não conseguiam suportar Mais Nada. Em seguida vêm as artimanhas mentais e o fingimento. No início de um novo dia, tentar se convencer de que, se não acompanhar as notícias, tudo que acontece lá fora *não está acontecendo de verdade*. Assim você pode construir uma Nova Jerusalém, se não em sua casa, em sua mente, intocada pelo mundo lá fora — mundo esse que *nada tem a ver com você* e sua família, porque na verdade você não é uma figura importante. Você só sai para trabalhar e quer pagar sua hipoteca e criar seus filhos... E basta bloquear todo o resto. E assim você finge com afinco que não há uma escalada do caos acontecendo na porta da sua casa.

E assim seguimos. A ansiedade se acumula: um acúmulo nos ossos, um endurecimento da matéria sensível ao redor do coração, a sensação de um rápido disparo de cortisol no sangue que pulsa acelerado pelo corpo, seguido por frequentes mergulhos em uma nova e prolongada exaustão que, às vezes, parece que nunca vai passar. Você já se sentiu cansado assim? Será que existe alguém mais cansado do que você neste momento? Não, não, não. Não é possível.

Em seguida vem a escuridão palpável, os momentos sombrios de fraqueza — pendurados como luzinhas decorativas na festa do fim do mundo. Vem essa sensação de Juízo Final que você jura nunca ter tido antes. Nesses momentos de profunda ansiedade, as pessoas que não tiveram filhos sentem uma espécie de alívio triste — e as que tiveram, uma certa culpa complicada.

🏛

A ansiedade causada pela pandemia, pelo menos para mim, fundiu-se com uma ansiedade mais amorfa em relação ao planeta.

No verão de 2022, deveríamos "voltar ao normal", mas os sinais da desordem estavam por toda parte. A chuva não parava. Vacas estavam aparecendo nas praias do norte de Nova Gales do Sul; o que seria engraçado se não fosse tão distópico, e as próprias vacas não parecessem tão estranhas andando confusas pela areia. Em Lismore, as pessoas abriam buracos em seus telhados para, em desespero, permanecerem acima da água que não parava de subir. A casa de uma mulher pegou fogo *enquanto* era inundada. Em Sydney, a chuva durou meses, enquanto Perth passou por seu verão mais quente até então. Durante toda aquela estranha estação, o mote era: "Quando voltaremos a ter um verão normal?"

Contemplando — e vivendo — esse verão desordenado, era tentador deixar escapar um pensamento apocalíptico aterrorizante. Se não estivéssemos mais vivendo em um mundo que reconhecíamos, que não oferecia mais as certezas que dão às nossas vidas um ritmo reconfortante, o efeito seria desestabilizador. Começamos a nos sentir desvinculados da própria terra e de seus ritmos sazonais que são satisfatórios do ponto de vista psicológico.

Mas essa ansiedade não é uma exclusividade de nossa época. Os antigos filósofos estoicos acreditavam que a Terra seria periodicamente destruída pelo fogo (ecpirose), em um ritual de limpeza antes do recomeço. Os estoicos em geral acreditavam que esse evento ocorria quando a civilização estava em seu auge de sofisticação e complexidade (como a nossa está agora). Em um eco do movimento ambientalista moderno, os estoicos acreditavam que, quando o equilíbrio intacto e perfeito da natureza, chamado Gaia, sofria interferência, o colapso era inevitável.

Sêneca acreditava que a ecpirose viria na forma de um dilúvio. Em sua brilhante peça *Tiestes*, o coro pergunta: "A natureza é capaz/de horrores ainda maiores?"

O mensageiro responde: "Você acha que nada pior é possível?/Isso é o prelúdio."

O fantasma de Tiestes diz: "A natureza foi subvertida/Eu criei uma confusão maldita, de modo que o pai é igual ao *próprio* pai e ambos os filhos/ Os netos tornam-se filhos, e o dia torna-se noite."

Você acha que nada pior é possível?/Isso é o prelúdio. Passados quase dois milênios, mais de 730 mil dias e noites, a ansiedade de Sêneca encontra a nossa.

Em outro eco — dessa vez dos temores da hiperglobalização do mundo atual —, James Romm, em sua excelente biografia de Sêneca, *Dying Every Day*, escreveu sobre a inquietação do filósofo quando Roma se expandiu para além de suas fronteiras territoriais:

> Como na história bíblica da Torre de Babel, a complexidade da civilização parecia carregar as sementes de sua própria destruição [...]. Onde antes um único navio havia perturbado a ordem natural, Roma agora havia enchido os mares de tráfego, misturando as raças e dissolvendo as fronteiras globais. Na visão de Sêneca [...], o avanço incessante do império transformaria o próprio cosmos em um inimigo. Quando todos pudessem ir a todos os lugares, quando nenhuma fronteira permanecesse intacta, o colapso total não estaria longe.

É tentador entender a ansiedade apenas como uma aflição moderna que surgiu com os smartphones e se intensificou com a pandemia e o colapso climático, mas os estoicos se referiam a ela com regularidade em seus escritos. A ansiedade deles em relação ao clima também era intensa (mas, ao contrário da ansiedade climática de nossa época, não era respaldada pela ciência e por montanhas de dados).

Há ainda a ansiedade da vida cotidiana, com a qual os estoicos também procuravam lidar. Essa ansiedade pode ser o medo de não ter dinheiro, o medo de perder um ente querido, um relacionamento ou um cargo, ou pode ser o medo de adoecer ou morrer. Pode ser a ansiedade de uma entrevista de emprego, de estar apaixonado ou de falar em público. Ou pode ser algo mais vago: a mera existência do medo em si, um sentimento no corpo, um pavor e a sensação de um ataque de pânico iminente, algo com uma capacidade extraordinária e poderosa de arruinar a tranquilidade.

Não tenha medo! Muitos dos ensinamentos estoicos são formulados com essa ansiedade em mente. Os estoicos até tentaram usar a ansiedade para o bem, como uma forma de teste para a virtude.

Desenvolvendo a resiliência

Os estoicos aceitavam os tempos difíceis como um estudante bem preparado aceita um exame. Eles viam suas vidas (e o cultivo das virtudes) como um treinamento para momentos como o que estamos vivendo agora (e que eles viviam em sua época), em que o caráter, a resiliência, a sabedoria e a coragem são testados.

Epiteto disse: "Quanto maior a dificuldade, maior a glória de superá-la. Navegadores habilidosos ganham sua reputação com tempestades e tormentas."

Ele via a crise como uma forma de revelar quem você realmente é: "As circunstâncias não fazem o homem, apenas o revelam a si mesmo."

A resiliência é um músculo que pode ser desenvolvido, não algo herdado. Ao fazer uso do teste de controle, nosso caráter está sob nosso controle, e o desenvolvimento da resiliência é uma parte crucial do desenvolvimento do caráter.

O autor estoico moderno William Irvine aconselha encarar os contratempos como testes estoicos para a superação de problemas, o desenvolvimento da resiliência e a contenção das emoções negativas. Ele afirma ser importante superarmos a mente subconsciente, que está sempre procurando culpar e julgar quando nos deparamos com as dificuldades. Isso vai contra o estoicismo, portanto, "ao encarar um contratempo como um teste estoico, tiramos nossa mente subconsciente do eterno ciclo contratempo–reação. Mais precisamente, impedimos que ela sugira explicações acusatórias para o contratempo, uma explicação que envolva dizer que outra pessoa está se aproveitando ou abusando de nós."

Quando isso acontece, nossas emoções não são desencadeadas na mesma extensão habitual, o que permite que nosso pensamento racional entre em ação, e nos impede de arcar com um custo emocional mais alto pelo contratempo. Irvine disse que "o maior custo, de longe, é o sofrimento emocional que um contratempo provoca".

De acordo com Irvine, se lidarmos bem com os contratempos, vamos não apenas evitar emoções negativas, mas também sentir emoções positivas, incluindo orgulho, satisfação e alegria após vencer o desafio.

Quando enfrentamos um contratempo de forma racional e clara, assumindo-o sem culpar ninguém e enfrentando o desafio, estamos também exercitando a coragem, uma das quatro virtudes. A coragem é fundamental no desenvolvimento da resiliência, pois é o motor que nos impulsiona em situações difíceis e nos dá a consciência e o entendimento de que podemos fazer coisas difíceis.

Sem contratempos, não temos como saber se somos corajosos ou não.

Irvine deu o exemplo de um jovem chamado John, que foi mimado e protegido das agruras do mundo por seus pais. Quando John se torna adulto, ele não tem resiliência para lidar com os contratempos, e "experimenta uma potente mistura de hostilidade e desespero. Assim, em vez de considerar os fracassos que experimenta como degraus no caminho para o sucesso final, ele pode simplesmente considerá-los eventos traumáticos. John também é rápido em se ofender com as coisas que as outras pessoas dizem ou fazem, mesmo que elas se esforcem para não o ofender."

John é emocionalmente frágil, e não tem uma base que o ajude a se estabilizar em tempos difíceis. Irvine compara tudo isso aos hipotéticos bisavós de John, que viveram durante a Segunda Guerra Mundial, enfrentaram muitos contratempos e conflitos armados, mas eram "fortes e apreciavam a vida mais do que nunca".

Irvine levantou a interessante questão de como uma geração que vive em tempos de paz e prosperidade pode ser mais infeliz e mais frágil emocionalmente do que aquelas que atravessaram tempos difíceis. A resposta, segundo ele, é porque eles não foram testados e não desenvolveram a resiliência.

Acredito que a geração de jovens que perderam dois anos letivos por causa da covid-19 e já enfrentam o lado visível da crise climática será mais resiliente do que seus pais. Esses jovens tiveram que desenvolver uma resiliência e uma flexibilidade extraordinárias nos últimos dois anos, e se sacrificaram muito para que pessoas muito mais velhas do que eles pudessem estar a salvo dos piores efeitos da covid-19. Nossos líderes não demonstraram gratidão suficiente pelos sacrifícios que essas crianças fizeram. Estou ansiosa para ver esses jovens corajosos entrarem no mundo depois de enfrentarem tantos desafios estoicos ainda tão jovens.

🏛

No mundo moderno, podemos tentar nos livrar da ansiedade fazendo terapia e abordando suas causas, podemos tomar medicamentos que alteram a química do nosso cérebro para reduzir a ansiedade, podemos entorpecer nossa ansiedade com drogas ou álcool ou podemos evitar a ansiedade limitando nossa exposição às coisas que nos deixam ansiosos.

Diferentes pessoas usam diferentes ferramentas, mas outro item do kit de ferramentas é uma série de exercícios e princípios estoicos a serem seguidos que ajudam a diminuir ou aliviar a ansiedade.

Fique atento às informações que consome

É difícil se manter calmo se rolamos nossas telas por horas a fio em busca das piores notícias nos sites e nas redes sociais. A proliferação das fake news só fez com que essa rolagem sem fim se tornasse ainda mais preocupante. O que você lê é verdadeiro? Em quais informações pode confiar? Quais informações fazem você agir? Não é de admirar que estejamos confusos e ansiosos.

Um estoico recomendaria cuidado com a mídia e as opiniões que você consome em momentos de ansiedade, como a pandemia ou as guerras. Epiteto aconselhou: "Os problemas e opiniões alheios podem ser contagiosos. Não sabote a si mesmo adotando, sem querer, atitudes negativas e improdutivas por meio de suas associações com os outros."

Os estoicos valorizavam o pensamento racional, a ação baseada em boas informações e análise da situação por completo, em vez de agir precipitadamente ou a partir de uma abordagem de pânico e ansiedade. Marco Aurélio lidava com as situações sem permitir que seus pensamentos fossem dominados pela negatividade. "O universo é mudança; nossa vida é o que nossos pensamentos fazem dela", escreveu em seu diário.

Para você, isso pode significar aderir a apenas uma ou duas fontes confiáveis de informações e limitar o tempo que você gasta checando as notícias e as redes sociais. Há uma linha tênue entre estar informado e estar sobrecarregado e inundado de informações. O ideal é escolher um horário pela manhã e outro à tarde, ou antes do jantar, para checar as notícias do dia a partir de uma fonte confiável. Viva o resto de suas horas preocupado com sua própria vida e com a vida das pessoas ao seu redor, em vez de se exaltar, preocupado e ansioso, com as piores coisas que acontecem a pessoas distantes, cuja situação você não pode influenciar ou mudar diretamente.

Usar o teste de controle para apaziguar a ansiedade

"Há apenas um caminho para a felicidade, que é deixar de se preocupar com coisas que estão além de nosso poder ou de nossa vontade", declarou Epiteto.

Mais uma vez, a princípio tudo deve passar pelo teste de controle de Epiteto. As únicas coisas que estão sob nosso controle são nosso caráter, nossas ações e reações e a forma como lidamos com os outros. Todo o resto está fora de nosso controle.

Digamos que você receba uma mensagem enigmática da sua chefe pedindo que você converse com ela na segunda-feira. Esse é o tipo de mensagem que pode desencadear a ansiedade. Sua primeira reação pode ser achar que cometeu algum erro e que sua chefe vai detonar você. A resposta da ansiedade é o medo. Mas vamos esmiuçar isso como pessoas estoicas: se você não fez nada de errado no trabalho, tem um bom caráter e vinha desempenhando bem suas funções, então não há nada com que se preocupar.

Ou talvez o que lhe cause ansiedade seja a possibilidade de a reunião ser sobre as dificuldades da empresa, significando que há demissões no horizonte. Se essa for a causa de sua ansiedade, examine-a. Usando o teste de controle, você perceberá que, se isso for verdade, qualquer demissão está fora de seu controle. E quando algo está fora do seu controle, você precisa deixar a ansiedade de lado e permitir que a situação siga seu curso.

Aqueles entre nós que são ansiosos dirão que falar é fácil, difícil é fazer, mas usar nossa mente racional para enfrentar temores e ansiedades é o primeiro passo para racionalizar uma forma de se afastar do medo e se aproximar da grande virtude estoica da coragem. A coragem permite que você suporte as más notícias com força e siga em frente com o mínimo possível de sofrimento.

INDIFERENTES PREFERÍVEIS: A LÂMPADA ROUBADA

Sempre que ficarmos ansiosos com a possibilidade de perder algo — seja uma pessoa, bens ou riquezas —, precisamos lembrar que a posse dessas coisas está fora de nosso controle e que, embora algumas delas sejam *preferíveis*, devemos permanecer *indiferentes* ao fato de tê-las ou não.

Epiteto usou o exemplo de sua lâmpada roubada (que abordamos no capítulo "Como ser bom"): "Eu deixo uma lâmpada de ferro ao lado de meus deuses domésticos, e, ao ouvir um barulho na janela, desci correndo. Descobri que a lâmpada havia sido roubada. Refleti que o homem que a roubou não foi estimulado por algum motivo irracional. E então? Amanhã, falei, você vai encontrar uma de barro. De fato, o homem só perde aquilo que já possui."

Há muitas lições nessa passagem, mas, no que diz respeito à ansiedade, eu a uso para refletir sobre o fato de que não devemos ficar ansiosos ao perdermos coisas, porque as coisas — uma lâmpada, um emprego, dinheiro e até mesmo amizades — vêm e vão. A única coisa com que devemos nos preocupar e nos concentrar em manter é o nosso próprio caráter. E como nosso caráter e seu desenvolvimento estão inteiramente sob nosso controle, então não há necessidade de ficarmos ansiosos com isso.

Colocar um pé à frente do outro

As instruções de Marco Aurélio devem ser lembradas quando nos sentimos sobrecarregados pela ansiedade. "Não se deixe dominar pelo que você imagina, faça apenas o que você pode e deve."

Coloque um pé na frente do outro e concentre-se apenas no momento presente, diziam os estoicos. Isso significa não se perder em devaneios do passado ou em fantasias e temores do futuro, mas apenas lidar com o que está diante de você no momento.

"Cuide deste momento. Mergulhe em suas particularidades. Responda a essa ou àquela pessoa, a esse desafio, a esse ato. Pare com as evasivas. Pare de se causar problemas desnecessários. É hora de viver de verdade, de habitar plenamente a situação em que se encontra neste momento. Você não é um observador desinteressado. Participe. Empenhe-se", disse Epiteto.

Treinamento para o desconforto

Os estoicos, tanto na Antiguidade quanto nos dias de hoje, detêm várias práticas que envolvem permanecer desconfortável de forma deliberada. Isso inclui tomar banhos de gelo, andar descalço em um caminho duro, jejuar e se expor ao ridículo usando roupas esdrúxulas em público, conforme exploramos em "Como lidar com desastres". A ideia por trás disso é que, ao passar por dificuldades, desconforto ou privações, você está se imunizando contra as dificuldades futuras, como ficar sem comida, aquecimento ou roupas bonitas.

Musônio Rufo disse que, ao treinar desconforto, ele treinava para ser corajoso. E lembre-se de que Sêneca, em *Cartas de um estoico*, aconselhou: reserve alguns dias durante os quais você deve se contentar com a comida mais barata e escassa, com roupas grosseiras e ásperas, dizendo a si mesmo o tempo todo: "Era essa a condição que eu temia?"

Se consegue jejuar ou viver com recursos muito reduzidos, você terá roubado do destino a chance de pegá-lo de surpresa quando os tempos ruins chegarem. Você já está em treinamento — e sabe que é capaz de suportar uma crise. (*"Era essa a condição que eu temia?"*)

"Se você não quer que um homem se encolha quando a crise chegar, treine-o antes que ela chegue", disse Sêneca.

O extraordinário caso de James Stockdale

Existe um livrinho bem pequeno que contém uma história grandiosa, capaz de dizer mais sobre o estoicismo em ação do que qualquer guia prático (inclusive este).

Trata-se de um discurso proferido em Londres, em 1993, pelo vice-almirante James Stockdale, posteriormente publicado sob o título *Coragem sob fogo: testando as doutrinas de Epicteto em um laboratório comportamental humano*.

O que você precisa saber sobre a vida de Stockdale antes disso é que ele "chegou à vida filosófica na pós-graduação da Universidade de Stanford como um piloto naval de 38 anos".

Era 1962, e ele estava no segundo ano de relações internacionais, tendo como objetivo se tornar um planejador estratégico no Pentágono.

O acaso interveio; como muitas vezes acontece no estoicismo. Após decidir trancar o seu curso regular, Stockdale "entrou na área da filosofia de Stanford numa manhã de inverno".

Stockdale, que tinha cabelos grisalhos, foi confundido por Philip Rhinelander, o reitor de Humanidades e Ciências que também dava aulas de filosofia, com um colega da universidade. A dupla logo se entrosou e, para compensar a falta de experiência de Stockdale na disciplina, eles combinaram de se encontrar por uma hora em uma aula particular semanal. Na última aula, Rhinelander deu a Stockdale um exemplar do *Manual de Epiteto*.

De acordo com Stockdale, Rhinelander explicou que Epiteto, o ex-escravizado, "adquiriu sabedoria em vez de amargura após sua exposição direta à crueldade extrema, e fez observações em primeira mão sobre o abuso de poder e a devassidão autocomplacente" da Roma Antiga. Stockdale se afeiçoou a Epiteto, e achou sua escrita clara e atraente.

Em 1965, de volta à ativa, Stockdale estava no Vietnã, na cabine de comando de um avião. Ele voava baixo, no nível das copas das árvores, quando foi abatido por vietcongues. Após ser ejetado, enquanto se aproximava do solo: "Eu tive cerca de 30 segundos para fazer minha última declaração em liberdade... e, para minha felicidade, sussurrei para mim mesmo: 'Cinco anos lá embaixo, pelo menos. Estou deixando o mundo da tecnologia e entrando no mundo de Epiteto.'"

Assim que Stockdale atingiu o solo, todo o seu corpo foi espancado antes que um homem com capacete de policial quebrasse gravemente sua perna. Mais uma vez, Epiteto estava lá para ajudar com os indiferentes preferíveis: "A claudicação é um impedimento para a perna, mas não para a vontade."

Stockdale foi levado para uma prisão nas proximidades, onde passou sete anos e meio como líder de um grupo de cerca de 50 prisioneiros de guerra em circunstâncias terríveis, cruéis e dolorosas.

De acordo com um protocolo pós-Segunda Guerra Mundial, os prisioneiros de guerra americanos nunca devem quebrar a hierarquia da cadeia de comando, mesmo em cativeiro. Eles também nunca devem fornecer ao inimigo qualquer informação que possa ser prejudicial aos seus companheiros. Estavam todos juntos, e, como tinha a maior patente, Stockdale, com 42 anos, assumiu o comando da prisão e transformou os soldados americanos e seu cativeiro em um laboratório estoico.

Todos no grupo foram torturados — "incessantemente" — e passaram por longos períodos de isolamento que acabaram com seu espírito. Stockdale era interrogado diariamente.

A primeira coisa que ele fez foi usar o teste de controle para descobrir o que poderia ou não controlar no cativeiro. Em seu poder estavam as "opiniões, meus objetivos, minhas aversões, minha própria tristeza, minha própria alegria, meus julgamentos, minha atitude em relação ao que está acontecendo, meu próprio bem e meu próprio mal".

Ele então utilizou os ensinamentos estoicos sobre os indiferentes preferíveis. A posição de Stockdale na vida foi abruptamente reduzida de alta a baixa (reduzida a "um objeto de desprezo") durante os 30 segundos que levou para chegar ao solo. "Por isso, certifique-se de que, no fundo de seu coração, em seu eu interior, você trate sua posição na vida com indiferença, não com desprezo, apenas com indiferença", disse ele.

O próximo desafio estoico para Stockdale foi em relação às emoções. Ele reconheceu que sua provação e tortura poderiam nunca ter fim, e que ele precisava aceitar que aquilo estava acontecendo. Aqueles que estavam mais quebrados eram os que pensavam que seriam resgatados (e esse também era o caso nos campos de concentração, de acordo com o relato de Primo Levi). Utilizando a visualização negativa, você precisava imaginar que não seria. Também era preciso confrontar a realidade de sua situação, sem confiar demais na esperança. Essa é a atitude que Stockdale disse estar sob seu controle. Mais tarde, em uma entrevista ao escritor Jim Collins, ele disse: "Os otimistas, ah, eles diziam: 'Vamos sair até o Natal.' E o Natal chegava, e o Natal passava. E depois diziam: 'Vamos sair daqui até a Páscoa.' E a Páscoa chegava e passava. Depois, o Dia de Ação de Graças, e depois o Natal outra vez. E eles morriam com o coração partido... Essa é uma lição muito importante. Nunca se deve confundir a fé de que irá prevalecer no final — você não pode se dar ao luxo de perdê-la — com a disciplina para enfrentar os fatos mais brutais de sua realidade atual, sejam eles quais forem."

Stockdale suportou as condições implacáveis e severas da prisão sem olhar muito para o futuro. "Eu vivia um dia após o outro", escreveu ele em *Coragem sob fogo*, ecoando Epiteto, que disse: "Cuide deste momento. Mergulhe em suas particularidades. Responda a essa ou àquela pessoa, a esse desafio, a esse ato."

O principal objetivo de Stockdale era manter o respeito próprio, mesmo quando o pior cenário se desenrolava. O respeito próprio era algo que estava sob o controle de Stockdale. Para manter o respeito no campo de concentração, ele não podia trair seu país ou seus colegas soldados; ele tinha de ter um bom caráter.

Depois de muitos anos de tortura e confinamento solitário, bem como da morte de alguns de seus homens devido aos excessos da violência, Stockdale foi escalado para outra rodada de suplício. Naquele momento, ele sabia que a dor seria de tal intensidade que não conseguiria segurar tudo aquilo que deveria esconder dos vietcongues. Seu caráter sofreria como resultado das traições que ele cometeria sob tortura. Assim, em sua cela, ele quebrou um vidro e cortou os pulsos, com a intenção de morrer em vez de trair seu caráter (ecoando Catão). Ele foi encontrado por seus captores e enfaixado. Mais tarde, Stockdale foi resgatado e teve uma carreira notável, morrendo aos 81 anos, em 2005. Stockdale atribui sua sobrevivência no campo de concentração — sobrevivência não apenas do corpo, mas também em termos de respeito próprio, dignidade e espírito — aos ensinamentos de Epiteto.

Deixe de ter esperanças e você deixará de ter medo

O lado positivo e ensolarado da ansiedade é a esperança: projetar no futuro não uma visão sombria, mas uma visão esperançosa. Stockdale não passou seu tempo em cativeiro vivendo na esperança de ser libertado; ele apenas tentou viver com dignidade e respeito na pequena área que podia controlar. Da mesma forma, Primo Levi, em Auschwitz, manteve seu foco na sobrevivência diária: apenas tentando permanecer vivo a cada dia. "Abrigar desejos dentro do [campo de concentração] Lager é uma sentença de morte mental, pois nenhum desejo será realizado de forma realista. Portanto, pensar na fome e esperar pela comida é sujeitar-se à tortura mental, pois comida suficiente nunca será oferecida."

Os estoicos não eram adeptos da esperança, pois a viam como uma forma de desejo — e uma negação da realidade e da verdadeira clareza.

O amigo de Sêneca, Lucílio, a quem as *Cartas de um estoico* eram endereçadas, era um funcionário público que trabalhava na Sicília. Um dia, Lucílio ficou sabendo de um sério processo contra ele que ameaçava acabar com sua carreira e arruinar sua reputação. Angustiado, escreveu a Sêneca, que respondeu: "Talvez você espere que eu o aconselhe a imaginar um resultado feliz e a descansar nos encantos da esperança", mas "vou conduzi-lo à paz de espírito por outro caminho." Isso culminou no seguinte conselho: "Se você deseja evitar qualquer preocupação, presuma que o que você teme que possa acontecer irá acontecer com certeza."

Em *Cartas de um estoico*, Sêneca escreveu a famosa frase: "Deixe de ter esperanças e você deixará de ter medo."

A esperança e o medo são dois lados da mesma moeda. Se você tem esperança, também tem medo de que essa esperança não se concretize.

O preço da paz de espírito é o abandono da esperança. E para os estoicos, que valorizavam muito a tranquilidade, esse era um preço que estavam mais do que dispostos a pagar.

Digamos que você espere não ter câncer de pulmão, apesar de ser viciado em cigarros. (O que, do ponto de vista estoico, você *não deveria ser*, já que o vício mexe com a sua mente racional e com a virtude da moderação, mas acompanhe comigo.) Toda vez que fuma, você espera ser um dos sortudos. Mas, com essa esperança, vem o medo. Se você espera que alguma coisa não aconteça, é lógico que você vai temer que essa coisa aconteça. Quem quer viver com medo? É melhor viver na realidade.

Uma estoica *esperaria* um dia adoecer se houvesse uma forte ligação entre câncer e fumar dois maços de cigarro por dia. Sua razão lhe diria que esse é o caso. Ela acenderia um cigarro não na esperança de fugir das estatísticas, mas encarando a realidade e esperando *não* ser uma das sortudas. Ela tomaria uma decisão com base na realidade, e essa realidade poderia ser: "Gosto mais de fumar do que valorizo minha saúde no longo prazo."

Essa estoica então diria: "Posso ter tomado uma decisão terrível, mas pelo menos não estou me iludindo, achando que seria a exceção poupada de uma doença grave."

Recentemente, dei um conselho semelhante a um amigo que estava envolvido em um litígio comercial complexo que já durava muitos anos. Se ele perdesse, ficaria devendo milhões de dólares, sua empresa seria fechada e ele poderia ser condenado à prisão. "Prepare-se para o pior", falei a ele, ecoando o conselho de Sêneca a Lucílio.

"E espere pelo melhor?", disse ele.

"Não, apenas presuma que você vai perder", respondi. Ao presumir que irá perder o caso, ele pode se preparar caso o pior aconteça. Ele não terá medo — ou terá menos medo — de perder, pois ajustou sua realidade para longe da esperança e em direção a probabilidade de perda. Assim, ele estaria mais preparado mentalmente para começar do zero, sem dinheiro, com a reputação abalada ou após cumprir pena na prisão. Todas essas coisas são indesejáveis, mas ser pego de surpresa e estar despreparado para elas torna a situação ainda pior.

Parte do abandono da esperança é a alegria de poder viver firmemente no presente em vez de pensar, temer e fantasiar constantemente sobre o que pode ocorrer no futuro.

Você nunca consegue se sentir completamente tranquilo quando tem esperança. Isso é colocar sua felicidade em algo que está além do seu controle. Você pode se decepcionar terrivelmente.

"Deixe de ter esperanças e você deixará de ter medo." A paz substitui a esperança e o medo.

Há outro bom motivo para se livrar da esperança. Ao removê-la de sua vida, você também remove o seu oposto: a desesperança. Essa é realmente uma das piores emoções humanas. Nada é tão abjeto. É uma irmã do desespero e é capaz de criar sua própria fantasia sombria, isto é, a fantasia de que você não pode se recuperar, que nada dará certo novamente, que você nunca terá sucesso, que sua situação nunca irá mudar e que você está condenado.

Parte 3
MOMENTO DECISIVO

"Comece a viver de uma vez, e conte cada dia como uma vida separada."

— **Sêneca**

"Olhe para o passado, com seus impérios inconstantes que se ergueram e caíram, e você também poderá prever o futuro."

— **Marco Aurélio**

A meia-idade nos atinge sem aviso prévio. Estou na casa dos quarenta — como foi que isso aconteceu? De uma hora para outra e pouco a pouco, acho. Mas a questão de como passar meus dias da melhor maneira possível estava se tornando mais urgente com o passar dos anos. O tempo começou a parecer mais finito. A questão do desperdício agora me assombra.

À noite e pela manhã, sinto as pontadas da dor dos sonhos não realizados e dos caminhos não seguidos, das oportunidades que talvez não voltem a surgir, das vidas não vividas. É provável que eu nunca me mude para Paris para trabalhar em uma livraria. Minha vida a esta altura já tomou uma determinada forma. Algumas coisas começam a parecer fixas — para o bem ou para o mal.

E há uma sombra mais profunda, a das perdas mais permanentes que ainda estão por vir — toda uma rede formada por conhecidos, mentores, pais, amigos — que se vão, e vão, e vão... Essa rede que, em última análise, leva à própria morte. E a morte, em nossa sociedade que venera a juventude, é o assunto que não sabemos abordar.

E, enquanto consideramos as perdas pessoais, há as perdas maiores nos sistemas.

Esses sistemas são ecológicos e sociais: são o ar puro das cidades e as cores brilhantes da Grande Barreira de Coral, as redes fluviais saudáveis e o brilho das borboletas, as praias antes de sofrerem erosão ou serem devoradas pelas marés. Minhas viagens dos últimos anos me levaram a colapsos de sistemas — que vi com meus próprios olhos. Mergulhando entre as formas embranquecidas e fúnebres dos recifes de corais quase mortos, respirando com dificuldade em Nova Délhi, onde a qualidade do ar era tão ruim que superava todas as medições anteriores, e fazendo um passeio de riquixá que me deixou com os olhos e a garganta ardendo. Tentei, mas não consegui, caminhar em praias erodidas, ou nadar em águas que antes eram cristalinas, mas agora estavam sujas e repletas de lixo.

Viver de maneira plena e vibrante é também estar em luto. E é para lá que vamos agora.

Como...

Viver o luto

"Qual a necessidade de chorar em determinadas partes da vida? A vida como um todo exige lágrimas."
— **Sêneca**

"Receba sem presunção, libere sem esforço."
— **Marco Aurélio**

Desde que comecei esta jornada de exploração da antiga sabedoria, a coisa sobre a qual mais me perguntam é como o estoicismo lida com o luto ou a perda de um ente querido. As pessoas em luto se sentem isoladas, sem um mapa ou orientação sobre o caminho a seguir, e se perguntam se as obras dos antigos estoicos oferecem algum consolo.

Hmm... Será que oferecem consolo? A resposta é sim e não. Os estoicos pensaram e escreveram muito sobre o luto. Mas, quando me perguntam, eu hesito em dar conselhos estoicos a alguém que está vivendo o luto e se encontra no meio desse processo angustiante e desorientador. É preciso uma vida inteira de prática para sofrer como um estoico, e trata-se de um processo muito mal compreendido. Para os não iniciados, a abordagem estoica do luto pode parecer muito dura — até mesmo brutal. Mas, para aqueles que estudaram e praticaram o estoicismo, a abordagem condiz com toda a filosofia. Ela é empoderadora e sábia.

Portanto, embora eu recomende a abordagem estoica do luto, o ideal seria aprender a viver o pesar como um estoico antes que as pessoas que você ama comecem a morrer.

Viva o luto por seus entes queridos enquanto eles ainda estão vivos

A primeira etapa do luto pelos entes queridos antes de sua morte é visualizá-los morrendo, ver o funeral e praticar a homenagem a eles em sua mente. Quando praticar a homenagem mental, ou até mesmo fizer algumas anotações em seu diário, você irá se lembrar de todas as características engrandecedoras e positivas da pessoa por quem lamenta. Como é emocionante e maravilhoso encontrar-se com ela ainda viva (por enquanto). Você irá embora com um sentimento renovado de gratidão pela singularidade desse indivíduo e pelo seu relacionamento com ele.

Abordamos a visualização negativa no capítulo "Como ser mortal". A visualização negativa, praticada de forma breve, permite que você se acostume com a ideia de que as pessoas que amamos não existirão para sempre e ensaie mentalmente como seria receber a notícia de que estão mortas, ou como seria comparecer ao funeral delas. Esses pensamentos podem parecer desagradáveis para a maioria, mas, como é provável que isso realmente aconteça no futuro, é bom dar a si mesmo algum tipo de vacina emocional imaginando seus entes queridos mortos.

SEJA GRATO

Um subproduto do luto pelas pessoas enquanto ainda vivem é apreciá-las mais agora, enquanto ainda pode. Não deixe coisas por dizer; não negligencie uma amizade ou um relacionamento familiar; aproveite seu tempo com as pessoas de forma adequada. Passe um tempo com um amigo ou com os filhos sem se distrair no celular.

Epiteto advertiu que podemos perder amigos não apenas para a morte, mas também através de disputas ou mudanças de cenários. Por isso, devemos aproveitar ao máximo nossos amigos enquanto os tivermos por perto.

> Também devemos ser gratos por nossa própria vida. Assim como nossos amigos podem morrer de repente ou antes de chegarem à velhice, nós também podemos morrer. Devemos prever que tudo o que desfrutamos chegará ao fim. Você não quer esperar até ser tarde demais para aproveitar o mundo e tudo o que ele tem a oferecer. É como a cena final de *Não olhe para cima*, quando Randall, o personagem de Leonardo DiCaprio, sentado à mesa, diz para sua família e amigos: "Nós realmente tínhamos tudo, não tínhamos?" Assim que ele diz isso, um cometa mortal se choca e a Terra inteira é aniquilada. Não espere até o último momento na Terra para perceber que você "realmente tinha tudo".
>
> É menos provável que desperdicemos o tempo se percebermos que ele é um recurso finito.

Como encarar o luto da maneira estoica

Em seu exílio na ilha de Córsega, Sêneca escreveu uma carta de condolências para sua amiga Márcia, que estava havia mais de três anos em luto pela morte de seu filho já adulto, Metílio. Essa carta revela Sêneca como um terapeuta, mas também como um advogado, apresentando uma série de argumentos para que o luto de Márcia terminasse. A carta notável e, ainda hoje, parece útil e atual para qualquer pessoa que esteja enfrentando o luto.

Os primeiros parágrafos expõem o problema de Márcia e os argumentos de Sêneca para que as emoções dela não se transformem em algo crônico e endurecido.

> Três anos inteiros já se passaram, e, ainda assim, a violência inicial de sua tristeza não se abateu de forma alguma. Sua dor se renova e se fortalece a cada dia — ao se prolongar, a dor estabeleceu seu direito de permanecer, e agora alcançou um ponto em que se envergonha de chegar ao fim. Assim como todos os vícios criam raízes profundas a menos que sejam esmagados ao surgir, da mesma forma, tal estado de tristeza e miséria, sua tortura autoinfligida, acaba por se alimentar de sua própria amargura, e o luto de uma mente infeliz se torna um prazer mórbido. Por isso, eu gostaria de ter abordado sua cura nos

primeiros estágios de sua tristeza. Enquanto ainda era jovem, um remédio mais suave poderia ter sido usado para conter sua violência; contra males inveterados, a luta deve ser mais veemente.

Isso também se aplica às feridas: elas são fáceis de curar enquanto ainda estão vivas e abertas. Quando já estão infeccionadas e transformadas em uma ferida maligna, devem ser cauterizadas e, abertas até o fundo, devem ser submetidas a dedos que as apalpem. Da forma como está, posso não ser páreo para esse luto endurecido apenas sendo atencioso e gentil; ele precisa ser esmagado.

Sêneca acreditava que Márcia precisava estabelecer um limite para sua tristeza. Se ela continuasse a sofrer, seria removida "da contagem dos vivos".

Ele a advertiu que usaria um tom firme: "Deixe que os outros tomem medidas suaves e façam carícias; eu decidi lutar contra sua dor e vou secar esses olhos cansados e exaustos que, para lhe dizer a verdade, já estão chorando mais por hábito do que por tristeza."

Ele aconselhou Márcia a praticar o autocontrole no luto para que não sofresse duas vezes. O primeiro sofrimento foi a morte real de seu filho, e o segundo, o período prolongado do luto.

Escreveu Sêneca: "Que loucura — que monstruoso! — é punir a si mesma pelo infortúnio e acrescentar novos males aos males atuais!"

Essa maneira de pensar o sofrimento nos soa familiar agora. Os estoicos — longe de serem contra a alegria — eram, na verdade, contra o sofrimento desnecessário. Eles tentavam *evitar o sofrimento* em situações em que pudesse ser evitado.

Outros filhos morreram, então o seu também pode morrer
Em sua carta, Sêneca tentou convencer Márcia de que a morte de seu filho, embora trágica, não deveria ter sido uma surpresa. Afinal de contas, se ela sabia de outros jovens que haviam morrido, então por que seu próprio filho não deveria morrer?

É uma máxima que ecoa Epiteto, que disse: "Quando a esposa ou o filho de alguém morre, dizemos: 'Bem, isso faz parte da vida.' Mas, se isso inclui alguém de nossa própria família, logo dizemos: 'Pobre, pobre de mim!' Melhor seria nos lembrarmos de como reagimos quando uma perda semelhante aflige outras pessoas."

Isso é tão verdadeiro hoje quanto era há dois milênios. Vemos coisas ruins acontecendo ao nosso redor, pessoas adoecem e morrem o tempo todo, mas ficamos chocados quando isso acontece conosco ou com pessoas próximas. É como se acreditássemos que somos imunes à morte. ("Eu gostaria que pudéssemos ter nossa vida antiga de volta. Tínhamos a maior economia de nossa história, e não tínhamos a morte.") Nós temos uma desconexão parecida quando o assunto é a crise climática. Teoricamente, sabemos que estamos em uma direção ruim, mas a extinção ou o colapso climático não nos parecem reais.

Mas, como aprendemos nos capítulos anteriores, para que se possa agir neste mundo e mitigar o sofrimento para você e para os outros é necessário realmente *estar na realidade*.

Sêneca tentou nos levar até lá. Ele perguntou, em um tom semelhante ao de Epiteto:

> Quantos funerais passam por nossas casas? E ainda assim não pensamos na morte. Quantas mortes prematuras? Pensamos apenas na maioridade de nosso filho, em seu serviço no exército ou em sua sucessão no patrimônio do pai. Quantos homens ricos caem na pobreza de forma repentina diante de nossos olhos, sem que jamais nos ocorra que nossa própria riqueza está exposta aos mesmos riscos? É por isso que, quando o infortúnio nos atinge, não conseguimos evitar o colapso ainda mais completo, porque somos pegos de surpresa.

O teste de controle e o luto

Sêneca aconselhou Márcia dizendo que "não devemos nos aborrecer com eventos incontroláveis". Se pensarmos no teste de controle, não podemos controlar a morte de alguém, inclusive a nossa (a menos que seja pelas próprias mãos). Como resultado, você não deve ser excessivo em seu luto, já que não quer se ferir duas vezes ao lamentar por algo cujo conserto está fora de seu controle.

Usando a razão durante o luto
Os estoicos não se opunham ao luto; eles apenas queriam evitar o luto *excessivo*. Quando o período natural do luto chega ao fim, podemos usar os julgamentos e a razão para avaliar se aquele é o momento certo de seguir em frente, e agir de acordo. Isso serve para proteger nosso próprio bem-estar e saúde mental. Sêneca acreditava que Márcia havia deixado seu luto se estender demais, muito além do que seria um período razoável. Ele disse a Márcia que até mesmo seus amigos estavam desconfortáveis e não sabiam mais como lidar com seu luto prolongado ou o que dizer a ela.

"Rezo e suplico para que não seja obstinada a ponto de não conseguir administrar suas amizades. Você deve estar ciente de que nenhum deles sabe como se comportar..."

Ele deu o exemplo de duas outras mães que estavam em luto. Otávia nunca deixou de sofrer — e negligenciou o restante de sua família e demais deveres.

Mas a outra mãe, Lívia, "finalmente colocou [seu filho Druso] no túmulo, deixou sua tristeza com ele e não sofreu mais do que o adequado a um César ou a um filho".

Sêneca disse a Márcia que ela tinha duas alternativas:

> Escolha, portanto, qual desses dois exemplos você considera mais louvável: se preferir seguir o primeiro, você se retirará da contagem dos vivos... Se, por outro lado, revelando um espírito mais brando e mais bem ajustado, tentar seguir o exemplo da última e mais exaltada dama, você não estará na miséria nem desgastará sua vida com sofrimento.

Usando as virtudes para atravessar a turbulência
Um estoico bem treinado (como você é agora) estará ciente das quatro virtudes e terá passado algum tempo aprimorando-as. Essas virtudes são como superpoderes que podem ajudá-lo a enfrentar vários desafios na vida — inclusive o luto. Com sabedoria e coragem, você pode encontrar forças para superar a perda e, ao mesmo tempo, ser capaz de colocá-la no contexto da vida, em que tudo é mortal e está sujeito ao ciclo de nascimento e morte.

A virtude da temperança, ou moderação, também permitirá que você aja de forma consciente quando sua dor estiver muito intensa ou quando o contrário acontece e você perde a sensibilidade. Assim como o meio-termo de Aristóteles se aplica a um grande leque de emoções e eventos na vida, ele também se aplica ao luto, "pois existe algo como a moderação até mesmo no luto", escreveu Sêneca.

Usando o julgamento no luto
Na Parte 1, no capítulo "Como ser imperturbável", aprendemos a resposta estoica às paixões. Os estoicos diziam que, em essência, temos controle sobre nossas emoções, exceto pelas impressões iniciais (como pular ao levar um susto, corar ao ficar envergonhado), e, portanto, o luto, após o choque inicial da morte, está sob nosso controle.

Quando Sêneca falou sobre como lidar com o luto, ele não estava recomendando que todas as emoções fossem suprimidas e que não houvesse choro. Os estoicos consideravam normal e natural chorar quando alguém morria — com as lágrimas decorrentes do choque, da tristeza, da perda e também da alegria pelas lembranças felizes. Eles apenas advertiam contra o luto performativo e exagerado, o luto que se prolongava demais ou a indignação pelo fato de alguém ter morrido.

Em *Consolação a Márcia,* Sêneca disse que é natural estar em luto, assim como ficar chocado quando alguém morre. Em sua própria vida, ele ficou chocado quando seu jovem amigo Aneu Sereno morreu. Sêneca disse: "Escrevo essas coisas para você — eu, que chorei por meu amado Aneu Sereno de forma tão desenfreada, agora entendo que a principal razão de ter sentido tanta dor foi nunca ter pensado ser possível que sua morte precedesse a minha. Eu só tinha em mente que ele era mais jovem do que eu, muito mais jovem. Como se a ordem de nascimento determinasse nosso destino!" Mas ele concluiu: "O que pode acontecer a qualquer momento, pode acontecer hoje." E pode acontecer com qualquer pessoa, de qualquer idade, até mesmo com pessoas mais jovens do que você. *Como se a ordem de nascimento determinasse nosso destino!*

Como os estoicos praticavam a vida inteira para a eventualidade de pessoas amadas morrerem, eles esperavam não ficar chocados com a morte de seus amigos e familiares e não sofrer duas vezes ao passar por um período prolongado e doloroso de luto.

Tudo é emprestado
Sêneca lembrou a Márcia que tudo o que temos é "emprestado" pelo destino, que pode reivindicar de volta a qualquer momento — sem aviso prévio. "Devemos amar todos os nossos entes queridos, mas sempre com o pensamento de que não temos nenhuma promessa de que poderemos mantê-los para sempre; ou melhor, nenhuma promessa de que poderemos mantê-los por muito tempo."

Sêneca também lembrou a Márcia do acordo tácito, ou o preço de nossa vida aqui na Terra: "É nosso dever ser sempre capaz de colocar as mãos sobre o que nos foi emprestado sem data fixa para devolução e restituí-lo quando solicitado, sem resmungar: o tipo mais detestável de devedor é aquele que se queixa de seu credor."

É melhor ter amado e perdido...
Outra das principais mensagens de Sêneca para Márcia é que era melhor ser grata pelo que teve, em vez de se ressentir pelo que havia perdido. "'Mas', você diz, 'poderia ter durado mais tempo.' É verdade, mas você foi mais bem tratada do que se nunca tivesse tido um filho, pois, supondo que tivesse escolha, qual seria a melhor opção: ser feliz por pouco tempo ou não ser feliz?"

Essa é uma versão de "é melhor ter amado e perdido do que não ter amado na vida".

O próprio Sêneca teve um filho que morreu ainda bebê, vinte dias antes de seu exílio na Córsega. A criança morreu nos braços de sua avó, Hélvia — a mãe de Sêneca —, "enquanto ela enchia o bebê de beijos". Marco Aurélio e sua esposa Faustina tiveram pelo menos catorze filhos, mas apenas quatro meninas e um menino viveram mais que Marco Aurélio, o que significa que ele teve que lidar com a perda de nove de seus filhos. A taxa de mortalidade infantil na Antiguidade era chocante, e pode ser responsável por parte da necessidade que tinham de se fortalecerem em relação à morte de crianças, mas muitas dessas lições ainda são aplicáveis hoje (e serão aplicáveis enquanto os seres humanos forem mortais).

Não existe morrer cedo demais
Temos o hábito de dizer, quase sem pensar, que alguém que morreu jovem "morreu cedo demais". Mas os estoicos desafiaram essa noção. Eles não acreditavam em "cedo demais" (em parte graças às suas crenças sobre o destino).

Tanto Sêneca quanto Marco Aurélio escreveram sobre o desperdício daqueles que viviam, mas que não estavam vivos no sentido adequado da palavra. Eles trabalhavam demais, buscavam dinheiro ou fama, ou agiam como se tivessem muitas vidas para viver, de modo que não começavam a viver a vida que tinham agora. Essas pessoas podem ter vivido até os 90 anos, mas os estoicos acreditavam que era melhor viver até os 25 e ter uma vida repleta de significado e virtude do que uma vida longa e sem graça. "Vida, é graças à morte que tenho tanto carinho por você. Pense no tamanho da bênção que é ter uma morte oportuna, quantos foram prejudicados por viverem mais do que deveriam", escreveu Sêneca.

Sêneca deu exemplos de estadistas — como Pompeu Magno — que viveram além de seu auge e terminaram a vida em desgraça ou traídos. Sempre presumimos que, quando a vida é interrompida, trata-se de uma tragédia que nos priva de uma série de coisas boas, mas isso não é de forma alguma garantido. Às vezes, a morte na verdade é uma bênção.

"A cada homem foi atribuída uma duração variável de dias: ninguém morre antes de sua hora, porque ninguém nunca esteve destinado a viver mais do que viveu. Todos nós caímos no erro de supor que são apenas os homens idosos, já no declínio da vida, que se aproximam da morte, enquanto nossa primeira infância, nossa juventude e na verdade todos os momentos da vida nos levam até lá", escreveu Sêneca.

Estar morto é igual a antes de nascermos
Os estoicos não acreditavam no inferno, portanto, estar morto não era algo ruim; era neutro. Eles comparavam esse fato a não ter nascido. Você não consegue se lembrar de como era a vida antes de entrar em cena, e o mesmo vai acontecer quando você morrer. Não há nenhuma emoção ligada ao fato de não estar aqui na Terra, porque você já não estará presente para sentir qualquer coisa. "A morte não é uma coisa boa nem ruim, pois só o que

existe pode ser bom ou ruim; enquanto que o que não é nada, e reduz todas as coisas a nada, não nos entrega a nenhum destino, pois o bem e o mal demandam algum material para atuar", escreveu Sêneca.

Há um eco disso nos ensinamentos de Epicuro: "A morte não nos diz respeito, porque, enquanto existirmos, a morte não está aqui. E quando ela chega, nós não existimos mais."

Nada na vida vem com garantia

Ao contrário de um produto que podemos devolver se estiver com defeito — ou da natureza substituível de muitos de nossos bens de consumo —, a vida é a única coisa que não podemos substituir, e os estoicos afirmavam que deveríamos estar cientes disso. Eles diziam que, quando temos filhos, estamos fazendo uma barganha com a natureza de que a criança pode ser devolvida (morrer) a qualquer momento, não por escolha nossa, mas por escolha da natureza. E também não há garantia de como essa criança se sairá.

Escreveu Sêneca:

> A todos, a Natureza diz: "Não engano ninguém. Se você optar por ter filhos [...], um deles talvez seja o salvador de seu país, ou talvez seu traidor [...]. Se depois de eu ter explicado essas condições você ainda assim optar por tê-los, não poderá culpar os deuses, pois eles nunca lhe garantiram nada."

Na verdade, a única garantia é a de que "nascemos em um mundo de coisas que estão todas destinadas a morrer", escreveu Sêneca. "Entramos no reino do Destino, cujo governo é severo e inconquistável, e a seu bel-prazer passaremos por sofrimentos, merecidos e imerecidos."

Morrer é conhecer o último grande mistério da vida

Nenhum de nós sabe o que acontece quando morremos, exceto aqueles que estão mortos (isso se ignorarmos a ausência de consciência que a condição de estarmos mortos acarreta; portanto, não existe um "eu" que irá conhecer os mistérios... mas deixemos nestes termos por enquanto).

Sêneca, ao tentar convencer Márcia a interromper seu luto excessivo, escreveu:

> O mundo habitado [...], em uma enorme conflagração, queimará e abrasará e queimará novamente todas as coisas mortais [...], estrelas se chocarão com estrelas, e toda a matéria ardente do mundo [...] arderá em uma conflagração comum. Então, as almas dos Abençoados, que participaram da imortalidade, quando for o melhor momento para que deus crie o universo novamente [...] serão transformadas novamente em nossos antigos elementos. Feliz, Márcia, é o seu filho, que conhece esses mistérios!

Marco Aurélio e Sêneca escreveram sobre retornarem aos elementos ao morrer, e sobre a natureza cíclica da vida e da morte.

A história não nos diz se Márcia foi realmente consolada pela carta de Sêneca e se conseguiu colocar seus argumentos em prática. Mas sua notável carta sobreviveu, e aqueles de nós que têm a sorte de não estarem em luto agora podem consultar sua sabedoria atemporal como um guia para quando o momento chegar.

A abordagem estoica do luto é esquisita

Enquanto caminhávamos pelas dunas em direção à praia, expliquei a abordagem estoica à morte para um amigo cuja mãe havia morrido seis meses antes. E expliquei mais uma vez, tomando um drinque com outro amigo cuja mãe havia morrido doze meses antes. Nas duas ocasiões, fui recebida com um silêncio perplexo. Aquilo não combinava com as experiências de luto de nenhum dos dois, que foram descritas como algo não suscetível à razão ou mesmo ao tempo linear. Eles falaram sobre como o luto vinha em ondas de emoção (uma emoção que, quando surgia, era muito difícil de controlar, algo como tentar conter uma onda no oceano) e tinha um tempo próprio, batia e recuava, batia e recuava. Falaram de sonhos estranhos e da angústia ao acordar e descobrir que a pessoa amada ainda estava morta. Falavam de se sentirem bem, de estar tudo bem — até se lembrarem de que a mãe havia morrido e desmoronarem. A noção de que a racionalidade poderia ser usada para amenizar a dor parecia estranha para eles.

A poetisa americana Edna St. Vincent Millay escreveu um pequeno poema sobre o luto prolongado:

> O tempo não traz alívio; todos mentiram
> Quem disse que o tempo aliviaria a minha dor!
> Sinto a falta dele no choro da chuva;
> Quero a presença dele no recuar da maré...

Será que a técnica estoica do luto enquanto o ente querido ainda está vivo "aliviaria minha dor"? O conselho de Sêneca parecia um truque psicológico: um artifício criado para enganar o coração dolorido e sensível através de uma mente inteligente.

A abordagem de Sêneca em relação ao luto caiu em desuso desde a época dos estoicos romanos. Atualmente, apressar as pessoas em seu luto é visto como algo altamente insensível e muito equivocado. Ao conversar sobre o estoicismo com amigos recém-enlutados, tive uma sensação esquisita de desconforto e até um certo constrangimento só de descrever a abordagem estoica do luto.

Durante a escrita deste livro, tive a sorte de não passar pelo processo de luto, portanto não posso trazer minha experiência pessoal para esse importante aspecto do estoicismo. No entanto, tenho feito muitas visualizações negativas, e espero que, quando chegar a hora (como acontecerá, repetidas vezes, a menos que eu morra antes), possa sofrer como uma estoica.

Resiliência e luto

O estoico moderno William Irvine escreveu que houve uma mudança nas práticas do luto por volta de 1969, com a publicação de *Sobre a morte e o mor-*

rer, de Elisabeth Kübler-Ross, que descreve os cinco estágios do luto. Essa influente obra afirma que passamos por estágios definidos quando sofremos uma perda: negação, raiva, negociação, depressão e, finalmente, aceitação.

Os estoicos — incluindo Irvine — aconselhariam que você pulasse os estágios iniciais e fosse direto para a aceitação, pois, uma vez que alguém está morto, você não pode fazer nada a respeito, então o melhor seria aceitar para não causar mais transtornos a si mesmo.

Irvine escreveu sobre como você deve evitar se fazer de vítima, mesmo que seja vítima de uma injustiça. Sua reação às situações, inclusive ao luto, está dentro do campo de seu controle. "Afinal, ser uma vítima o isenta da responsabilidade por muitos aspectos de sua vida que deram errado. E também lhe dá direito a um tratamento especial: as vítimas precisam de tempo e espaço para se recuperar... Ao mesmo tempo, é provável que desempenhar o papel de vítima aumente a angústia que você sente como resultado dos erros que são cometidos contra você", escreveu.

A resiliência e a virtude estoica da coragem podem ajudá-lo a superar contratempos, inclusive a morte de pessoas que você ama, e a aproveitar ao máximo as coisas boas de sua vida.

No que se refere ao luto, os estoicos não diziam que não deveríamos ficar tristes quando alguém que amamos morre. Afinal de contas, esse é um sentimento natural. Sêneca disse: "A natureza exige de nós alguma tristeza." Mas não devemos prolongar a tristeza por mais tempo do que seria natural. Os estoicos viam motivos ocultos no luto, incluindo a culpa por não passar mais tempo com o falecido enquanto ainda estava vivo. Ou viam o luto excessivo como sinalização de virtude ou uma demonstração de como o enlutado é sensível e carinhoso. Ou viam isso como uma forma de atrair a atenção e o cuidado dos outros. É um pouco cínico, mas há uma pequena dose de verdade nisso. Quando estamos de luto, as pessoas são mais gentis conosco e demonstram mais cuidado, afeto, compreensão, tolerância e ternura. É bom ser amado dessa forma e ser tratado com cuidado. Mas talvez isso seja um sinal de que devamos tratar uns aos outros com amor o tempo todo.

Como...

Morrer

"A hora final em que deixamos de existir não traz a morte em si; ela apenas completa o processo da morte. É o momento em que alcançamos a morte, mas estivemos a caminho por muito tempo."

— Sêneca

"O que é a morte? Uma máscara assustadora. Retire-a: veja, ela não morde. Futuramente, o corpo e a alma precisarão se separar, da mesma forma que existiam separadamente antes de nascermos. Então, por que ficar chateado se isso acontecer agora? Se não for agora, será mais tarde."

— Epiteto

"O que fazemos agora ecoa na eternidade."

— Marco Aurélio

Eu sei que é apenas uma filosofia (uma entre muitas), que se baseia na razão e não na fé, e que nesse reino não há deuses nem santos. Não há rituais nem sacramentos. Não há igreja, templo, *shala*, mesquita, catedral, altar, casa sagrada ou tabernáculo. Não há emissários terrestres reais: nada de padres, cardeais, bispos, imames, rabinos, freiras, pastores ou clérigos de qualquer tipo.

Também não existe um livro sagrado de verdade; apenas um diário que um homem escreveu para si mesmo séculos atrás (e que fica guardado em estantes, como qualquer livro comum da coleção de clássicos da Penguin), alguns fragmentos anteriores em grego antigo, alguns discursos, peças de teatro e palestras registradas à mão e transmitidas de geração em geração (730 mil dias e noites)...

Para mim, o que começou como uma jornada puramente intelectual em 2018 se transformou em algo mais espiritual. Durante a incerteza, a dor e as maravilhas desses últimos quatro anos, o estoicismo foi, em alguns momentos, um companheiro reconfortante, e, em outros, um professor duro, quase severo. Mas nem por um segundo duvidei de sua veracidade, do conforto de sua consolação, da sabedoria dura e inflexível contida em frases antigas que pareciam poesia e eram poderosas e verdadeiras o bastante para partir meu coração.

Os puristas vão torcer o nariz, mas como explicar que, com o passar do tempo, o estoicismo mudou tudo, desde minha visão da natureza, tanto humana quanto do cosmos, até minha compreensão da realidade, meu lugar no mundo, meu relacionamento e dever para com os outros, e como eu encarava a morte e a mortalidade?

O estoicismo, para mim, fez a ponte entre os domínios da intelectualidade, das emoções e do espírito. Ele integrou todos eles. A filosofia estava me ensinando a viver, e parte disso também envolvia me ensinar a morrer.

"Você é uma pequena alma carregando um cadáver", disse Epiteto: mais uma vez, sem medir palavras; mais uma vez, falando a verdade.

Já discutimos muitos dos ensinamentos estoicos sobre morte e mortalidade, mas vale a pena voltar às mensagens principais.

Tudo — até nossa própria vida — é emprestado e deve ser devolvido

Era setembro de 2019, no oeste da Mongólia, e nosso grupo estava havia duas semanas viajando e se reunindo com várias tribos nômades. Uma tarde, encontramos um nômade idoso na encosta de uma colina. Tio tinha um rosto parecido com o de Samuel Beckett e olhos cor de âmbar. Subindo com leveza uma superfície rochosa, ele nos mostrou alguns petróglifos antigos de íbex alpinos nas cavernas próximas e nos contou a história de sua vida. Enquanto ele falava sobre os ciclos de sua vida, que seguiam de perto os ciclos das estações e dos animais, eu refletia sobre alguns dos aspectos práticos de ser um nômade. Onde, por exemplo, eles enterram seus mortos? Se você está sempre em movimento, se não pertence a um lugar, onde ficam os cemitérios?

Tio colocou a mão sobre o coração. Nós enterramos nossos mortos aqui, ele me disse, batendo no peito. Você nunca morre de verdade se continuar vivo na memória de alguém. Sua comunidade, seus amigos, sua família: eles são um memorial vivo para você. É esse espírito que vive nos outros que é o seu legado, sua força animadora. Seu corpo é irrelevante quando você morre. E, assim, os nômades deixam os corpos de seus parentes para trás quando partem mais uma vez, descendo a montanha quando o frio se instala ou subindo quando a neve derrete.

Os corpos são deixados para serem devorados por animais e aves de rapina. Tio parecia satisfeito com essa situação; afinal, os nômades haviam caçado animais a vida inteira e, portanto, reabastecer o sistema que os havia nutrido parecia adequado.

Esse modo de vida me fez lembrar dos antigos estoicos. Os nômades mongóis acreditavam que a morte é natural e que, quando morremos, somos devolvidos à natureza. Em parte da literatura estoica, eles não chamavam isso de "morte"; chamavam de "ser devolvido".

Parte da aceitação da ocorrência da morte — encarar nossa mortalidade e a mortalidade dos outros — é a ideia de que nosso tempo aqui na Terra é breve. Incorporada à filosofia estoica está a noção de que não possuímos coisas ou pessoas; elas são emprestadas pelo universo.

Em seu diário, Marco Aurélio escreveu: "Tudo o que é harmonia para você, meu Universo, também está em harmonia comigo. Nada que chega no momento certo para você é cedo ou tarde demais para mim. Tudo para mim são frutos que suas estações trazem, Natureza. Todas as coisas vêm de você, têm sua existência em você e retornam a você."

Não faça um escândalo em relação à morte

Sêneca escreveu sobre como ele supera o medo da morte em uma carta a Lucílio. Tem a ver com ensaiar pensamentos sobre a própria morte. Ele disse:

> Ensaie esse pensamento todos os dias, para que você possa partir da vida com contentamento, pois muitos homens se agarram à vida, assim como aqueles que são levados por uma correnteza se agarram a sarças e pedras afiadas. A maioria dos homens oscila entre o medo da morte e as dificuldades da vida; eles não querem viver, mas não sabem como morrer. Por isso, torne a vida como um todo agradável para você, eliminando toda preocupação sobre ela.

Em essência, o que Sêneca estava dizendo era que você vai morrer de qualquer jeito, mas tem a opção de escolher estar satisfeito quando partir (como se tivesse desfrutado de ótimas férias e feito o check-out do hotel com um sorriso no rosto) ou em absoluta agonia e negação (recusando-se a deixar seu quarto de hotel quando as férias terminam e sendo expulso com violência por seguranças).

A morte — quando chega e da maneira como chega — está fora de controle. Mas o medo da morte e nossa reação a ela estão totalmente sob nosso controle.

Se entendermos que vamos morrer e pararmos de nos preocupar com isso, não apenas teremos uma vida mais tranquila, como também teremos uma morte mais tranquila. É interessante notar que, embora a maneira como Sêneca morreu não tenha sido nada tranquila, ele parecia quase despreocupado enquanto tentava morrer.

Depois que os capangas de Nero bateram à sua porta para ordenar que Sêneca se matasse, o velho filósofo aceitou seu destino. Primeiro, em um eco da morte de Sócrates, ele bebeu cicuta, e, quando isso não funcionou, cortou uma veia, depois cortou os joelhos e as pernas. E quando isso não funcionou — talvez devido à sua idade e à dieta frugal —, ele pediu aos criados que lhe preparassem um banho para que pudesse se asfixiar com o vapor. Durante todo o tempo, esteve cercado por sua esposa e amigos, a quem consolava (ele também convenceu sua esposa a não se matar), e dizia-lhes que aceitassem a sua morte, assim como ele a havia aceitado. Sêneca passara toda a sua vida adulta se preparando para o momento da morte — e esse treinamento o deixou tranquilo e destemido.

O que acontece quando morremos?

Na vida — e neste livro —, mais uma vez, fechamos o círculo desde o começo. Assim como começamos como nada, quando morremos, somos devolvidos à natureza, e nossos corpos se tornam matéria ou material a ser reabsorvido pela terra (das cinzas às cinzas/do pó ao pó).

Epiteto escreveu sobre a morte: "Cada parte de mim será reduzida, transformando-se em alguma parte do universo, e essa parte será novamente transformada em outra parte do universo, e assim por diante, para sempre."

Marco Aurélio, que escreveu muito sobre a morte, disse: "Aceite a morte com um espírito alegre, pois ela nada mais é do que a dissolução dos elementos dos quais cada ser vivo é composto. Se os elementos individuais não são prejudicados pelo fato de se transformarem continuamente uns nos outros, por que as pessoas têm medo da transformação e da separação? É algo natural. E nada que é natural é ruim."

A morte é um princípio organizador central no estoicismo. Os estoicos sempre a tinham em mente porque, sabendo não haver uma segunda chance na vida, eles podiam vivê-la plenamente. Afinal de contas, morremos todos os dias — e todos os dias vividos até agora já estão "nas mãos da morte".

O processo leva uma vida inteira, mas o destino nunca é incerto. Deixaremos as últimas palavras para Marco Aurélio:

Apenas faça a coisa certa. O resto não importa. Frio ou quente. Esgotado ou revigorado. Desprezado ou honrado. Morrendo [...] ou ocupado com outras tarefas. Porque morrer também é uma de nossas tarefas na vida. E também: "Fazer o que precisa ser feito." Olhe para dentro. Não deixe que a verdadeira natureza de nada lhe escape. Em pouco tempo, todas as coisas existentes serão transformadas, vão subir como fumaça (supondo que todas as coisas se tornem uma só) ou serão dispersadas em fragmentos [...] para passar de um ato altruísta para outro com Deus em mente. Apenas ali, deleite e quietude [...], quando for sacudido de forma inevitável pelas circunstâncias, volte imediatamente para si mesmo e não saia do ritmo mais do que o inevitável. Você terá uma melhor compreensão da harmonia se continuar retornando a ela.

Epílogo

Boas notícias! Era abril de 2022, e minha amiga Jo havia terminado seu tratamento contra o câncer e recebido alta dos médicos. Perguntei a ela se havia aproveitado alguma coisa das pequenas lições de estoicismo.

Ela aproveitou!

"Além do conteúdo em si, receber mensagens de voz de uma amiga quando se está isolada em um hospital foi muito fortalecedor e amainou a terrível solidão da situação", ela me disse. "Mas a mensagem em si também ressoou. Muitos dos conselhos e orientações que recebemos quando temos câncer são bem-intencionados, mas caem na categoria da positividade tóxica. 'Você consegue', 'Você vai vencer a batalha contra o câncer', 'Pensamento positivo' etc. Isso é tão inútil, e ainda faz com que você se sinta mal por estar se sentindo mal. Atribui a você um nível de controle que você simplesmente não tem. O outro lado disso é o verdadeiro desespero que você pode sentir ao se confrontar com a dor, o medo e a sensação de perda iminente. Gostei do estoicismo porque ele segue um caminho intermediário: reconhecendo que o sofrimento existe, que faz parte da vida e que pode ser suportado."

Quanto a mim, ainda uso o estoicismo todos os dias.

Em primeiro lugar, uso o estoicismo e suas técnicas simplesmente para enfrentar o dia e lidar com sentimentos e situações negativas que, de outra forma, me deprimiriam ou sobrecarregariam.

Em segundo, uso o estoicismo para regular meu comportamento em relação aos outros. Isso inclui me tornar menos reativa, menos raivosa, menos crítica, menos amarga e menos agressiva. Em resumo, ele me acalma. Em 2019, quando me aprofundei no estoicismo, comecei a deixar para lá muitas coisas que, de outra forma, teriam me irritado ou agitado — e esse é um processo em andamento.

Terceiro, o estoicismo me ajuda a refinar minhas metas emocionais. Em vez de me esforçar para ser feliz, fui apresentada à meta mais sutil e potencialmente mais alcançável de ser tranquila.

A felicidade — pelo menos no meu caso — costuma ser uma emoção fugaz que parece ir e vir por capricho (e que me faz andar em círculos, implorando por apenas mais uma hora na acolhedora piscina sob o seu sol). Por outro lado, a tranquilidade, embora seja um estado menos empolgante, é mais constante, agindo como uma droga de liberação prolongada que me mantém estável e satisfeita durante todo o dia. A tranquilidade promete uma constante liberdade da angústia e da preocupação. Não é o que todos queremos?

Quarto, uso o estoicismo para estabelecer um limite entre as coisas com as quais devo me preocupar (ou me envolver) e aquelas que devo deixar de lado. Uma vez feita a distinção, não fico ruminando sobre coisas que não posso controlar. (Ou pelo menos tento não fazer isso. Essa não é uma maneira de pensar que ocorre de forma automática.) Esse limite realmente salva vidas e incorpora a promessa radical do estoicismo.

Quinto, uso o estoicismo como um guia para o que constitui ser uma Boa Pessoa vivendo uma Boa Vida. E, embora só às vezes eu esteja à altura dos ideais, agora tenho uma noção muito clara dos parâmetros do que é ser uma pessoa decente e dos componentes de uma vida boa. (Spoiler: uma vida boa, como imaginada pelos estoicos, não é a mesma que nos é vendida pelo capitalismo tardio no século XXI.)

Sexto, continuo a reavaliar meu relacionamento com o tempo e com a morte, e percebo que os dois estão fortemente ligados. É impossível fazer um estudo comprometido do estoicismo sem se confrontar totalmente com sua mortalidade. E não apenas sua própria mortalidade, mas a verdade terrível, profunda e inevitável de que todas as pessoas que você ama morrerão. Ao se conformar totalmente com o fato de que você e seus entes queridos vão morrer, você começa a ver o tempo de forma diferente. De repente, fica evidente o quanto ele é um recurso precioso e finito. Você não vai querer desperdiçar nem um minuto sequer.

Em sétimo lugar, estou reavaliando e recalibrando a forma como me relaciono com coisas externas, como dinheiro, um corpo saudável, reputação, fama e posses. Uso o conceito estoico de "indiferentes preferíveis" para reenquadrá-los como coisas que devem ser vistas com indiferença.

E, por fim, utilizo alguns aspectos dos ensinamentos do estoicismo sobre a natureza e o cosmos para enquadrar meu sentimento de admiração pelo mundo natural sem recorrer a uma posição teísta de que toda essa beleza deve ter sido obra da mão de Deus.

Essas constatações levaram anos para serem feitas. Uma vez realizadas, o trabalho árduo está apenas começando. A prática estoica é diária. O estoicismo — como a religião, como o catolicismo de minha juventude — exige uma prática dedicada para manter os músculos fortes. Se eu ficasse meses sem ler um texto estoico ou não marcasse uma caminhada estoica com Andrew, perceberia que minha prática da filosofia estaria enfraquecendo e acabaria regredindo aos velhos hábitos e padrões. Eu me preocuparia com coisas além do meu controle, me esqueceria da tranquilidade e começaria a perseguir os velhos tempos em que estive nas alturas, ignorando o fato de que eles sempre voltavam a ser os velhos tempos em que estive no fundo do poço. Eu me deixaria seduzir por coisas externas: posses, fama, reputação e aparência. A ansiedade voltaria. O tempo seria desperdiçado.

Eu esqueceria tudo o que havia aprendido — e então, pouco antes do desespero se assentar, me lembraria de que tinha todas as ferramentas necessárias ao alcance das mãos. Assim como um penitente que volta às portas da igreja ou alguém que abandonou os exercícios volta envergonhado e fora de forma para a academia, descobri que o estoicismo era algo com o qual eu poderia (na verdade, deveria) voltar a me comprometer várias e várias vezes.

Quando me vi em situações difíceis nos últimos anos, continuei recorrendo aos estoicos. "Mesmo que isso parta o seu coração, os homens continuarão a agir como antes", escreveu Marco Aurélio, com sua voz íntima e próxima; como se estivéssemos lendo seu diário particular.

Então, prossiga. Apenas prossiga.

Agradecimentos

Quero agradecer a todos os amigos que atuaram como cobaias do estoicismo nos últimos anos, aceitando gentilmente conselhos que começavam com "Bem, como diriam os estoicos…".

Aos amigos que me incentivaram a continuar com este projeto em seus momentos difíceis: obrigada.

Minha gratidão aos amigos que leram várias versões deste livro e deram excelentes conselhos: Michael Safi, Matthew Goldberg, Lee Glendinning, Denis Mooney, Stu Spiers e Hal Crawford.

A Bridie Jabour, por suas sugestões na estrutura, a Adam Wesselinoff, por nossas conversas sobre estoicismo, a Jo Tovey, por nossos bate-papos no WhatsApp sobre estoicismo, e por compartilhar um pouco de sua história aqui. Aos meus pais, por seu entusiasmo com esse projeto — em especial à minha mãe, Mary Delaney, por compartilhar comigo seu conhecimento sobre o cristianismo primitivo.

À minha editora, Kelly Fagan, que percebeu há muitos anos que o estoicismo seria necessário nos tempos modernos; à minha agente Pippa Masson, por ser uma excelente caixa de ressonância em todas as iterações deste livro; e a AC, companheiro de viagem estoico.

Leitura adicionais

David Fideler, *Um café com Sêneca: Um guia estoico para a arte de viver*, Sextante, 2022.

Ryan Holiday e Stephen Hanselman, *A vida dos estoicos: A arte de viver, de Zenão a Marco Aurélio*, Intrínseca, 2021.

William B. Irvine, *A Guide to the Good Life: The Ancient Art of Stoic Joy*, Oxford University Press, 2008.

William B. Irvine, *The Stoic Challenge: A Philosopher's Guide to Becoming Tougher, Calmer, and More Resilient*, W.W. Norton & Co., 2019.

Martha Nussbaum, *The Therapy of Desire: Theory and Practice in Hellenistic Ethics*, Princeton University Press, 2018.

Massimo Pigliucci, *How to Be a Stoic: Ancient Wisdom for Modern Living*, Penguin Random House, 2017.

Donald Robertson, *Estoicismo e a arte da felicidade*, Citadel, 2023.

James Romm, *Dying Every Day: Seneca at the Court, of Nero*, Random House, 2014.

John Sellars, *Lições de estoicismo: O que os filósofos antigos têm a ensinar sobre a vida*, Sextante, 2023.

John Sellars, *Stoicism*, Routledge, 2014.

James Stockdale, *Coragem sob fogo: Testando as doutrinas de Epicteto em um laboratório comportamental humano*, Montecristo Editora, 2023.

Emily Wilson, *Seneca: A Life*, Penguin, 2016.

Donna Zuckerberg, *Not All Dead White Men: Classics and Misogyny in the Digital Age*, Harvard University Press, 2018.

Impressão e Acabamento:
EDITORA JPA LTDA.